“十三五”高职高专经济与管理校企合作系列规划教材

U0951074

公司运营综合实战

GONGSI YUNYING ZONGHE SHIZHAN

本书编委会

主　编　王媚莎　陈飞飞

参　编　张海燕　王　勇　简淑媚　阮瑜琳　占乐群

广东高等教育出版社
Guangdong Higher Education Press
·广州·

图书在版编目（CIP）数据

公司运营综合实战/王媚莎，陈飞飞主编．—广州：广东高等教育出版社，2017.2
（“十三五”高职高专经济与管理校企合作系列规划教材）
ISBN 978－7－5361－5798－9

Ⅰ．①公…　Ⅱ．①王…　②陈…　Ⅲ．①公司－企业管理－教材　Ⅳ．①F276.6

中国版本图书馆CIP数据核字（2016）第303506号

出版发行	广东高等教育出版社 社址：广州市天河区林和西横路 邮编：510500　　营销电话：（020）87554152　87553735 http://www.gdgjs.com.cn
印　　刷	佛山市迎高彩印有限公司
开　　本	787毫米×1 092毫米　1/16
印　　张	20.50
字　　数	486千
版　　次	2017年2月第1版
印　　次	2017年2月第1次印刷
定　　价	38.00元

总　　序

我国经济发展从“低端制造”向“精品制造”转型升级的关键是大力发展高等职业教育，高职院校已成为高素质产业大军的重要培养基地，成为契合产业升级、发展经济的中坚力量。但据国家统计局公布的统计数据显示，我国当今技能劳动者仅占就业人员的19%，高技能人才的数量不足5%，高职院校肩负着为社会输送高端技能型人才的历史重任。我国自1999年大规模创办高等职业教育以来，教育部先后出台了一系列重要文件，对高职教育改革发展及人才培养等方面提出了明确的要求。

我国高职教育起步晚、基础弱，需要学习、借鉴、创新与改革，教材改革是高职教育改革的重要组成部分，教材作为体现高职教育特色的知识载体和教学工具，直接关系到高职院校能否培养出符合社会要求的高端技能型人才。

为适应我国经济发展和就业形势的需要，我们联合广东省及兄弟省份共20多所高职院校经管类专业教师共同筹划出版经济与管理系列教材。在组编教材过程中，我们做了大量的前期工作，如认真研读教育部关于高职教育改革的文件，领会其中的主要精神；深入调研，了解社会与企业对经管类专业人才的需求与要求；分析当前教材编写存在的问题，总结经验，构思教材编写提纲等。

本套经管类系列教材涵盖财务会计、工商企业管理、市场营销、金融管理、投资理财、物流管理、电子商务、连锁经营等10多个专业，涉及经管类专业主干课程所需要的教材30多部，统一编写体例、分期分批推进出版。总体来看，本套教材具有以下特点：

1. 理论与实践并重，突出能力培养

现代高职教育要求理论教学与实践教学并举，重视实践教学，突出能力培养，要求学生既要具有一定的理论基础，又要具备一定的实践操作能力。因此，我们在设计教材内容时，尽可能做到理论知识内容完整、够用，同时，通过一定数量的项目实训，训练学生们运用有关理论知识解决实际问题。提高学生们发现问题、分析问题和解决问题的能力。以基于工作岗位、工作任务、行动导向为基本出发点，“教学做”一体，理论与实践并重，突出能力培养。

2. 教材体例符合高职教育规律

本套教材编写体例基本上是按照能力与知识目标要求、情景案例导入、相关知识链接、项目操作与实训等逻辑顺序来安排教材内容的。课程项目化，项目任务化，在教材体例及行文逻辑方面，注重符合条理性强、思路清晰且缜密的要求。同时，教材中植入了大量与专业课程相关的案例、事例或情景，包括导入式、说明式、启发式、分析讨论式等各种案例、事例或情景，以培养学生运用知识的能力。

3. 行业、企业与学校三方联合，共同开发

行业企业专家和企业管理人员参与教材编写的指导及讨论工作，在反复调研、分析与讨论的基础上，构建教材内容与编写体例，力求教材理论与实训内容切合实际需要，力求反映高职教育教学规律。

4. 教材内容与职业技能鉴定内容对接，与职业资格证书考试对接

在编写本套教材时，主编及参编人员认真研读相应专业的职业技能鉴定及职业从业资格考试的内容与要求，设计教材内容，使教材内容与职业技能鉴定内容对接，与职业资格证书考试对接，学生学好课程知识，为以后参加相应职业资格考试和实现高质量就业，带来相应帮助。

5. 反映专业领域新发展

经管类专业知识更新换代快，客观要求我们及时更新教学内容。一方面，我们密切关注专业领域最新动态与成果，另一方面，我们认真研究同类教材，汲取其科学合理的成分，坚持创新与汲取相结合的原则。根据专业实际，在教材内容安排上，适当融入新理论、新思想、新方法、新技术，反映专业领域的新成果与新发展。

本套经管类系列教材在一定程度上体现了以培养高等技术应用型专门人才为根本任务，以适应社会需要为目标，以培养技术应用能力为主线，以服务为宗旨，以就业为导向，工学结合，校企结合，适应经济和社会发展需要，突出实践能力培养等高职教育教学改革的要求与精神，具有一定的特色。该系列教材既可作为普通高等院校经管类专业应用型本科教材，也可作为高等职业院校和中职学校相应专业教材，企业管理人员也可根据需要选用本系列教材作为学习与培训参考用书。

本套系列教材的出版，是广东省及兄弟省份众多院校合作交流的成果，教材的编写得到20多所高等职业院校的学校领导及二级学院领导、经管类专业带头人及骨干教师的支持和参与。行业企业专家参与教材的指导、讨论，并负责教材部分内容的撰写。教育部高职高专教指委、广东省众多行业协会、广东高等教育出版社等单位领导，对教材规划与编写提出了许多宝贵意见，教材编委会对大家的辛勤付出表示诚挚的谢意。

由于编写时间仓促，编著者学识、眼界及经验的局限，书中疏漏在所难免，敬请同行、专家和广大读者批评指正。

“十三五”高职高专经济与管理校企合作系列规划教材编委会

2015年12月

前　言

随着我国市场经济的飞速发展，企业对人才的要求也越来越高，现代企业已经不再单纯是对员工的专业知识提出要求，而是更加注重员工综合素质。如专业技能、处理问题的能力、思考问题的方式以及不断汲取新知识以适应不断发展的社会要求的能力。各个行业对专业技能的要求越来越高，企业需要的是能熟练完成工作的一线操作人员，不熟练掌握本专业的各项技能，已经很难圆满完成自己的工作了。

作为我国教育事业重要组成部分的职业教育，在这样的社会环境下应该转变自己的观念并进行相应的改革，确定合理的教学目标以适应社会和企业的需求。

基于此，广州城建职业学院和用友新道科技有限公司签订了战略合作协议，校企合作利用虚拟商业社会环境 VBSE 平台开发培养学生实际操作技能的实战系列课程，目前已经开发了“公司运营综合实战”课程，并在该课程的基础上校企合作编写了工学结合的实战教材《公司运营综合实战》。

本教材是利用用友新道科技有限公司的虚拟商业社会环境 VBSE 平台编写而成的，该平台是综合了多门专业知识的全面管理实训平台，通过在毕业前的综合实训锻炼，使学生全面理解和掌握企业管理的知识，有利于学生综合素质能力的锻炼和提高。通过在多类社会组织中从事不同职业岗位“工作”，训练学生在现代商业社会中从事经营管理所需的综合执行能力、综合决策能力和创新创业能力，感悟复杂市场营销环境下的企业经营，学会工作、学会思考，从而培养自身的全局意识和综合职业素养。

本教材通过对不同形态组织典型特征的抽取，营造一个虚拟的商业社会环境，详细介绍了各个实际的工作岗位，让受训者在虚拟的市场环境、商务环境、政务环境和公共服务环境中，根据现实岗位的工作内容、管理流程、业务单据，结合与教学目标适配的业务规则，将经营模拟与现实工作接轨，进行仿真经营和业务运作，还可进行宏观微观管理、多人协同模拟经营，是一本可以满足多专业学生学习与实践的实战教材。

本教材完全按照企业的真实工作流程进行编写，实战性强。学生通过本教材可以了解具体业务岗位的工作职责和要求，能够按照业务岗位的要求填报与完整业务流程相关的单据和表格，实现结合实际业务理解业务策略和管理理论，锻炼学生的实际操作能力，能很好地帮助学生打下坚实的职业能力基础。

本教材由王媚莎和陈飞飞任主编。各章编写人员如下：第一章王媚莎；第二章陈飞飞；第三章王媚莎；第四章陈飞飞和张海燕；第五章王媚莎；第六章王勇；第七章简淑媚；第八章阮瑜琳；第九章占乐群。王媚莎和陈飞飞拟定教材编写的提纲；陈飞飞确定编写的具体结构，并负责全部书稿的总纂、调整、补充、修改、技术规范校订与定稿。

由于编者水平有限，本书疏漏之处在所难免，期待广大读者批评指正，以助其不断完善。

编　者

2016 年 11 月

目　录

第一章
学生学习指南

请对照下列描述，初步了解 VBSE（Virtual Business Social Environment，虚拟商业社会环境）系统，以完成本课程的相关训练。

一、登录 VBSE 系统

在 IE 浏览器地址栏输入 VBSE 系统登录地址，登录至“用户登录界面”，学生输入自己的用户名（学号）、密码（学号），点击“登录”，进入学生的主页面。

在该页面可进行：

（1）签到。

（2）企业信息查看，分配完岗位后可点击企业名称，看到企业的基本信息。

（3）资源搜索，在页面右上方可以输入关键字，进行资源搜索，这些资源包含 XPS 格式的 PPT、DOC 等，进行各项学习和了解。

（4）维护个人信息时，可以修改个人的密码，并可录入身份证号码完成身份的登记（该操作完成后才可在银行批量发放工资）。

（5）工作日期：该日期为虚拟日期，在 VBSE2.0 中，有以下虚拟日期可用于课程训练（见表 1－1）。

表 1－1　课程虚拟日历

	月份	日期 1	日期 2	日期 3
2011 年虚拟日历	10 月	7	8	28
	11 月	7	8	28
2012 年虚拟日历	1 月	6	13	30
	2 月	6	14	29
	3 月	6	15	30
	4 月	6	13	30
	5 月	4	15	30
	6 月	6	15	29
	7 月	6	13	30

二、任务中心

学生登录 VBSE 系统后，当教师推送任务时，在中央区域“任务中心”显示“待办任务”与“日常任务”。

1. 待办任务

待办任务是指某一项实训任务中的环节需要当前岗位学员办理。

2. 日常任务

某项实训任务的第 1 个环节，需要当前岗位学员发起并完成；发起后点“完成”，该任务不会消失，但会给出提示，上次发起未结束。（建议完成一次后再发起第 2 次）

以客户签订广告合同为例：

客户业务主管在“日常任务”可以看到“客户签订广告合同”，起草广告合同；点开进行业务操作，完成后在 VBSE 系统左上方点击“完成任务”，这个时候，系统会将下一步任务“审核广告合同”推送给客户总经理，这时，担任客户总经理的学员可以在“待办任务”中看到“客户签订广告合同”，审核广告合同（见图 1－1）。

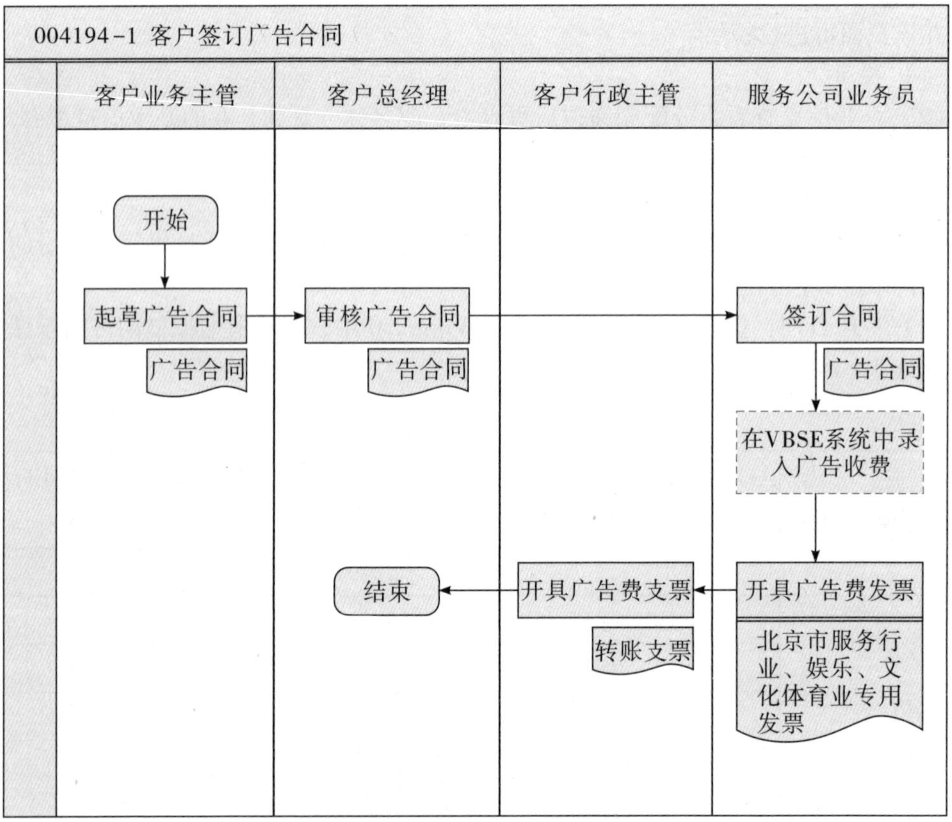

图 1－1　客户签订合同流程图

三、实训任务类型

1. 科学类任务

科学类任务图显示如图 1 -2 所示，图中有 3 分屏，左上为视频，右上为 PPT，下方为 Word 讲义，均可点击最大化，方便浏览。

图 1 -2　科学类任务图

2. 手艺类任务

手艺类任务执行页面分为三部分，上半部分是该任务的流程图，如图 1 -3 所示。显示或软件操作部分，页面左下角是该任务的相关课件资源，右下角是相关操作手册。如图 1 -3 所示。

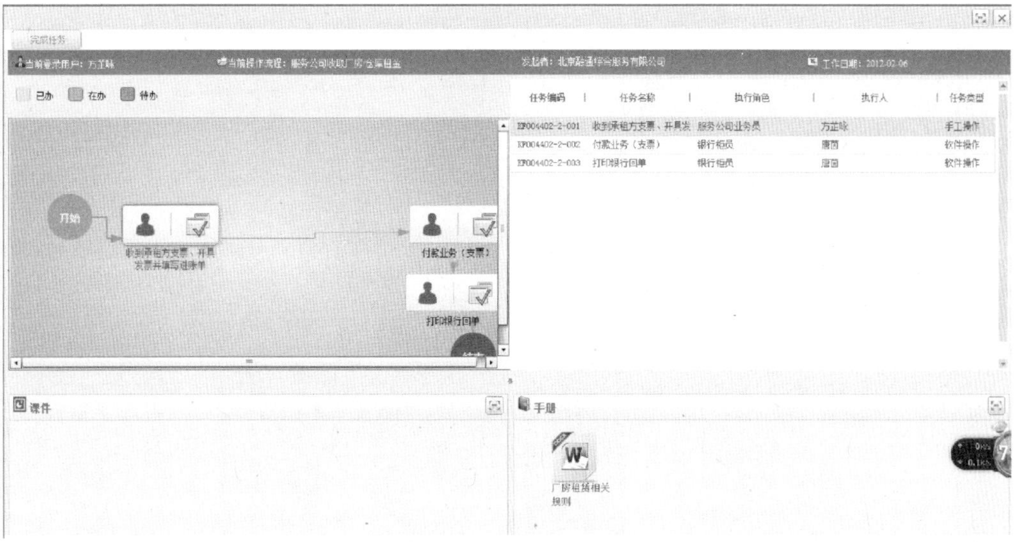

图 1 -3　手艺类任务图

四、任务进度查询

在进入系统的左下角有“教学进度查询”的按钮，点击进入教学进度查询，可以在左侧看到企业的信息，点击，在右侧可以看到进行中和已完成的任务，选择需要查看的任务，在弹出的流程图及流程描述中可以看到流程的完成进度。

五、查看电子教案

执行科学类任务时，在“任务中心”菜单中点击任务名称，弹出科学类任务执行页面，三部分页面会分别显示该任务相关的视屏、电子教材的 Word 版和 PPT 版。

执行手艺类任务时，在“任务中心”菜单中点击任务名称，弹出手艺类任务执行页面，会在页面下半部分看到该任务的教学资源。点击资源文件名称，弹出文件内容页面，便于教师讲解或学生自学参考。

也可在下方的菜单中，找到教学资源查询，输入关键字进行搜索，或在首页的右上方输入关键字进行搜索。

第二章
课程整体介绍

VBSE 系统是一个面向高职院校的跨专业综合实践教学平台，通过对真实商业社会环境中典型单位、部门与岗位的系统模拟，让学生体验身临其境的岗前实训，认知并熟悉现代商业社会内部不同组织、不同职业岗位的工作内容和特性，培养学生从事经营管理所需的综合执行能力、综合决策能力和创新能力，使其具备全局意识和综合职业素养。课程的目标定位是培养高潜质、有全局观的实务型岗位人员。该目标是通过逐级递进的概念进行设计实现的。

（1）能够根据业务岗位要求，填报与完成业务流程相对应的单据、表格，熟悉该岗位日常工作要求与常用表单的逻辑关系。

（2）理解岗位业务动作与处理上下游部门的合作关系，以及岗位业务动作对其他业务可能造成的影响。

（3）理论结合实际，增加院校教学对企业实践和企业业务的认知，了解真实企业中的典型岗位和典型业务流程。

（4）体验和感受企业思考问题的方法和业务培训方法，了解当前毕业生与企业用人所要求的能力的差距。

（5）能够针对较为前沿的管理目标综合应用管理知识，提出对业务的优化建议。

VBSE 系统提供企业运营模拟实习的引导系统和相关教学环境，让学生在自主选择的工作岗位上，通过完成对应岗位的工作任务，学会基于岗位的基本业务处理，体验基于岗位的业务决策，理解岗位绩效、组织绩效之间的关系；真实感受企业三流（物流、信息流、资金流）之间起承转合的过程；全面认知企业经营管理活动和主要业务流程；体验企业职能部门之间协作关系以及政企合作等外围相关经济组织与管理部门之间的业务关联。学生通过反复练习，进而形成符合现实经济活动要求的行为方式、智力活动方式和职业行为能力，达到全面认知企业、体验岗位职位的要求。

通过不同职业的角色岗位训练，使学生在从事经济管理中锻炼综合执行能力、综合决策能力和创新创业能力。

企业是社会经济的基本单位，企业的发展受自身条件和外部环境的制约。企业的生存与企业间的竞争不仅要遵守国家的各项法规及行政管理规定，还要遵守行业内的各种约定。在开始企业模拟竞争之前，各岗位工作人员必须了解并熟悉这些规则，才能做到合法经营，才能在竞争中求生存、求发展。

生产制造企业仿真业务规则是企业管理全景仿真的主体企业，是生产制造企业开展生产经营活动时必须共同遵守的行业规则。

第一节　销售规则

市场预测和客户订单是企业制订生产计划的依据。作为制造企业，需要营销部与客户商谈并签订合同，在 VBSE 系统中提交订单，客户确认以作为后续交易的依据。

供应商将商品销售给制造企业，双方进行合同洽谈，并签订纸质合同，制造企业在 VBSE 系统中提交订单后，供应商进行确认以作为后续交易的依据。如出现延期交货，按双方合同中的约定进行处理；如出现争议，提交工商局进行协调。以下主要介绍制造业的销售规则。

一、市场预测与分析

市场预测是各企业能够得到的关于产品市场需求预测的可参考信息，对市场预测的分析与企业的营销方案策划息息相关。市场预测包括各市场、各产品的总需求量、价格等。市场预测图如图 2－1、图 2－2 所示（图中为样例数据，自主经营时的市场预测由政府发布）。

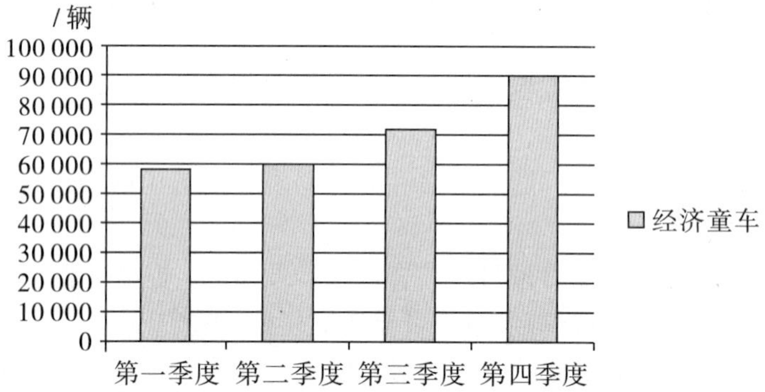

图 2－1　经济童车本地市场数量预测

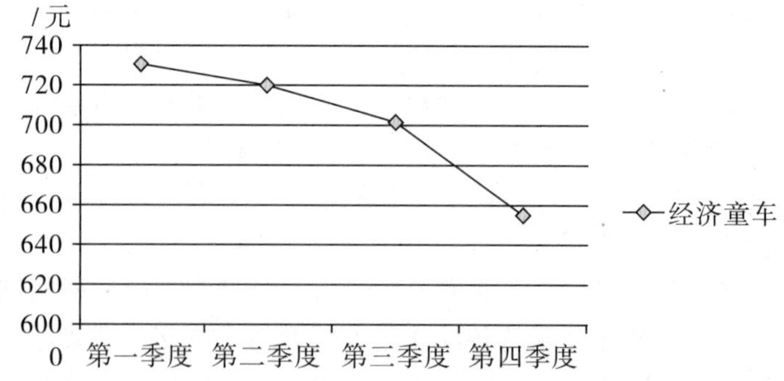

图 2－2　经济童车本地市场价格预测

注：制造企业在 2011 年 10 月会出现延续历史订单（即 10 月以前签订的合同尚未执行完）的情况。

二、销售说明

1. 广告投放与市场开发

为了让客户了解企业和企业的产品及服务，企业会投入大量的资金用于企业整体品牌和产品的宣传，以争取尽可能多的客户订单。为此，要策划营销方案、广告投放渠道、公共关系、产品推介会等一系列营销活动。在企业管理全景仿真中，这些活动统一以广告费来体现。

企业需要通过投放广告费来提升自身的知名度及美誉度，达到获取商品市场订单，完成销售目标，赚取利润，维持经营的目的。

课程中虚拟商品市场分为华东、华中、华南、华北四个大区。每个区域市场中都会不定期地释放购货订单。（2.0.0.1 版仅设置有华东区域）

（1）制造企业通过投放广告费取得参加商品交易会入场券，服务公司依据各企业投放的广告费金额及投放区域因素来决定选单次序及选单数量。

（2）商贸企业（客户）需要通过投放广告费获取虚拟商品市场订单资格。商贸企业（客户）在该区域市场投放广告后，即开发了该区域市场，方能获得选单资格。

广告的投放媒介及金额可依企业自身及竞争对手情况酌情决策。

2. 关于延期交货

企业可能由于产能不够或其他原因，导致订单不能按期交货。发生延期交货时，企业应为此受到相应的处罚，为最大限度地减少延期交货造成的损失，企业可以采取分期交货策略。

在与客户签订合同时，经双方协商后，可在合同中约定交货情况，建议参考以下处理办法。

（1）分期交货。

企业可以按规定的交货期先交付一部分货物，并开具相应数量的销售发票，确认应收账款。未及时按期交货的部分延期交货。

（2）延期交货罚款。

发生延期交货的当期，会根据合同约定支付相应比例的违约金。因此，营销部经理接单时要考虑企业的产能。

三、销售合同

生产制造公司销售产品必须与客户签订销售合同，销售合同是确立购销关系的依据。销售合同中明确约定了销售数量、品种、价格、商业折扣、付款期限、付款方式。有效合同将受到保护，以维护购销双方的正当权益。

销售合同中产品销售为含税价，增值税率为 17%，销售商品时需要给客户开具增值税专用发票。

与客户签订完纸质合同后，还需要在软件中进行订单录入，并提交给客户进行线上确认。如果客户认为存在问题，可选择拒绝。制造企业在系统中有第二次提交机会，如果两次提交均未被客户确认，制造企业需要重新进行该任务。

四、商业折扣

公司销售产品可根据实际情况向客户提供商业折扣，按一次性销售数量提供不同的商业折扣，折扣标准可参考表 2－1，也可根据实际经营情况制定。

表 2－1　商业折扣表

商业折扣标准	折扣/%	备　注
销售量 <5 000	无	按每种产品计量
5 000≤销售量 <8 000	1	
8 000≤销售量 <10 000	2	
10 000≤销售量 <15 000	3	
15 000≤销售量	5	

第二节　采购规则

一、制造企业采购规则

客户从制造企业采购童车产品，双方洽谈并签订纸质合同，制造企业在 VBSE 系统中提交电子订单，客户进行确认，作为后续交易依据。

1. 原材料采购相关信息

采购原材料品种：生产制造公司可自主选择原材料供应商，决定采购的品种和数量、采购时间。根据公司可生产的产品类型及物料清单，公司有可能需要采购的原材料有 10 种，具体如表 2－2 所示。

表 2－2　原材料相关信息表

存货编码	存货名称	规格型号/mm	计量单位	存货属性	市场供应平均单价/元
B0001	钢管	Φ外 16/Φ内 11/L5000	根	外购	60
B0002	镀锌管	Φ外 16/Φ内 11/L5000	根	外购	120
B0003	坐垫	HJM500	个	外购	50
B0004	记忆太空棉坐垫	HJM0031	个	外购	110
B0005	车篷	HJ72×32×40	个	外购	60
B0006	车轮	HJΦ外 125/Φ内 60	个	外购	20
B0007	经济型童车包装套件	HJTB100	套	外购	20
B0008	数控芯片	MCX3154A	片	外购	200
B0009	舒适型童车包装套件	HJTB200	套	外购	100
B0010	豪华型童车包装套件	HJTB300	套	外购	150

2. 采购原材料的流程

（1）月初，采购部门根据生产部门的材料净需求，考虑现有原材料库存及原材料市场供求形势、采购提前期、安全库存、采购批量等因素，编制采购计划表。

（2）采购部门与供应商签订意向合同，确定未来一段时间内即将购买的原材料品种、预计数量和约定价格。

（3）每月，采购部门根据企业的备料需要向供应商签订纸质采购合同，完成纸质合同后，在 VBSE 系统中录入订单并提交供应商确认。

（4）供应商根据订单中的约定时间向企业发货，企业验收入库；如出现供应商库存不足等其他原因，造成供应商无法按期发货的情况，按双方在合同中的约定进行处理。

（5）货款结算的时间及金额，依据双方签订的合同，并根据实际情况进行执行。

（注意：采购意向合同中的预计数量仅供乙方做计划参考时使用，甲方对此不做采购承诺。如出现违约纠纷情况，可提交工商局进行协调。）

（6）原材料从供应商送达企业时会发生相应的运输费用，具体细节在采购合同中由双方进行约定。

二、办公用品采购规则

服务公司出售 VBSE 实训所需的各项办公用品，如表单、胶棒、曲别针等。买卖双方可对结算方式进行协商，即可选择当场结清价款，也可自行约定结算时间，如月结（每月统一结账）。办公用品价款可采用现金或支票进行结算。服务公司提供的办公用品项目及价格见表 2－3。

表 2－3 服务公司商品价目表

序号	商品名称	计量单位	单价/元
1	表单	份	10
2	胶棒	支	20
3	印泥	盒	30
4	长尾夹	个	10
5	曲别针	个	5
6	复写纸	页	10
7	A4 白纸	张	5

企业办公用品管理由行政主管承担，行政主管每月月初收集、统计办公用品采购需求，统一购买，按需发放。

行政主管依照员工使用需求发放办公用品并做好领用记录。

第三节　制造企业仓储规则及产品结构

一、仓库信息

公司现有三个仓库：原材料库、半成品库和成品库。原材料库用于存放各种生产原材料，半成品库用于存放车架，成品库用于存放产成品。仓库信息如表 2－4 所示。

表 2－4　仓库信息表

仓库名称	仓库编码	可存放物资
原材料库	A 库	钢管、坐垫、车篷、车轮、经济型童车包装套件、镀锌管、记忆太空棉坐垫、数控芯片、舒适型童车包装套件、豪华型童车包装套件
半成品库	B 库	经济型童车车架、舒适型童车车架、豪华型童车车架
成品库	C 库	经济型童车、舒适型童车、豪华型童车

二、物料及成品

仓储部负责生产所需的原材料的采购入库、生产出库和保管，成品的入库和销售出库。公司的物料和成品清单如表 2－5 所示。

表 2－5　物料和成品清单

物料名称	物料编码	单位	规格型号/mm	来源（相对制造企业）
钢管	B0001	根	Φ 外 16/Φ 内 11/L5000	外购
镀锌管	B0002	根	Φ 外 16/Φ 内 11/L5000	外购
坐垫	B0003	个	HJM500	外购
记忆太空棉坐垫	B0004	个	HJ0031	外购
车篷	B0005	个	HJ72 × 32 × 40	外购
车轮	B0006	个	HJΦ 外 125/Φ 内 60	外购
数控芯片	B0008	片	MCX3154A	外购
经济型童车包装套件	B0007	套	HJTB100	外购
舒适型童车包装套件	B0009	套	HJTB200	外购
豪华型童车包装套件	B0010	套	HJTB300	外购
经济型童车车架	M0001	个		自制

续上表

物料名称	物料编码	单位	规格型号/mm	来源（相对制造企业）
舒适型童车车架	M0002	个		自制
豪华型童车车架	M0003	个		自制
经济型童车	P0001	辆		自制
舒适型童车	P0002	辆		自制
豪华型童车	P0003	辆		自制

1. 经济型童车物料清单

经济型童车物料清单如表 2 –6 所示，经济型童车产品结构见图 2 –3。

表 2 –6　经济型童车物料清单

结构层次	父项物料	物料编码	物料名称	规格型号/mm	单位	用量	备注（相对制造企业）
0		P0001	经济型童车		辆	1	自产成品
1	P0001	M0001	经济型童车车架		个	1	自产半成品
1	P0001	B0005	车篷	HJ72 ×32 ×40	个	1	外购原材料
1	P0001	B0006	车轮	HJΦ 外 125/Φ 内 60	个	4	外购原材料
1	P0001	B0007	经济型童车包装套件	HJTB100	套	1	外购原材料
2	M0001	B0001	钢管	Φ 外 16/Φ 内 11/L5000	根	2	外购原材料
2	M0001	B0003	坐垫	HJM500	个	1	外购原材料

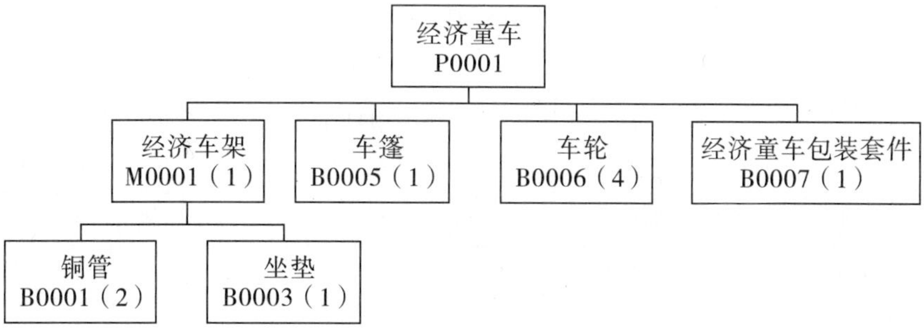

图 2 –3　经济型童车产品结构图

2. 舒适型童车物料清单

舒适型童车物料清单如表 2 –7 所示，舒适型童车产品结构见图 2 –4。

表 2－7　舒适型童车物料清单

结构层次	父项物料	物料编码	物料名称	规格型号/mm	单位	用量	备注（相对制造企业）
0		P0002	舒适型童车		辆	1	自产成品
1	P0002	M0002	舒适型童车车架		个	1	自产半成品
1	P0002	B0005	车篷	HJ72×32×40	个	1	外购原材料
1	P0002	B0006	车轮	HJΦ 外 125/Φ 内 60	个	4	外购原材料
1	P0002	B0009	舒适型童车包装套件	HJTB200	套	1	外购原材料
2	M0002	B0002	镀锌管	Φ 外 16/Φ 内 11/L5000	根	2	外购原材料
2	M0002	B0003	坐垫	HJM500	个	1	外购原材料

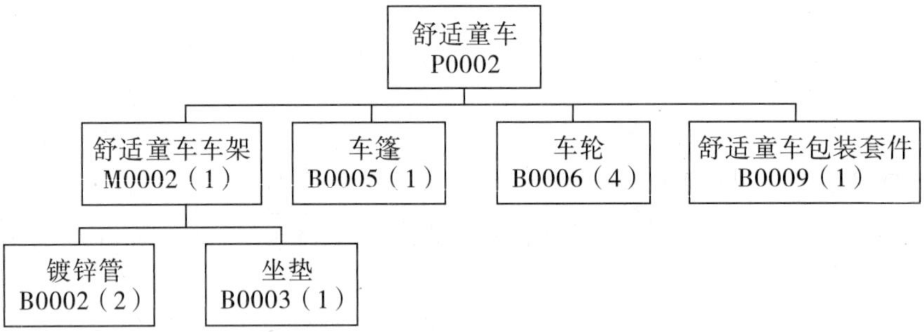

图 2－4　舒适型童车产品结构图

3. 豪华型童车物料清单

豪华型童车物料清单如表 2－8 所示，豪华型童车产品结构见图 2－5。

表 2－8　豪华型童车物料清单

结构层次	父项物料	物料编码	物料名称	规格型号/mm	单位	用量	备注（相对制造企业）
0		P0003	豪华型童车		辆	1	自产成品
1	P0003	M0003	豪华型童车车架		个	1	自产半成品
1	P0003	B0005	车篷	HJ72×32×40	个	1	外购原材料
1	P0003	B0006	车轮	HJΦ 外 125/Φ 内 60	个	4	外购原材料
1	P0003	B0008	数控芯片	MCX3154A	片	1	外购原材料
1	P0003	B0010	豪华型童车包装套件	HJTB300	套	1	外购原材料
2	M0003	B0002	镀锌管	Φ 外 16/Φ 内 11/L5000	根	2	外购原材料
2	M0003	B0004	记忆太空棉坐垫	HJM600	个	1	外购原材料

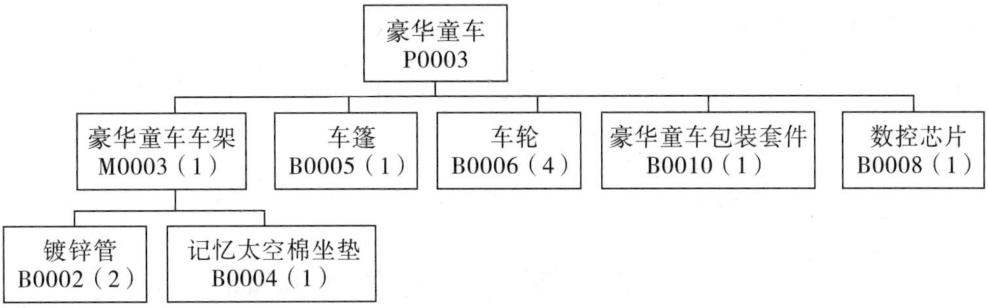

图2－5　豪华型童车产品结构图

三、储位管理（参考）

仓库储位采用分区分类策略，给每一类物料分配固定的储存区域，物料储存时必须放在指定区域。储存区域仓位编码规则：仓库编码＋储位流水号。储位分配表如表2－9所示。

表2－9　储位分配表

物料名称	单位	仓位
钢管	根	A01
镀锌管	根	A02
坐垫	个	A03
记忆太空棉坐垫	个	A04
车篷	个	A05
车轮	个	A06
包装套件	套	A07
经济型童车包装套件	套	A08
舒适型童车包装套件	套	A09
豪华型童车包装套件	套	A10
经济型童车车架	个	B01
舒适型童车车架	个	B02
豪华型童车车架	个	B03
经济型童车	辆	C01
舒适型童车	辆	C02
豪华型童车	辆	C03

注：填写物料卡时，需要注意填写物料单位和仓位编码。

四、仓储部门人员

仓储部现设置两个岗位：仓储部经理和仓管员。仓储部经理负责任务单据审核、登记台账、业务统计；仓管员负责物料、成品的入出库业务。

第四节　制造企业生产规则

企业生产离不开厂房、生产设备、仓库等基本生产场地及生产设施。我们的企业是一个持续经营的企业，期初定义：2011 年 10 月。每家制造企业已经购置一个大厂房，并且厂房内安装普通机床 10 台，组装生产线 1 条，设备运行状况良好。

一、厂房规则

企业现有大厂房一个。根据产能需要以及企业自身发展需要，可以建造、租赁厂房等。厂房有大、小两种类型（如表 2－10 所示）。

表 2－10　厂房类型及相关规则

厂房类型	价值/万元	使用年限/年	租金/（元・月）	折旧/（元・月）	容量
大厂房	500	30	60 000	13 888.89	20 台机床位
小厂房	480	30	48 000	13 333.33	12 台机床位

（1）一条组装生产线占用 4 台机床的位置。
（2）购买当期不计提折旧，从下月开始计提。
（3）自有大厂房在经营期间不得出售。
（4）如经营期间需用厂房数量超过实际厂房数量，需要联系服务公司进行厂房租赁。

二、生产设备规则

根据企业的生产经营状况，企业的生产设备可以随时购买。企业生产设备分机床和组装流水线两类。机床能生产各种类型的车架，组装流水线能组装各种类型的童车。企业生产设备的基本信息如表 2－11 所示。

注意：设备购买后，需要经过 1 个周期的安装调试期后才可正式投入生产。

表 2－11　设备基本信息

生产设备	购置费/万元	使用年限	折旧费/（元·月）	维修费/（元·月）	生产能力/（台/虚拟天）			出售
					经济型	舒适型	豪华型	
普通机床	1	10	83.33	33	500	500		按账面价值出售
数控机床	5	10	416.67	180	3 000	3 000	3 000	
组装流水线	3	10	250	100	7 000	7 000	6 000	

生产设备按月计提折旧，企业所得税法规定：火车、轮船、机器、机械和其他生产设备，折旧年限为 10 年。按月支付维修费用，当月（首月）购入则不用支付维修费。同时，设备对技术人员也有相应的能力要求，如表 2－12 所示。

表 2－12　产品上线生产人员能力要求表

设　备	人员级别	要求人员配置数量
普通机床	初级	2
数控机床	高级	2
组装流水线	初级	5
	中级	15

三、工作中心

工作中心（working center）指的是直接改变物料形态或性质的生产作业单元。工作中心是生产产品的生产资源，包括机器、人和设备，是各种生产或加工单元的总称。一个工作中心可以是一台设备、一条生产线、一个班组或生产单一产品的封闭车间；对于外协工序，对应的工作重心则是协作单位的代号。工件经过每一个工作重心要发生费用，产生成本。工作中心的数据是工艺路线的核心组成部分，是运算物料需求计划、能力需求计划的基础数据之一（如表 2－13 所示）。

表 2－13　生产制造公司工作中心资料

工作中心编码	工作中心名称	产品	定额生产能力（台数 × 单台生产产能/虚拟 1 天）	所属部门
wc01	普通机床	经济型童车车架	5 000	生产计划部
		舒适型童车车架	5 000	
wc02	数控机床	经济型童车车架	3 000	生产计划部
		舒适型童车车架	3 000	
		豪华型童车车架	3 000	
wc03	组装流水线	经济型童车	7 000	生产计划部
		舒适型童车	7 000	
		豪华型童车	6 000	

四、产能规则

分派工作时，一条生产线只允许生产一个品种的产品。假如给一条组装流水线上安排生产5 000台经济型童车，剩下的2 000台产能不能用于生产舒适型童车与豪华型童车，必须等该资源产能全部释放后才允许安排不同种类的产品生产。

五、工艺路线

工艺路线是指企业各项自制件的加工顺序和在各个工序中的标准工时定额情况，也称为加工路线，是一种计划管理文件，主要用来进行工序排产和车间成本统计（见表2－14）。

表2－14　经济型童车的工艺路线

物料编码：P0001—经济型童车

工序	部门	工序描述	工作中心	加工工时
10	生产计划部—机加车间	车架加工	普通（或数控）机床	虚拟1天
20	生产计划部—组装车间	组装	组装生产线	虚拟1天

六、购买生产许可

制造业初始默认的生产许可为经济型童车。随着企业运营能力的提高，可以扩展生产舒适型或豪华型童车，该企业则在服务公司购置相应的生产技术成果，代表企业已完成新产品的研发，可以立即开工生产，需再购买生产许可证，见表2－15。

表2－15　生产许可证价格

许可证类型	价格/元
舒适型	10 000
豪华型	20 000

七、水电费收费标准

1. 对于制造企业，按其上月生产情况收取

生产一个车架的平均用电量为3度（1度＝1千瓦·时），组装一辆童车平均用电量为2度。工业用电1.5元/度。

每生产5 000个车架平均用水量为30米^3，水价为3元/米^3。

按每月实际完工入库数量计算，请在每月结账前（通常为28日或29日），前往服务公司缴纳上月水电费。

2. 对于商贸企业，按其仓库情况收取

（1）每个仓库（假设2 000平方米）每月用电5 000度。工业用电1.5元/度。

（2）每个仓库每月用水500米^3，水价为3元/米^3。

在每月结束前，各企业需前往服务公司缴纳上月水电费。服务公司需要在月末前对未缴纳该项费用的企业进行催收。

注：根据 VBSE 系统设计，企业需要在 2012 年 1 月时缴纳 2011 年 10 月的水电费。

第五节　人力资源规则

人力资源是企业生产经营活动的基本要素。公司的员工配置、工资标准及核算、员工招聘与培训，要在遵循本规则的前提下，做出科学合理的规划安排，以保证公司的生产经营活动协调、有序、高效进行。

一、人员招聘

2011 年 10 月，制造企业和商贸公司期初职工配置情况如表 2－16、表 2－17 所示。

表 2－16　制造企业期初职工资源配置

部门	岗位名称	岗位级别	在编人数/人	直接上级
企业管理部	总经理（兼企管部经理）	总经理	1	董事会
	行政助理	职能管理人员	1	总经理
营销部	营销部经理	部门经理	1	总经理
	市场专员	职能管理人员	1	部门经理
	销售专员	职能管理人员	1	部门经理
生产计划部	生产计划部经理	部门经理	1	总经理
	车间管理员	职能管理人员	1	部门经理
	计划员	职能管理人员	1	部门经理
	初级生产工人	工人	25	生产管理员
	中级生产工人	工人	15	生产管理员
仓储部	仓储部经理	部门经理	1	总经理
	仓管员	职能管理人员	1	部门经理
采购部	采购部经理	部门经理	1	总经理
	采购员	职能管理人员	1	部门经理
人力资源部	人力资源部经理	部门经理	1	总经理
	人力资源助理	职能管理人员	1	部门经理
财务部	财务部经理	部门经理	1	总经理
	出纳	职能管理人员	1	部门经理
	财务会计	职能管理人员	1	部门经理
	成本会计	职能管理人员	1	部门经理

表 2－17　商贸公司期初职工资源配置

部门	岗位名称	在编人数	直接上级
企管部	总经理	1	—
管理中心	行政主管	1	总经理
营销中心	业务主管	1	总经理

企业需求人才时，可以向人力资源服务公司提供人才需求信息，由人力资源服务公司推荐适合人员，企业择优录用后支付招聘费用。

不同类别人员的招聘试用期不同，招聘费用及招聘试用期如表 2－18 所示。无论何种类别的人员，试用期内无奖金，试用期工资为基本工资的 80%。

表 2－18　招聘费用表格

人员类别	招聘费用/(元・人)	试用期/月	基本工资/元
部门经理	5 000	3	6 000
职能管理人员	1 000	3	4 000
初级生产工人	500	3	1 600
中级生产工人	700	3	2 000
高级生产工人	900	3	2 500

注：招聘实际费用可在标准的基础上有上下 20% 的浮动（由服务公司收取）。

二、人员培训

服务公司提供面向企业和个人进行人才培训服务业务。

服务公司提供企业人才培训服务收费标准见表 2－19，收费浮动率将由服务公司业务员与企业相关人员进行协商，人均收费有上下 20% 的浮动。

表 2－19　人才培训服务收费标准

参训人员	培训收费标准/元/(人・次)
总经理	10 000
部门经理（主管）	7 000
普通员工	4 000

服务公司也面向个人开设培训课程，培训费以现金的形式结清于授课前。资费标准为 500～1 000 元，服务公司业务员与参训具体人员进行费用协商。

三、职工薪酬

1．职工薪酬的构成

职工薪酬是指企业为获得职工提供的服务而给予各种形式的报酬以及其他相关支出。在企业管理全景仿真中，职工薪酬主要由以下几个部分构成。

（1）职工工资、奖金。

（2）医疗保险费、养老保险费、失业保险费、工伤保险费和生育保险费等社会保险费。

（3）住房公积金。

（4）因解除与职工的劳动关系给予的补偿，即辞退福利。

2. 职工薪酬的计算及发放

企业人员的薪酬组成为：

年度总薪酬 = 月基本工资 ×12 + 季度绩效奖金 ×4 + 企业应缴福利

其中，月基本工资由人力资源部在每月月底统计，财务部月底计提相关费用，人力资源部在次月初发放到个人。季度绩效奖金由人力资源部在每个季度绩效考核完成后统计，财务部在下季度第一个月随当月工资一起发放到个人。例如，第三季度（7—9 月）绩效奖金与 10 月工资一同核算，并于 11 月初随同 10 月工资一起发放。企业应缴福利是根据市社保局相关规定，在个人自主缴付社会保险之外，企业为员工缴付的五险一金福利，包括医疗保险、养老保险、失业保险、工伤保险、生育保险和住房公积金。职工实际领取的薪酬是在扣除个人自主缴付社会保险费用和个人所得税之后的实际金额。

职工每月实际领取的工资 = 月基本工资 + 季度绩效奖金 - 缺勤扣款 - 个人应缴五险一金 - 个人所得税

缺勤扣款 = 缺勤天数 ×（月基本工资/当月全勤工作日数）

3. 企业基本工资标准

企业基本工资标准如表 2 -20、表 2 -21、表 2 -22 所示。

表 2 -20　制造企业 2011 年 10 月基本工资标准

人员类别	月基本工资/元
总经理	10 000
部门经理	6 000
职能管理人员	4 000
营销部员工	2 500
初级/中级/高级生产工人	1 600

表 2 -21　商贸企业 2011 年 10 月基本工资标准

人员类别	月基本工资/元
总经理	10 000
行政/业务主管	6 000

表 2 – 22　自 2012 年 1 月开始制造企业实行调薪后薪资标准①

人员类别	月基本工资/元
总经理	10 000
部门经理	6 000
职能管理人员	4 000
营销部员工	2 500
初级生产工人	1 600
中级生产工人	2 000
高级生产工人	2 500

4. 奖金与绩效考核比例

制造企业奖金与绩效考核比例②如表 2 – 23 所示。

表 2 – 23　制造企业奖金与绩效考核表

人员类别	季度绩效奖金
生产工人	按 1 元/辆计件提成
营销部人员	上季度销售总额 ×3‰ × 绩效分配比例
除营销部之外的其他职能部门人员	上季度企业净利润 15 × 5% × 绩效考评结果

所有人员（除工人外）在每个季度根据公司业务和经营目标制定个人绩效目标，季度末对个人绩效进行自评。部门经理、人力资源部和总经理共同评定确定个人最终绩效，得出绩效考评结果，最终绩效考评结果按绩效排名强制分为 A、B、C 三级。

个人绩效考评结果与季度绩效奖金挂钩。其中，部门经理（除营销部经理）及职能管理人员的绩效考评结果与绩效奖金的应用关系如表 2 – 24 所示。

表 2 – 24　绩效结果和绩效奖金的应用关系

绩效结果（等级）	强制分布比例	奖金系数	奖　金
A（优秀）	20%（3）	1.1	上季度企业净利润 ×5%/15 ×1.1
B（中等）	70%（10）	1	上季度企业净利润 ×5%/15 ×1
C（合格）	10%（2）	0.9	上季度企业净利润 ×5%/15 ×0.9
D（不合格）			建议辞退

营销部经理的绩效奖金为营销部季度绩效奖金的 20%，市场专员和销售员绩效奖金为营销部季度绩效奖金的 40%。商贸企业季度奖金与绩效如表 2 – 25 所示。

①②　企业可根据实际情况自行设计。

表2－25　商贸企业季度奖金与绩效

人员分类	季度绩效奖金/元
总经理	10 000
行政/业务主管	6 000

季度奖金实际发放金额与个人业绩考核评定结果挂钩，业绩考核采取百分制，业绩评定85分及以上者发放全额季度绩效奖金，低于85分的发放季度绩效奖金的80%。

注：总经理绩效得分为企业员工得分的平均数。

5．五险一金

五险一金缴费基数及比例各地区操作细则不一，本实训环节中社会保险费、住房公积金规则参照市有关政策规定设计，并做微调整。

社保中心职能包含：社保缴纳与住房公积金管理双向职能。五险一金缴费基数于每年6月核定，核定后的职工月工资额即为缴纳基数。五险一金缴费比例如表2－26所示。

表2－26　五险一金缴费比例

分类	养老	失业	工伤	生育	医疗		住房公积金
					基本医疗	大额互助	
单位	20%	1.5%	0.5%	0.85%	7%	1%	10%
个人	8%	0.5%	0	0	2%	3元	10%

注意：单位养老保险缴费20%，其中17%划入统筹基金，3%划入个人账户。实训中以员工转正后的基本工资金额数为社会保险和住房公积金的缴费基数。

6．个人所得税

个人所得税计算采用2011年9月1日起开始执行的7级超额累进税率（见表2－27）。

个人所得税计算方式为：

个人所得税＝全月应纳税所得额×税率－速算扣除数

全月应纳税所得额＝应发工资－3500

表2－27　工资、薪金所得适用个人所得税七级超额累进税率表

级数	全月应纳税所得额	税率/%	速算扣除数/元
一	不超过1 500元	3	0
二	超过1 500元至4 500元	10	105
三	超过4 500元至9 000元	20	555
四	超过9 000元至35 000元	25	1 005
五	超过35 000元至55 000元	30	2 755
六	超过55 000元至80 000元	35	5 505
七	超过80 000元	45	13 505

例：在核算职工薪酬时，某职工工资在扣除免税项目（包括五险一金、缺勤扣款等）后金额为8 500元，则此人应缴纳的个人所得税是多少？

（8 500 – 3 500） = 5 000元（从上表可看出其适用20%的税率）

则5 000 × 20% – 555（速算扣除数） = 445元

即应交445元的个人所得税。

7. 辞退福利

企业辞退员工需支付辞退福利，辞退福利为三个月基本工资，辞退当季无绩效奖金。辞退当月的薪酬为：

辞退当月薪酬 = 实际工作日数 ×（月基本工资/当月全勤工作日数） + 辞退福利

四、考勤规则

1. 考勤管理

每天的实训开始后，学生必须登录VBSE系统点击“考勤”按钮进行考勤签到。

VBSE实训中对实际业务进行了抽象，一个实际工作日完成一个月的工作内容，每月工作任务集中在3个虚拟工作日完成。计算出勤天数时，实训学生因病、事休假一个实际工作日的按3个工作日计算，休假类型按照实际情况确定。

如：学生A因病没有参加当天的课程，则他的实际出勤天数 = 当月应出勤天数 – 3天，休假类型为病假。其中应出勤天数为当月实际工作日天数。

2. 考勤计算规则

VBSE实训中实行月度考勤，但因每月只设计3～5个虚拟工作日，在进行考勤统计时依照下列规则计算：

员工出勤天数 = 当月虚拟工作日出勤天数/当月虚拟工作日总天数 × 21.75

员工缺勤天数 = 21.75 – 员工出勤天数

考勤周期实行月度考勤，考勤周期为本月28日至次月27日。

各类假期薪资发放规则：

（1）迟到、早退每次扣款20元。

（2）旷工1日，扣3日工资。

（3）事假为非带薪假期，扣发全部事假日工资。

（4）病假发放该日工资的50%。

（5）婚假、丧假、产假、计划生育假、年休假为有薪假期，发放全额日工资。

第六节　财务规则

财务业务规则主要包括：会计核算制度、会计管理制度、预算管理方法、筹资规则、投资规则、账簿设置与会计核算程序等方面的主要规则，各公司必须按照本规则的各项规定组织会计核算，进行会计管理。

一、筹资规则

资金是公司的血液，公司经营与发展离不开资金支持。公司根据财务部门的筹资预案进行充分论证，并考虑合理的资金结构，做出科学的筹资决策。

1. 筹资渠道

在企业管理全景仿真中，企业资金来源于以下几种渠道：实收资本、银行抵押贷款、商业信用（应收、应付、应计费用等）。

2. 筹资用途

金融机构可以提供的贷款主要有短期贷款和长期贷款。短期贷款用于流动资产周转，长期贷款用于长期投资，如购买设备、厂房等固定资产。即长借长用、短借短用、短用短借、长用长借。在 VBSE 实训系统里，银行放贷具体方式如表 2－28 所示。

表 2－28 银行放贷方式

筹资方式	融资手段	贷款利率	贷款限额	贷款期限	还款约定
银行信用贷款	长期贷款	8%	上月所有者权益的 2 倍	按年，最长 5 年，最短 2 年	每季付息，到期还本
	短期贷款	6%	上月所有者权益的 2 倍	按月，最短 3 个月，最长 12 个月	到期一次还本付息

二、存款规则

银行存款种类、期限和利率如表 2－29 所示。

表 2－29 银行存款种类、期限与利率

种类与期限	活期存款	定期存款			
		三个月	半年期	一年	三年
年利率/%	0.5	3.1	3.3	3.5	5

三、税务规则

1. 税种类型

生产制造公司和商贸公司从事生产经营活动，涉及国家或地方多个税种，包括：企业所得税、增值税、城建税、教育费及附加、个人所得税。

按照国家税法规定的税率和起征金额进行税额的计算，企业所得税按照利润总额的 25% 缴纳，增值税税率为 17%，城建税为增值税税额的 7%，教育费附加为增值税税额的 3%。个人所得税按照七级累进税率。起征点为月收入 3 500 元。

2. 日常纳税申报及缴纳税款

在税收征收期内，按照生产制造公司的经营情况，填制各税申报表，携带相关会计报表，到税务部门办理纳税申报业务，得到税务部门开出的税收缴款书，并到银行缴纳税款。依据税务部门规定，每月初进行上月的纳税申报及缴纳。如遇特殊情况，可以向税务部门申请延期纳税申报。

四、会计核算规则

1. 结算方式

本公司可以采用现金结算、转账结算和电汇几种方式。原则上，日常经济活动，低于2 000元的可以使用现金，超过2 000元的一般使用转账支票结算（差旅费或支付给个人业务除外）。

银行支票分为现金支票和转账支票。现金支票用于提取现金，转账支票用于同一票据交换区内的结算，异地付款一般采用电汇方式。

2. 存货计价

存货核算按照实际成本核算，原材料计价采用实际成本计价，材料采购按照实际采购价入账，材料发出按照全月一次加权平均计算材料成本。

全月一次加权平均相关计算：

材料平均单价 = （期初库存数量 × 库存单价 + 本月实际采购入库金额）/（期初库存数量 + 本月实际入库数量）

材料发出成本 = 本月发出材料数量 × 材料平均单价

五、固定资产取得方式及折旧

固定资产可以按照购买的方式取得。固定资产购买当月不计提折旧，从次月开始计提折旧，出售当期照提折旧。折旧相关信息如表2 – 30所示。固定资产折旧按照直线法计提折旧。

表2 – 30　折旧相关信息

固定资产名称	原值/元	残值/元	预计使用时间/年	折旧/季度	折旧/月
办公大楼	6 000 000		40	37 500	12 500
笔记本电脑	8 000		4	500	166. 67
台式电脑	5 000	200	4	300	100
打印复印机	20 000		5	1 000	333. 33
仓库	1 000 000		10	25 000	8 333. 33
大厂房	5 000 000		30	41 666. 67	13 888. 89
普通机床	10 000		10	250	83. 33
组装生产线	30 000		10	750	250

六、制造费用的归集及分配

为生产管理部门发生的费用以及生产过程中各车间共同的间接费用计入制造费用。

制造费用按照费用发生车间设置明细科目，即机加车间、组装车间。机加车间发生的费用，如工人工资、机加车间设备折旧及维修等能够明确确认为机加车间发生的费用计入制造费用——机加车间。同样，组装车间的费用计入制造费用——组装车间。生产计划部管理人员的工资、使用的设备折旧、报销的办公费等计入“管理费用”。厂房折旧计入制造费用，并按照各类设备占用厂房空间比例进行分配。

1. 成本计算规则

产品成本分为原材料成本、人工成本和制造费用结转。制造费用中车间的费用直接计入该车间生产的产品成本，如果该车间有两个及以上产品生产，则按照该产品生产工时进行分配车间制造费用。在产品只计算材料费用，不计算制造费用和人工费用。即结转当期生产成本的金额为：期初生产成本（直接材料）+本期归集的直接人工+本期归集的制造费用。

（1）成本归集。

原材料成本归集按照材料出库单的发出数量乘平均单价，人工成本为当月计算的生产部门的人员工资，包括生产管理人员和生产工人工资。

（2）半成品核算。

车架为半成品，车架核算的范围为车架原材料、生产车架发生的人工费、制造费，以及分摊的相关生产制造费用。

（3）产品之间费用分配。

如果同一车间生产不同产品，则以各产品数量为权重，分配该车间的直接制造费用和结转的间接制造费用。

2. 坏账损失

生产制造公司采用备抵法核算坏账损失。坏账准备按年提取，按照年末应收账款的3%提取。超过一年未收回的坏账，确认为坏账损失。已经确认为坏账损失的应收账款，并不表明公司放弃收款的权利。如果未来某一时期收回已作坏账的应收账款，应该及时恢复债权，并按照正常收回欠款进行会计核算。

3. 利润分配

公司实现利润，应当按照法定程序进行利润分配。根据公司章程规定，按照本年净利润的10%提取法定盈余公积金，根据董事会决议，提取任意盈余公积金，按照公司制定的股利政策（按照净利润总额的20%分配股利），向股东分配股利。每年年末做一次利润分配。

七、费用报销规则

公司发生的费用主要有：办公费、差旅费、广告费、市场开拓费、招聘费、培训费、仓储费、招待费等。其中办公费按照标准，每月报销，其他费用，依据实际发生，在预算范围内报销，超过预算的，需要总经理批准。

1. 办公费用报销标准

办公费用报销标准如表2-31所示。

表2-31　办公费报销标准

人员类别	报销标准/(元·月)
CEO	1 000
部门经理	500
职能部门管理人员	300
生产工人	60

2. 审批流程

日常费用（办公费、差旅费、招聘费）在预算范围内，部门经理和财务经理审批后，财务部做支出处理。超过预算范围的，需要总经理审批。其他费用（广告费、市场开拓费、培训费、仓储费、招待费），在预算范围内，并在1万元以下的，部门经理和财务经理审批；否则（1万元以上或者超过预算范围的），需要总经理审批。

八、票据使用规则

1. 出售支票规则

财务仿真实习中各个企业使用的支票，由银行制作并收取工本费，使用者必须到银行购买使用。任何企业和个人不得自制支票。

银行出售的支票，按张出售，每张20元。

注：课程环境为虚拟商业社会环境，为体现此类费用在企业经营中的意义，本课程中模拟的价格与实际商业社会环境存在偏差。

2. 领购发票规则

发票业务主要包括发票的购领、监督。税务局根据企业的经营规模和销售收入核定企业每月购领增值税专用发票的限额及次数，如不满足企业生产经营需要，企业可以向税务局提出增版和增量申请。

发票的种类：主要有增值税专用发票和增值税普通发票、服务业发票，不分面额，均为手工填写。

纳税人购买发票时，需交纳发票的工本费。普通发票10元/张，增值税专用发票30元/张，服务业发票10元/张（实际价格可由税务局模拟定义）。

第三章 团队组建

第一节 实习动员

一、实习总动员

仿真实习开始之前，由实习组织者就本次实习的目的、内容、时间安排、组织形式、实习要求、实习考核等内容做统一宣讲。通过实习动员使学生：

（1）理解本次实习的意义。

（2）明确实习的要求及工作规范。

（3）了解实习考核评价指标体系。

二、岗位胜任力测评

实习之前，对所有学生做综合素质测评。综合素质测评由实习系统自动抽题、自动计分，题目类型包括基本素质、通用管理、营销、采购、生产、仓储、人力资源、行政管理、财务等各方面内容。

在参与仿真实习的学生中，根据岗位胜任力测评结果，选取综合测评最高的作为 CEO 备选人选，再参考个人意愿及教师推荐，指定若干位 CEO 候选人。

第二节 VBSE 系统操作培训

一、使用菜单

VBSE 系统使用图标式菜单，菜单分为两级（见图 3－1）。

图 3 -1　VBSE 使用图标式菜单图

二、实训任务

1. 任务中心

登录 VBSE 系统后，窗口中间的位置会显示“任务中心”，“任务中心”中显示的是教师推送的当前需要代办的任务。任务类型分为“待办任务”和“日常任务”两种。“待办任务”是指由教师或别的学生发起的任务，一旦完成便不可再次执行；“日常任务”是指可由当前用户根据需要随时、任意次发起的任务（见图 3 -2）。

图 3 -2　任务中心窗口

2. 任务类型

任务类型分为知识型、手工操作型、软件操作型和考核型。

(1) 知识型任务，主要显示视频、教材的 PPT 和 Word，便于教师讲解或者学生自学时参考。

(2) 手工操作型任务，主要显示流程图、教材的 PPT 和 Word，便于教师讲解或者学生自学时参考。

(3) 软件操作型任务，主要显示软件界面、教材的 PPT 和 Word，便于教师讲解或者学生自学时参考。

(4) 考核型任务，一般是需要在线答题的任务，答题完成后，点击提交试卷。如果试卷全是选择题，则可以直接到教学考核管理的学生查询单项成绩中查询这次考试的成绩。

3. 执行任务

点击“任务中心”中的任务标题，就会弹出点击的任务的当前页面，不同类型的任务，列示资源的形式也不同。任务完成后，需要点击左上角的“完成任务”按钮，才能真正完成该任务（见图 3－3）。VBSE 系统将返回到“任务中心”界面并自动刷新尚未完成的任务列表。

如果暂时不想完成此工作，可直接点击右上角关闭窗口的图标。

图 3－3　VBSE 任务完成窗口

如果完成任务的窗口较小，可以点击任务执行窗口右上角的放大按钮，切换到全屏模式（见图 3－4、图 3－5）。

图 3 –4　VBSE 任务窗口全屏按钮

图 3 –5　VBSE 任务窗口全屏显示

4. 查看学习进度

（1）查看当前任务的进度。

如果是操作型的任务，在任务操作界面的下方，会有进入任务进度的链接（见图 3 –6）。

图 3－6　VBSE 任务进度链接

（2）查看整个课程的进度。

有时学生需要了解整个课程有哪些任务、哪些任务还没有完成，此时可以使用“进度查询”菜单进行查询（见图 3－7）。

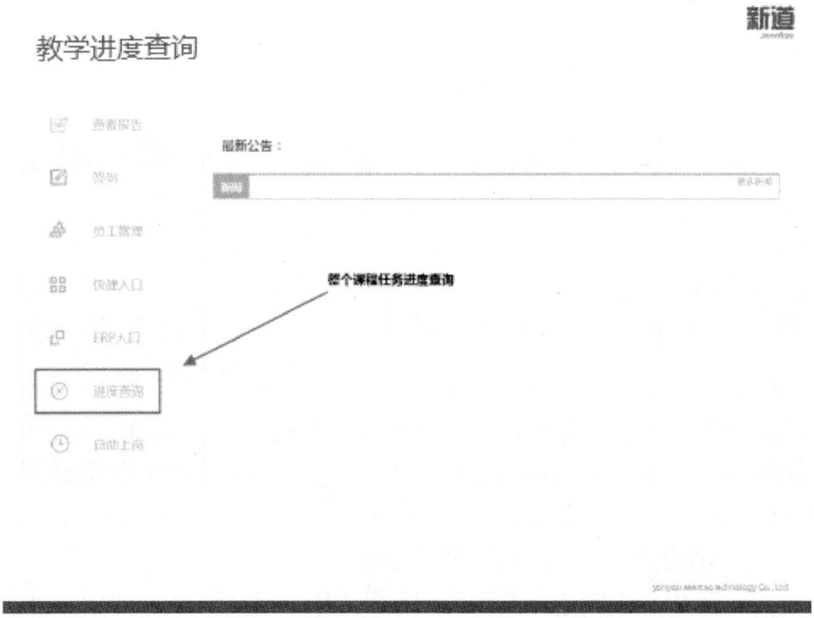

图 3－7　VBSE 任务进度查询菜单

5. 使用教学资源

（1）查看当前任务相关的教学资源。

当执行某个任务时，学生可以在操作界面的下方查看相关课件和手册（见图3－8）。

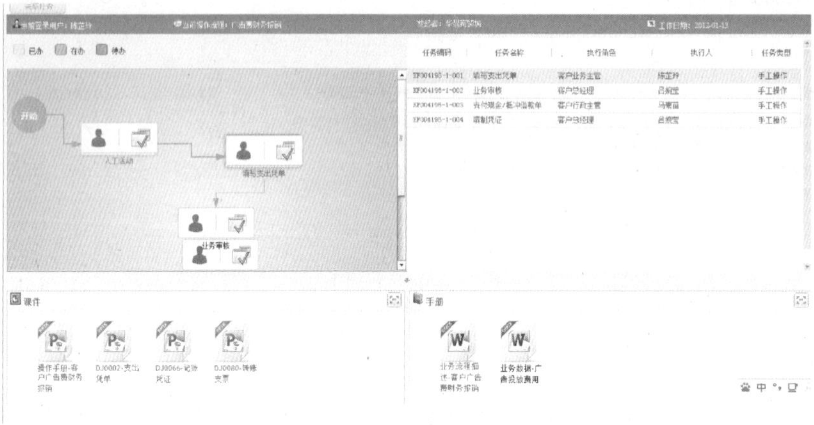

图3－8　VBSE 任务相关教学资源

（2）搜索全部教学资源。

学生也可以通过菜单“教学过程管理”中的“教学资源查询”，进行教学资源查询（见图3－9）。

图3－9　VBSE 查询教学资源

第三节　各组织部门职责及对应岗位职责

一、制造企业组织结构及岗位职责

制造企业是以营利为目的，从事工业生产经营活动或提供工业性劳务的经济组织。实行自主经营、自负盈亏、独立核算、依法成立的具有法人资格的基本经济组织。

制造企业区别于其他行业的典型特征是生产职能，生产职能是将资源转化为对客户更具有价值的商品的活动。从资源材料的获取到最终消费品有多个阶段，开发最终产品的每个阶段都会增加附加值，从而创造更多的财富。

仿真企业是一家中小型制造企业，属于有限责任公司，创建于2010年1月，主打产品是经济童车。目前企业拥有自主产权的大厂房一座，厂房内设机加车间和组装车间。机加车间内有10台普通机床，组装车间内有1条组装生产线，设备运行状况良好，目前公司财务状况正常，产品在本地市场有一定知名度。

企业组织结构是支撑企业生产、技术、经济及其他活动的运筹体系，是企业的“骨骼”系统。没有组织机构，企业的一切活动就无法正常、有效地进行。

企业组织结构指的是企业组织由哪些部分组成，各部分之间存在怎样的关联，各部分在整个组织中的数量比例关系。企业组织结构表达的是企业的全体人员以怎样的模式及构架被组织起来，形成一个有机的整体。

企业组织机构是由一个个职位组合而成的。从这个意义上讲，企业组织结构也是企业的职位系统。每个职位都有权利和责任，所以，企业组织结构可以看成是企业的权责系统。

好佳童车厂目前的机构设置如图 3－10 所示。

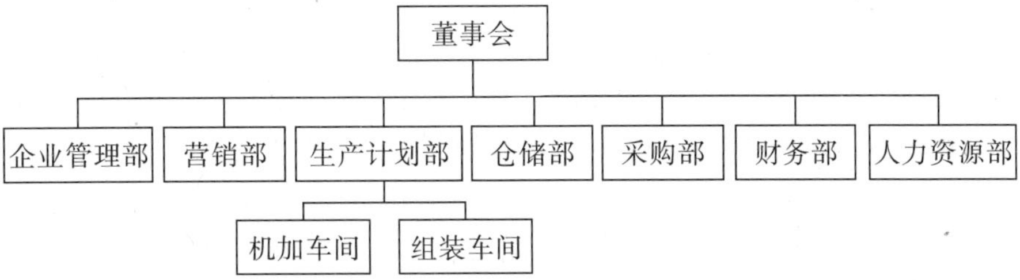

图 3－10　好佳童车厂机构设置图

VBSE 实训系统中核心制造业有 7 个部门，分别为企业管理部、营销部、生产计划部、仓储部、采购部、财务部、人力资源部。企业规模较小，人数不超过 100 人，由 18 个管理岗位及若干工人组成。

1. 企业管理部

企业管理部是企业的重要管理部门，主要负责企业管理及运营、上下联络沟通、及时向领导汇报情况等工作，承担督查和考核各部门的工作，如行政文案事物、内务后勤、制度规程、监督管理等。部门主要职责如下：

①管理协调督查。包括企业日常工作的管理和协调，指导、督查和考核各部门的工作，建立、完善、检查和指导各部门管理制度等工作。

②行政事务管理。包括企业各项管理制度的制定和完善、会议管理等工作。

③公文档案管理。包括合同管理、公文管理、档案管理等工作。

④对外公共关系管理。包括印章管理、公关管理等工作。

⑤内务后勤管理。包括固定资产管理、办公用品管理等工作。

根据企业目标和企业管理部业务特点，企业管理部岗位一般有总经理、副总经理、总经理办公室主任、总经理办公室秘书、行政总监、行政经理、安全保密专员、办公室专员、行政专员、后勤专员、前台接待专员、车辆专员、公关事务专员等。根据中小企业特点，主要工作岗位有总经理、总经理助理。

（1）总经理。

总经理是企业管理部的负责人，在董事会领导下，负责总经理办公室职责范围内所有工作。具体职责如下：

①组织实施经董事会批准的公司企业年度工作计划、财务预算报告及利润分配、使

用方案，组织实施经董事会批准的决议。

②组织指挥企业的日常经营管理工作，在董事会委托权限内，以法人代表的身份代表企业签署有关协议、合同、合约和处理有关事宜。

③决定组织体制和人事编制，决定总经理助理、各职能部门和各部门经理以及其他管理职员的任免、奖惩，建立健全企业统一、高效的组织体系和工作体系。

（2）行政助理。

行政助理是在总经理的领导下，努力做好总经理的参谋助手，起到承上启下的作用，认真做到全方位服务。具体职责如下：

①协助总经理做好综合、协调各部门工作和处理日常事务。

②及时收集和了解各部门的工作动态，协助总经理对各部门之间的业务工作领导，掌握公司主要经营活动情况。

③协助参与企业发展规划的制订，年度经营计划的编制和公司重大决策事项的讨论。

④协助审核、修订企业各项管理规章制度，进行日常行政工作的组织与管理。

⑤协助企业领导草拟工作计划、总结、规划、决议、报告，组织起草以企业名义发出的行政公文。

⑥配合执行企业管理体系运行及各项工作进度的监督与跟进。

⑦及时处理各种合同、公文、函电、报表等文字资料的签收、拆封、登记、承报、传阅、催办，并做好整理归档工作。

⑧企业证照的办理、年审、更换、作废等管理，印章的保管、使用管理等。

⑨参与企业行政、采购事务管理，负责企业各部门办公用品的领用和分发工作。

⑩协助进行内务、安全管理，为其他部门提供及时有效的行政服务。

2. 营销部

营销部是企业的重要部门，是企业利润的创造部门，在企业中具有举足轻重的地位，营销工作的成功与否直接决定企业的成败。在本实训模拟的企业中，营销部包括两大职能：一为销售，二为市场。具体来说，营销部的主要职能如下：

①完成公司制定的营销指标。

②营销策略、计划的拟定与实施。

③营销经费的预算和控制。

④营销管理制度的拟定、实施和改善。

⑤部门员工管理。

根据企业目标和业务特点，依据集中管理、分工负责的原则，营销部主要设立有营销部经理、市场专员、销售专员三个岗位。

（1）营销部经理。

营销部经理是营销部的负责人，在总经理的领导下，负责营销部所有工作。其具体职责如下：

①根据公司发展战略和总体目标，负责制订企业营销总体规划并组织实施。

②负责制订本部门业务计划并监督执行。

③负责营销经费的预算和控制。

④负责营销方案审核、批准与监督执行。

⑤负责营销管理制度的拟定、实施与改善。

⑥负责对本部门员工绩效结果进行评定。

⑦负责本部门年度经营分析。

⑧负责本部门员工的培训工作。

⑨负责本部门员工队伍建设工作。

⑩公司总经理交办的其他工作。

（2）市场专员。

市场专员是在营销部经理的领导下，承担公司产品市场调查、市场分析与预测、市场开发、产品开发、产品促销等工作，其主要职责如下：

①负责公司业务相关市场信息的收集与分析，为公司决策及业务拓展提供支持。

②根据市场调研与分析的结果，对公司的产品销售进行预测。

③根据市场调研与分析的结果，进行新市场开发。

④根据市场调研与分析的结果，制订公司新产品开发计划。

⑤负责公司广告方案的策划与实施，负责编制公司广告预算。

⑥负责公司其他促销活动方案的策划与实施，负责编制公司促销活动预算。

⑦部门经理安排的其他工作。

（3）销售专员。

销售专员是在营销部经理的领导下，负责完成公司下达的销售指标，负责指定区域内公司产品的客户推广和销售管理工作，其主要职责如下：

①负责搜集与寻找潜在客户，开发新客户，拓展与老客户的业务，建立和维护客户档案。

②负责制订销售工作计划，并按计划拜访客户。

③负责与客户进行产品销售沟通与商务谈判。

④负责销售合同的签订工作。

⑤负责销售合同的履行与管理等相关工作，包括及时组织货源、发货与货款回收等。

⑥负责公司客户关系维护工作。

⑦负责公司产品临时项目投标工作。

⑧部门经理安排的其他工作。

3. 生产计划部

生产计划部是企业的重要管理部门，主要负责有效组织生产部门资源，实现产品高效优质生产，成品准时入库。生产计划部的主要职能如下：

①生产管理。根据生产计划部中计划员下达的生产计划，组织产品生产，保证产品、质量、交期的有效实现；以更低的成本按时、保质、保量地完成生产部和其他职能部门下达的产品生产任务和其他临时工作任务，确保作业，确保安全并可持续运行；制订生产部门人力资源、物料、设备需求计划，以满足生产的需要；ISO9000 体系及“5S”活动在生产车间的有效实施与推行。

②物料控制。严格执行各项物料管理制度，降低物料成本；负责生产过程中物料的控制与管理；确保物料配套生产，提高物料利用效益。

③设备管理。监督设备管理运作，提升设备利用率；执行设备的日常维护管理；遵

守国家安全生产法规，执行公司安全操作规程，采取有效劳动保护措施，监督劳动防护用品的有效利用，实行安全文明生产，可持续运行。

④日常工作管理：每日组织召开生产协调会；定期组织部门例会；制度与工作任务执行与监督；负责部门成本预算与控制；制定相关工作制度，设置相关工作流程，规范部门协作；设定例会制度，保证部门信息流通、信息共享，确保整体运作内耗持续下降；健全生产人才培养机制，积极组织培训学习，提高工作技能、工作绩效、员工职业素养。

根据中小企业经营特点，生产计划部的主要岗位有生产计划部经理、生产计划员及车间管理员。

（1）生产计划部经理。

生产计划部经理是生产计划部的负责人，在总经理或主管副总经理的领导下，对工厂各项生产经济技术指标的完成负全部责任，具体职责如下：

①组织编制生产管理等方面的规章制度。

②监督、检查和指导规章制度的执行，确保生产活动有序进行。

③组织、协调、监督下属各职能部门和生产车间的生产活动。

④定期组织召开生产调度会等生产会议，研究解决生产过程中遇到的问题。

⑤对所辖部门发生的费用进行严格控制，制定费用控制与审批流程。

⑥向下属部门下达各项费用的控制标准，并监督检查其执行情况。

⑦定期对安全生产情况进行检查、监督，制订和落实安全生产防范措施。

⑧排除生产中出现的安全隐患，妥善处理生产中的重大事故。

⑨审批各有关职能部门和生产单位新增设备购置计划等流程。

⑩安排生产设备的维修、保养工作，确保企业生产任务的顺利完成。

⑪依据企业历年销售情况，编制部门预算计划。

⑫全面组织、协调生产车间的原材料、物料供应工作。

⑬负责指导、管理、监督分管部门的业务工作，不断提高工作效率和工作质量。

⑭做好下属人员的培训、考核和奖惩工作，最大限度地调动员工的积极性。

⑮依据生产加工计划对车间生产人员进行派工，并跟踪派工的执行情况。

（2）生产计划员。

生产计划员是在生产计划部经理的领导下，负责编制各期生产计划、设备检修计划、物资采购储备计划、费用计划、用人计划、质量计划等并在审批后组织实施；具体职责如下：

①根据企业市场预测组织制定生产规划。

②根据生产规划和销售订单组织编制主生产计划。

③合理调配人力、物力，调整生产布局和生产负荷，提高生产效率。

④根据市场预测，生效的主生产计划，制定出生产规划。

⑤根据生产能力规划，产能标准，提出设备、人员需求。

⑥确定产品总需求量，实际需求量，进行 MRP 展算。

⑦确定生产加工计划及物料净需求计划，并提交给各相关岗位。

（3）车间管理员。

车间管理员是在生产计划部经理的领导下，负责全面协调车间工作，对生产过程进行监督、指导，同时进行生产质量控制，保证生产质量，合理安排车间设备的使用，使设备发挥最大效率，向生产工人布置生产任务，提出相关技术要求和质量要求，组织车间生产员工参加业务培训。具体职责如下：

①负责车间内原辅材料的领取、退库。

②根据生产作业计划核对物料的需求，负责所需物料的跟进催领工作。

③对生产中物料的使用情况及不良品进行控制。

④对车间内产成品的缴库情况进行管理。

⑤协调、督促生产车间零部件、各工序产成品的流转事宜。

⑥监督、检查车间各项工作，做好生产任务和车间各项工作检查。

⑦记录班组内员工工时，准确核算员工的绩效工资。

⑧配合人力资源部做好车间员工考勤及工资核算等事宜。

⑨实时记录员工的产量，做好车间生产产量的统计工作。

⑩每天按时收集、填报各车间的生产报表。

⑪负责协调与相关部门的关系。

⑫及时与上级领导沟通，汇报车间生产情况。

⑬完成领导交办的其他任务。

4. 仓储部

在社会分工和专业化生产的条件下，为保持社会再生产过程的顺利进行，必须储存一定量的物资，以满足一定时期内社会生产和消费的需要。仓储是指通过仓库对暂时不用的物品进行储存和保管。生产企业的核心竞争力体现在产品的开发、生产和制造上，仓储作为企业生产和营销的保障，主要体现在对物料、备品备件和成品的仓储管理。物料是指企业生产所需的原材料、零部件、在制品等。做好物料仓储管理对确保企业生产正常进行有着重要意义。

仓储部是企业的重要业务部门，主要负责储存保管生产所需的各类原材料、半成品，以及生产完工等待销售的产成品等物资，并根据业务部门需要适时做好物资的入库、出库、库存控制等主要工作。仓储部的主要职能如下：

①验收入库管理。主要包括物料数量、质量、包装的验收和入库作业，以及入库信息处理。

②储存保管职能。是指对企业拥有的、处于暂时停滞状态的物资进行储存，并对物资进行保养和管理。包括对仓储空间进行科学规划，合理利用仓容及各种资源，使各类物料摆放适当、位置合理，保持物资数量和质量完好，便于取用。

③出库配送管理。主要包括对出库物料进行拣选、清点及办理出库手续等。

④物料的盘点。主要包括出库入库数据的统计、定期物料盘点及盘点异常的处理等。

⑤库存控制。主要包括核定和掌握各种物料的储备定额，确定合理的库存水平，利用物资储备来实现企业生产所需要均衡、连续的供应。

（1）仓储部经理。

仓储部经理是仓储部的负责人，在总经理的领导下，负责完成企业年度的仓储规划，制订部门作业计划、控制仓储成本和费用等工作。具体职责如下：

①依据公司经营计划，配合公司总目标，制定本部门的目标及工作规划。

②根据仓储规划和目标，改进仓库的工作流程和标准，优化库存方案，加快存货周

转速度，降低库存成本。

③合理规划公司仓储场所，对公司仓储场所进行全面管理，达到最佳利用率。

④监督执行仓库的安全管理和现场规范管理。

⑤督促仓库管理员对物料收发存的管理，并监督仓管员进行盘点清查，发现账、物、卡不符时，找出原因并予以调账或上报处理。

⑥设计、推行及改进仓储管理制度，并确保其有效实施。

⑦安全库存分析与制订。通过以往经验对每个季度销售或会计周期进行预测，库龄评估，避免呆滞死货占用资金。

⑧负责制订本部门各级人员的职责和权限，负责指导、管理、监督本部门人员的业务工作，做好下属人员的绩效考核和奖励惩罚工作，进行部门建设、部门内员工的管理培训工作。

⑨运用有效领导方法，有计划地培养教育和训练，激励所属人员的士气，提高工作效率，并督导其按照工作标准或要求，有效执行其工作，确保本部门的目标高效达成。

⑩完成上级领导交办的其他临时性工作。

（2）仓管员。

仓管员是在仓储部经理的领导下，按照仓储部经理下达的作业计划，规范地完成入库出库、在库保管、盘点、库存控制等工作，保证企业生产和销售所需物资的及时供应，具体职责如下：

①严格执行公司仓库保管制度及其细则规定，执行仓库的物料保管、验收、入库、出库等日常工作。

②合理安排物料在仓库内的存放次序，按物料种类、规格、等级分区堆码，不得混放乱堆，保持库区的整洁。

③手续检验不合格不允许入库，协助采购部处理退货工作；出库时手续不全不发货，特殊情况须经有关领导签批。

④负责仓库区域内的安全、防盗、消防工作，发现事故隐患及时上报，对意外事件及时处置。

⑤负责将物料的存储环境调节到最合适条件，经常关注温度、湿度、通风、腐蚀等因素，并采取相应措施。

⑥负责定期对仓库物料盘点清仓，做到账、物、卡三者相符。

⑦负责处理仓库管理中的入库出库单、验收单等原始资料，账册的收集、整理和建档工作，及时编制相关的统计报表，逐步应用计算机管理仓库工作。

⑧做到以公司利益为重，爱护公司财产，不得监守自盗。

⑨完成仓库经理交办的其他临时性工作。

5. 采购部

采购部是企业的重要业务部门，主要负责外购商品并支付价款工作，承担公司物资采购、供应商管理、收货验收、采购结算等任务。采购部的主要职能如下：

①采购计划管理。初步审核公司各部门呈报的年度物料需求计划，统筹策划和确定采购内容等。

②供应商管理。开发和选择供应商，评审和管理供应商，建立完整的供应商档案

库等。

③采购活动管理。根据生产需求编制采购计划，签订采购合同和下达采购订单，组织实施采购活动等。

④采购合同管理。组织采购合同的评审，建立采购合同台账，对合同进行分类档案管理，并对合同的执行进行监督等。

⑤采购成本管理。积极与供应商进行询价、比价、谈判，尽量把采购成本降低。

⑥采购监控与评价。对供应商货物进行到货验收，并对供应商进行评价等。

根据企业经营目标和采购部业务特点，采购部一般设有采购经理、采购计划主管、采购合同主管、供应商管理主管、采购成本控制主管和采购员等岗位。根据一般小企业经营的特点，采购部主要设定采购经理和采购员等岗位。

（1）采购部经理。

①统筹采购规划和确定采购内容，保证满足经营活动的需要，降低库存成本。

②制订采购计划和目标，改进采购的工作流程和标准，降低库存成本。

③参与收集供应商信息，开发、选择、处理与考核供应商，建立供应商档案管理制度。

④负责采购物流、资金流、信息流的管理工作。

⑤审核、签署与监督执行采购合同，审核采购订单和物资调拨单。

⑥根据需要采取相应的应急行动或进行后续跟踪，保证完成紧急采购任务。

⑦解决与供应商在合同上产生的分歧以及支付条款问题。

⑧负责制订本部门各级人员的职责和权限，负责指导、管理、监督本部门人员的业务工作，做好下属人员的绩效考核和奖励惩罚工作，进行部门建设、部门内员工的管理培训工作。

⑨负责并确保所采取的采购行为符合有关政策、法规和道德规范。

⑩完成上级领导交办的其他临时性工作。

（2）采购员。

①依据销售订单和商品的库存情况，编制采购计划，报采购部经理审批，并贯彻实施。

②搜集供应商信息，开发、选择、处理与考核供应商，建立健全供应商网络图和档案管理。

③根据采购计划制作采购合同，拟订购货合同的相关条款、价格、付款方式和交期等，报上级领导审批。

④根据采购计划和采购合同制作采购订单。

⑤实时掌握物资材料的库存和生产情况，对所订购的物资从订购至到货实行全程跟踪。

⑥严格把好质量关，对不符合物材料处理，坚决拒收；尽量避免不合格品积压，提高资金周转率。

⑦制作商品入库的相关单据，积极配合仓储部保质保量地完成采购货物的入库。

⑧物料货款和采购费用申请与支付。

⑨监控库存变化，及时补充库存，维持合理的库存结构和合理的数量。

⑩负责建立供应商档案，并及时更新。

⑪确保所采取的采购行为符合有关政策、法规和道德规范。

⑫完成上级领导交办的其他临时性工作。

6. 财务部

财务部是企业的重要管理部门，主要负责核算和监控企业经营情况、税务管理、资金筹措和运用、向利益关系人编送财务报告和经营管理报告等。其主要职能如下：

①会计核算与报表职能。会计核算，即依据会计准则归集、处理各类会计信息；报表编制及分析，即及时编制和提交财务报表，按时编制企业对外报送的财务报告；资产管理，保证企业资源的有效利用；成本核算与监控。

②会计监督职能。主要包括制定企业的会计制度，编制财务计划或预算，对部门资金的使用情况监督，进行绩效考核等。

③参与管理职能。主要包括建立内部控制制度，编制内部管理用报表，资金管理，实施财务资金运作，促使企业形成和保持健康的经营状态。

财务部门的这三个职能各不相同，但都基于企业最基本的会计数据。通过对会计数据的分析，了解企业目前的资源情况，随市场变化做出积极的调整，实现企业价值和股东价值最大化。

财务部门是企业的主要管理部门，为了明确工作职责，严格落实责任，一般企业财务部的岗位设置为：财务负责人岗位、财务会计岗位、出纳岗位、固定资产核算岗位、材料物资核算岗位、工资核算岗位、成本核算岗位、收入利润核算岗位、资金核算岗位、往来结算岗位、总账报表岗位、稽核岗位。上述岗位，可以一人一岗、一人多岗或一岗多人，但必须坚持内部牵制制度。

好佳童车厂根据企业目标和业务特点，依据集中管理、分工负责的原则，财务部的岗位主要设立为财务部经理（兼管预算、总账、报表）、财务会计、成本会计、出纳等四个岗位。

（1）财务部经理。

财务部经理是财务部的负责人，在总经理或主管副总经理的领导下，负责财务部职责范围内所有工作。具体职责如下：

①根据公司发展战略，协助公司领导组织制订公司财务部的战略规划，制订部门工作目标和计划并分解到个人。

②负责公司的全面财务会计工作。

③负责制定并完成公司的财务会计制度、规定和办法。

④解释、解答与公司的财务会计有关的法规和制度。

⑤分析检查公司财务收支和预算的执行情况。

⑥审核公司的原始单据和办理日常的会计业务。

⑦编制财务报表、登记总账及财务数据审定。

⑧日常会计凭证审核：包括总账会计凭证审核和成本会计凭证审核。

⑨部门预算制订。

⑩负责定期财产清查。

⑪负责公司预算制订与监控。包括：预算体系建设，日常预算控制，预算支出审

核等。

⑫资金管理，筹融资管理，资金使用计划等。

⑬组织期末结算与决算，进行经营分析。

⑭保证按时纳税，负责按照国家税法和其他规定，严格审查应交税金，督促有关岗位人员及时办理手续。

⑮管理与维护更新部门所需的信息。

（2）财务会计。

财务会计是在财务部经理的领导下，起草公司的财务预算，检查预算执行情况，负责公司财务分析工作，负责往来账、银行账的对账工作，负责职工工资发放，税费代缴，负责账务处理，参与财务决算，编制会计报表，负责公司会计核算的日常稽核工作，监督日常财务制度执行，保管财务票据，管理会计档案，检查监督子公司的会计核算工作。具体职责如下：

①建立账簿。

②日常费用报销。

③编制科目余额表。

④填制纳税申报表。

⑤配合会计师事务所年审。

⑥凭证填制。

⑦固定资产购置及折旧。

⑧季末结账。

（3）成本会计。

成本会计是在财务部经理的领导下，承担材料及产品成本核算，主要包括：存货入库和领用记账、销售记账、存货成本计价、产品成本核算、成本分析等，具体职责如下：

①材料采购入库登记。

②材料领用登记及计价。

③产品出入库登记。

④费用归集与分摊。

⑤产成品成本计算。

⑥销售成本结转。

⑦成本分析及控制。

⑧负责生产成本的核算，认真进行成本、开支的事前审核。

⑨认真核对各项原料、物料、成品、在制品收付事项。

⑩保管好各种凭证、账簿、报表及有关成本计算资料，防止丢失或损坏，按月装订并定期归档。

⑪参与存货的清查盘点工作，企业在财产清查中盘盈、盘亏的资产，要分别按不同情况进行处理。

（4）出纳。

①负责办理银行账户的开立、变更和撤销业务。

②现金收支管理，做到账款相符，确保现金的安全。

③定期进行银行对账，编制银行余额调节表。

④银行结算业务的办理。

⑤签发支票、汇票等重要空白凭证并登记。

⑥保管库存现金、有价证券、重要空白凭证、印章等。

⑦登记现金日记账和银行存款日记账。

⑧及时整理并传递原始票据，完成协同工作。

⑨编制资金报表，按月装订并定期归档。

⑩办理贷款卡的年检。

⑪完成领导交给的其他各项临时工作。

7. 人力资源部

人力资源部是企业发展的助推器，其核心职能是选、训、考、用、留五个方面。人力资源部是对公司人力资源管理工作全过程中的各个环节实行管理、监督、协调、培训、考核评比的专职管理部门，对所承担的工作负责。具体而言，主要工作职责如下：

①制订人力资源规划，拟订企业人员编制，编制人力资源支出预算，进行成本控制。

②拟订、修改、废止、解释人力资源管理制度，进行各部门职责权限划分。

③负责组织结构设计和职位说明书的编写。

④进行人员招聘与录用、员工异动和离、退职管理。

⑤拟订、研究、改进薪酬管理制度，进行薪酬调整，进行考勤管理，核算和发放职工工资。

⑥建设完善培训管理体系，调查、统计分析培训需求，拟订培训计划，组织监督培训工作，进行培训效果评估。

⑦负责绩效考核体系，建立和绩效考核工作的组织、实施与反馈。

⑧劳动关系管理，解决处理人事问题、劳动纠纷，维护稳定和谐的劳动关系。

⑨负责人事档案、劳动合同、培训服务协议等资料的汇集整理、存档保管、统计分析。

⑩部门内部组织、协调、提升工作的管理。

基于公司经营业务、规模的不同，人力资源部的组织结构和岗位设置也有所区别。本实习企业属于中小型制造企业，其组织机构设置相对简单，人力资源部只设置人力资源经理和人力资源助理。

（1）人力资源经理。

①建立、健全公司人力资源管理制度。

②制订招聘计划、培训计划，组织技能考核鉴定和培训实施。

③人力资源支出预算的编制，成本控制。

④负责组织公司人员招聘活动。

⑤人事材料及报表的检查、监督。

⑥组织制定公司考核制度，定期进行员工考核。

⑦负责公司全员薪资核算与发放。

⑧建立人力资源管理信息系统，为公司的人力资源管理决策提供参考。

⑨部门内组织、管理、协调工作。

（2）人力资源助理。

①招聘渠道的管理与维护，发布招聘信息。

②筛选应聘简历，预约，安排面试，跟进面试流程。

③员工档案管理、劳动合同的管理。

④招聘和培训的组织和实际开展。

⑤人事政策和管理制度的执行和贯彻。

⑥负责人事信息的实时更新与维护。

⑦负责公司员工考勤管理及汇总整理。

⑧办理社会保险、住房公积金缴纳等相关手续。

⑨负责员工入职、调动、离职等手续办理。

⑩协助上级做好人力资源各模块日常性事务工作。

⑪负责协助经理做好部门内其他工作。

二、社会资源小组职能

社会资源小组主要为配合生产制造公司的主体经营活动而设置，并通过交易活动和市场管理活动与生产制造公司发生联系。包括政务服务中心、服务公司、银行等。

1. 政务服务中心

政务服务中心包括工商局、税务局、社保局、住房公积金管理中心等，每个部门职能如下。

（1）工商局。

工商行政管理部门的工作目标是：确认市场主体资格，规范市场主体行为，维护市场经济秩序，保护商品生产者和消费者的合法权益，促进市场经济的健康发展。其职能包括：

①受理企业核名。要审核企业申请的公司名称是否有和其他相关企业出现重名，或者公司名字是否规范。如果重名，企业必须起另外的名字直到工商局审核通过为止。企业名称预先核准是企业开业登记设立前必须履行的重要工作。

②工商注册登记。依据国家工商行政管理的法律、法规，按照一定的程序，对设立在中国境内的工商企业的开业、变更、注销活动进行注册登记。在本实习中，主要进行公司变更登记。

③企业工商年检。依法按年度对领取营业执照的单位进行检查，确认企业继续经营资格。

④工商监督。依法组织监督检查市场竞争行为，组织实施各类市场经营秩序的规范管理和监督，维护社会公共利益。

⑤广告、合同和商标管理。依法组织管理广告发布与广告经营活动，依法管理合同行为，依法管理注册商标、保护注册商标专用权。

（2）税务局。

税务局是企业按照国家有关税收政策办理所有公司的涉税业务，行使税收管理职能。仿真市场中的生产制造企业均需在税务部门办理纳税登记，并依法纳税。

①税收的含义。

税收是国家（政府）公共财政最主要的收入形式和来源。税收的本质是国家为满足社会公共需要，凭借公共权力，按照法律所规定的标准和程序，参与国民收入分配，强制取得财政收入所形成的一种特殊分配关系。它体现了一定社会制度下国家与纳税人在征收、纳税的利益分配上的一种特定分配关系。马克思指出："赋税是政府机关的经济基础，而不是其他任何东西。""国家存在的经济体现就是捐税。"恩格斯指出："为了维持这种公共权力，就需要公民缴纳费用——捐税。"19 世纪美国法官霍尔姆斯说："税收是我们为文明社会付出的代价。"这些都说明了税收对于国家经济生活和社会文明的重要作用。

②税收的特征。

税收与其他分配方式相比，具有强制性、无偿性和固定性的特征，习惯上称为税收的"三性"。

强制性。税收的强制性是指税收是国家以社会管理者的身份，凭借政权力量，依据政治权力，通过颁布法律或政令来进行强制征收。负有纳税义务的社会集团和社会成员，都必须遵守国家强制性的税收法令，在国家税法规定的限度内，纳税人必须依法纳税，否则就要受到法律的制裁，这是税收具有法律地位的体现。强制性特征体现在两个方面：一方面税收分配关系的建立具有强制性，即税收征收完全是凭借国家拥有的政治权力；另一方面是税收的征收过程具有强制性，即如果出现了税务违法行为，国家可以依法进行处罚。

无偿性。税收的无偿性是指通过征税，社会集团和社会成员的一部分收入转归国家所有，国家不向纳税人支付任何报酬或代价。税收这种无偿性是与国家凭借政治权力进行收入分配的本质相联系的。无偿性体现在两个方面：一方面是指政府获得税收收入后无须向纳税人直接支付任何报酬；另一方面是指政府征得的税收收入不再直接返还给纳税人。税收无偿性是税收的本质体现，它反映的是一种社会产品所有权、支配权的单方面转移关系，而不是等价交换关系。税收的无偿性是区分税收收入和其他财政收入形式的重要特征。

固定性。税收的固定性是指税收是按照国家法令规定的标准征收的，即纳税人、课税对象、税目、税率、计价办法和期限等，都是税收法令预先规定了的，有一个比较稳定的试用期间，是一种固定的连续收入。对于税收预先规定的标准，征税和纳税双方都必须共同遵守，非经国家法令修订或调整，征纳双方都不得违背或改变这个固定的比例或数额以及其他制度规定。

税收的三个基本特征是统一的整体。其中，强制性是实现税收无偿征收的强有力保证，无偿性是税收本质的体现，固定性是强制性和无偿性的必然要求。

③税务局的主要职能。

税务登记。按照国家税收法规的规定，新设立的企业或者企业经营情况发生变化，需要到当地税务部门办理开业税务登记或变更税务登记，核发税务登记证。

税款征收。税务机关依照税收法律、法规规定，将纳税人应当缴纳的税款组织征收入库。税款征收的主要内容包括税款征收的方式、程序，减免税的核报，税额核定，税收保全措施和强制执行措施的设置与运用以及欠缴、多缴税款的处理等。

发票管理。发票管理主要针对发票的印制、购领、使用、监督以及违章处罚等各环节进行管理。

纳税检查。征收机关依据国家税收政策、法规和财务会计制度规定，对纳税人、扣缴义务人履行纳税义务、扣缴税款义务真实情况的监督和审查。纳税检查是税收征收管理的重要环节，也是贯彻国家税收政策法规，严肃税收纪律，加强纳税监督，堵塞税收漏洞，纠正错漏，保证国家财政收入的一项必要措施。纳税检查主要分为三个环节：纳税人自查、常规检查和专项检查。

税收统计、分析。税务部门应按年度进行税收统计工作，主要任务包括建立税收统计报表体系以及对税务统计结果进行分析，撰写分析报告。税收统计的主要内容包括税源统计、税收统计、税政统计和税负统计等。税务部门每年要对外提供税收统计报表及分析报告。

税务违法处罚。企业由于工作上的失误或者主观上的故意，违反了税收法律法规的规定，按照法律规定必须承担法律后果。

（3）社保局和住房公积金管理中心。

在现实社会中，社保局和住房公积金管理中心是两个独立的部门，分别开展各自的业务。但是在 VBSE 系统中，所涉及的业务两个部门的职能是重合的，所以，在此社保局和住房公积金管理中心的职能共同介绍。

①社会保险的基本知识。

社会保险是指国家为了预防和分担年老、失业、疾病以及死亡等社会风险，实现社会安全，而强制社会多数成员参加的，具有所得重新分配功能的非营利性的社会安全制度。

社会保险计划由政府举办，强制某一群体将其收入的一部分作为社会保险税（费）形成社会保险基金，在满足一定条件的情况下，被保险人可从基金获得固定的收入或损失的补偿，它是一种再分配制度，它的目标是保证物质及劳动力的再生产和社会的稳定。社会保险的主要项目包括养老保险、医疗保险、失业保险、工伤保险、生育保险。

社会保险的特征：社会保险的客观基础，是劳动领域中存在的风险，保险的标的是劳动者的人身；社会保险的主体是特定的，包括劳动者（含其亲属）与用人单位；社会保险属于强制性保险；社会保险的目的是维持劳动力的再生产；保险基金来源于用人单位和劳动者的缴费及财政的支持。保险对象范围限于职工，不包括其他社会成员。保险内容范围限于劳动风险中的各种风险，不包括此外的财产、经济等风险。

社会保险管理原则：权利与义务相对应，公平与效率相统一的原则；“以支定收”和“以收定支”收支平衡的原则；基金财政专户管理，社会监督的原则；属地化管理原则。

社会保险的主要内容：

养老保险。养老保险是劳动者在达到法定退休年龄退休后，从政府和社会得到一定的经济补偿物质帮助和服务的一项社会保险制度。国有企业、集体企业、外商投资企业、私营企业和其他城镇企业及其职工，实行企业化管理的事业单位及其职工必须参加基本养老保险。新的参统单位（指各类企业）单位缴费费率确定为 10%，个人缴费费率确定为 8%，个体工商户及其雇工，灵活就业人员及以个人形式参保的其他各类人员，根据缴费年限实行的是差别费率。参加基本养老保险的个人劳动者，缴费基数在规定范围内可高可低，多交多受益。职工按月领取养老金必须是达到法定退休年龄，并且已经办理退休手续；所在单位和个人依法参加了养老保险并履行了养老保险的缴费义务；个人缴费至少满15年。中国的企业职工法定退休年龄为：男职工60岁；从事管理和科研工作的女干部55岁，女职工50岁。基本养老金由基础养老金和个人账户养老金组成，职工达到法定退休年龄且个人缴费满15年的，基础养老金月标准为省（自治区、直辖市）或市（地）上年度职工月平均工资的20%。个人账户养老金由个人账户基金支付，月发放标准根据本人账户储存额除以120。个人账户基金用完后，由社会统筹基金支付。

医疗保险。城镇职工基本医疗保险制度，是根据财政、企业和个人的承受能力所建立的保障职工基本医疗需求的社会保险制度。所有用人单位，包括企业（国有企业、集体企业、外商投资企业和私营企业等）、机关、事业单位、社会团体、民办非企业单位及其职工，都要参加基本医疗保险，城镇职工基本医疗保险基金由基本医疗保险社会统筹基金和个人账户构成。基本医疗保险费由用人单位和职工个人账户构成。基本医疗保险费由用人单位和职工个人共同缴纳，其中：单位按8%比例缴纳，个人缴纳2%。用人单位所缴纳的医疗保险费一部分用于建立基本医疗保险社会统筹基金，这部分基金主要用于支付参保职工住院和特殊慢性病门诊及抢救、急救。发生的基本医疗保险起付标准以上、最高支付限额以下符合规定的医疗费，其中个人也要按规定负担一定比例的费用。个人账户资金主要用于支付参保人员在定点医疗机构和定点零售药店就医购药符合规定的费用，个人账户资金用完或不足部分，由参保人员个人用现金支付，个人账户可以结转使用和依法继承。参保职工因病住院先自付住院起付额，再进入统筹基金和职工个人共付段。参加基本医疗保险的单位及个人，必须同时参加大额医疗保险，并按规定按时足额缴纳基本医疗保险费和大额医疗保险费，才能享受医疗保险的相关待遇。

工伤保险。工伤保险也称职业伤害保险。劳动者由于工作原因并在工作过程中受意外伤害，或因接触粉尘、放射线、有毒害物质等职业危害因素引起职业病后，由国家和社会给负伤者、致残者以及死亡者生前供养亲属提供必要物质帮助。工伤保险费由用人单位缴纳，对于工伤事故发生率较高的行业工伤保险费的征收费率高于一般标准，一方面是为了保障这些行业的职工发生工伤时，工伤保险基金可以足额支付工伤职工的工伤保险待遇；另一方面，是通过高费率征收，使企业有风险意识，加强工伤预防工作，使伤亡事故率降低。职工购买了工伤保险后，职工住院治疗工伤的，由所在单位按照本单位因公出差伙食补助标准的70%发给住院伙食补助费；经医疗机构出具证明，报经办机构同意，工伤职工到统筹地区以外就医的，所需交通、食宿费用由所在单位按照本单位职工因公出差标准报销。另外，工伤职工因日常生活或者就业需要，经劳动能力鉴定委员会确认可以安装假肢、矫形器、假眼、假牙和配置轮椅等辅助器具，所需费用按照国家规定的标准从工伤保险基金中支付。工伤参保职工的工伤医疗费一至四级工伤人员伤残津贴、一次性伤残补助金、生活护理费、丧葬补助金、供养亲属抚恤金、辅助器具等工伤康复费、劳动能力鉴定费都应从工伤保险基金中支付。

失业保险。失业保险是国家通过立法强制实行的，由社会集中建立基金，对因失业而暂时中断生活来源的劳动者提供物质帮助的制度。各类企业及其职工、事业单位及其职工、社会团体及其职工、民办非企业单位及其职工，国家机关与之建立劳动合同关系的职工都应办理失业保险。失业保险基金主要是用于保障失业人员的基本生活。城镇企业、事业单位、社会团体和民办非企业单位按照本单位工资总额的2%缴纳失业保险费，其职工按照本人工资的1%缴纳失业保险费。无固定工资额的单位以统筹地区上年度社会平均工资为基数缴纳失业保险费。单位招用农牧民合同制工人本人不缴纳失业保险费。当前中国失业保险参保职工的范围包括：在岗职工；停薪留职、请长假、外借外聘、内退等在册不在岗职工；进入再就业服务中心的下岗职工；其他与本单位建立劳动关系的职工（包括建立劳动关系的临时工和农村用工）。城镇企事业单位失业人员按照有关规定具备以下条件的失业职工可享受失业保险待遇：按照规定参加失业保险，所在单位和本人已按照规定履行缴费义务满1年的，其次不是因本人意愿中断就业的，还有已经办理失业登记，并有求职要求的。

生育保险。生育保险是针对生育行为的生理特点，根据法律规定，在职女性因生育子女而导致劳动者暂时中断工作、失去正常收入来源时，由国家或社会提供的物质帮助。生育保险待遇包括生育津贴和生育医疗服务两项内容。生育保险基金由用人单位缴纳的生育保险费及其利息以及滞纳金组成。女职工产假期间的生育津贴、生育发生的医疗费用、职工计划生育手术费用及国家规定的与生育保险有关的其他费用都应该从生育保险基金中支出。所有用人单位（包括各类机关、社会团体、企业、事业、民办非企业单位）及其职工都要参加生育保险。生育保险由用人单位统一缴纳，职工个人不缴纳生育保险费。生育保险费由用人单位按照本单位上年度职工工资总额的0.7%缴纳。享受生育保险待遇的职工，必须符合以下三个条件：用人单位参加生育保险在6个月以上，并按时足额缴纳了生育保险费；计划生育政策有关规定生育或流产的；在本市城镇生育保险定点医疗服务机构，或经批准转入有产科医疗服务机构生产或流产的（包括自然流产和人工流产）。

②住房公积金的基本知识。

住房公积金的概念。住房公积金是指国家机关、国有企业、城镇集体企业、外商投资企业、城镇私营企业及其他城镇企业、事业单位、民办非企业单位、社会团体及其在职职工缴存的长期住房储金。住房公积金制度是国家法律规定的重要的住房公积金社会保障制度，具有强制性、互助性、保障性。单位和职工个人必须依法履行缴存住房公积金的义务。

住房公积金的内涵。住房公积金只在城镇建立，农村不建立住房公积金制度；只有在职职工才建立住房公积金制度；无工作的城镇居民、离退休职工不实行住房公积金制度；住房公积金由两部分组成，一部分由职工所在单位缴存，另一部分由职工个人缴存；职工个人缴存部分由单位代扣后，连同单位缴存部分一并缴存到住房公积金个人账户内；住房公积金缴存的长期性。住房公积金制度一经建立，职工在职期间必须不间断地按规定缴存，除职工离退休或发生《住房公积金管理条例》（以下简称《条例》）规定的其他情形外，不得中止和中断。体现了住房公积金的稳定性、统一性、规范性和强制性。住房公积金是职工按规定存储起来的专项用于住房消费支出的个人住房储金，具有两个特征：积累性和专用性。

住房公积金的性质。保障性，建立职工住房公积金制度，为职工较快、较好地解决住房问题提供了保障；互助性，建立住房公积金制度能够有效地建立和形成有房职工帮助无房职工的机制和渠道，而住房公积金在资金方面为无房职工提供了帮助，体现了职工住房公积金的互助性；长期性，每一个城镇在职职工自参加工作之日起至退休或者终止劳动关系的这一段时间内，都必须缴纳个人住房公积金；职工所在单位也应按规定为职工补助缴存住房公积金。

住房公积金的特点。普遍性，城镇在职职工，无论其工作单位性质如何、家庭收入高低、是否已有住房，都必须按照《条例》的规定缴存住房公积金；强制性（政策性），单位不办理住房公积金缴存登记或者不为本单位职工办理住房公积金账户设立的，住房公积金管理中心有权力责令其限期办理，逾期不办理的，可以按《条例》的有关条款进行处罚，并可申请人民法院强制执行；福利性，除职工缴存的住房公积金外，单位也要为职工交纳一定的金额，而且住房公积金贷款的利率低于商业性贷款；返还性，职工离休、退休，或完全丧失劳动能力并与单位终止劳动关系，户口迁出或出境定居等，缴存的住房公积金将返还职工个人。

住房公积金相关政策规定。新成立单位应当自设立之日起30日内到当地住房公积金管理机构办理缴存登记；新成立单位开户时应提供以下相关资料（法人证书或营业执照或注册证书原件及复印件、组织机构代码证副本原件及复印件、《住房公积金缴存单位基础信息登记表》《汇缴清册（住房公积金开户导入表）》《住房公积金缴款书》原件及复印件）；单位开户时一并开始缴存住房公积金；住房公积金缴存基数按职工本人上一年度月平均工资计算；住房公积金缴存基数不得低于本市政府公布的当年最低工资标准；职工和单位住房公积金的最低缴存比例各为5%，最高比例为12%，不得低于5%；职工住房公积金月缴存额为职工本人住房公积金缴存基数乘以职工住房公积金缴存比例，并由所在单位每月从其工资中代扣代缴；单位为职工缴存的住房公积金月缴存额为职工本人住房公积金缴存基数乘以单位缴存比例；单位应当于每月发放工资之日起5日内将单位缴存的和为职工代缴的住房公积金汇缴到住房公积金管理中心的住房公积金专户内；新参加工作的职工从参加工作的第二个月开始缴存住房公积金，新调入的职工从调入单位发放工资当月开始缴存住房公积金。

③社保局的主要职责。

参保登记。为参保单位、职工和个体进行参保登记，建立、修改参保人员基础资料，建立个人账户、记账。

企业多险种社保基金征集。

社会保险关系转移。

社会保险费征收。

档案管理。

咨询服务：提供社保相关政策咨询。

④住房公积金管理中心的主要职责。

委托由住房公积金管理委员会按中国人民银行规定制定的商业银行办理住房公积金贷款、解算等金融业务和住房公积金账户的设立、缴存、归还等手续，与受委托银行签订委托协议，按规定支付手续费。

审批个人住房公积金的提取和个人住房委托贷款的发放。

审核单位降低住房公积金缴存比例或者缓缴的申请。

与职工、单位和受委托银行定期对账。

建立住房公积金个人明细账，向职工发放缴存住房公积金的有效凭证。

2. 服务公司

服务公司主要是为制造企业顺利完成生产经营活动提供必要的服务，在 VBSE 系统中设置综合服务员，其主要职能包括：

（1）人力推荐。向制造企业推荐童车生产工人，收取人员推荐费。

（2）人才培训。为制造企业代为培训管理人员，收取培训费。

（3）广告服务。会展公司为制造企业提供广告服务，收取广告费，开具发票。

（4）组织商品交易会。会展公司承接商品交易会组织工作，收取会务费。

（5）市场开发。作为第三方，承接各制造企业市场开发，收取市场开发费。

（6）认证管理。为制造企业提供认证服务，收取认证费。

（7）产品研发。作为第三方，承接制造企业的产品研发，收取产品研发费。

（8）其他服务。作为第三方，代办制造企业的其他服务事项，收取相应费用，开具发票。

（9）档案管理。对采购过程的各种文档进行分类归档整理。

（10）实训指导教师交办的其他任务。

3. 银行

银行是通过存款、贷款、汇兑、储蓄等业务，承担信用中介的金融机构。在 VBSE 系统中设置综合柜员的岗位，其岗位职责包括：

（1）银行开户。为企业办理银行结算账户开户、变更等。

（2）银行转账。为企业办理银行账户转账业务。

（3）出售银行票据。向企业出售各种银行票据，方便客户办理业务。

（4）银行信贷。为企业提供长期、短期贷款等融资业务。

（5）档案管理。对银行柜台业务的各种文档进行分类归档整理。

4. 会计师事务所

注册会计师的岗位职责主要包括：

（1）审计：包括会计报表年审、特殊目的审计、清算审计、离任审计等，对企业的财务数据、会计报告提供一个审计报告并出具审计意见。

（2）验资：包括设立验资、变更验资（增资、减资）。

（3）评估：包括整体资产评估、实物资产评估。

（4）造价：即为基建审计，核算工程施工、房屋、基建造价情况。

（5）税务咨询。

（6）代理记账。

（7）财务顾问。

三、商贸企业

商贸企业就是买进货物，然后转手卖给别人，从中获取利润。不对进来的货物进行加工、再生产以得到更大的利润。商贸企业的特征如下：

（1）以商品的购、销、运、存为基本业务。

（2）对经营的商品基本上不进行加工或只进行浅度加工。

（3）实现商品使用价值的运动和价值形态的变化。

（4）商业企业的“商业利润”主要来自生产企业的让渡。

（5）经营周期短，资金周转快。

（6）商贸企业比生产企业更接近市场。

在 VBSE 系统中，商贸企业的组织结构如图 3－11 所示。

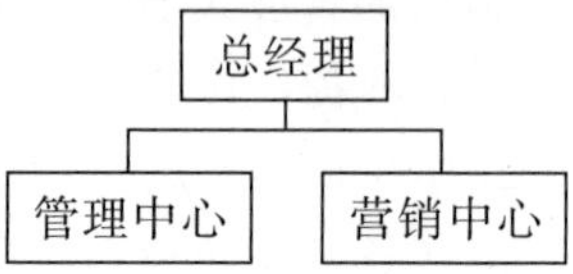

图 3－11　商贸企业组织结构图

商贸企业组织结构简单，总经理主管公司的全部业务，下设管理中心和营销中心。

1．总经理

总经理兼任财务部经理、税务会计。

（1）企业管理职能。

①组织实施经董事会批准的公司企业年度工作计划、财务预算报告及利润分配、使用方案，组织实施经董事会批准的决议。

②组织指挥企业的日常经营管理工作，在董事会委托权限内，以法人代表的身份代表企业签署有关协议、合同、合约和处理有关事宜。

③决定组织体制和人事编制，决定总经理助理、各职能部门和各部门经理以及其他管理职员的任免、奖惩，建立健全企业统一、高效的组织体系和工作体系。

（2）财务管理相关职能。

①根据公司发展战略，协助公司领导组织制定公司财务部的战略规划，制订部门工作目标和计划并分解到个人。

②负责公司的全面财务会计工作。

③负责制定并完成公司的财务会计制度、规定和办法。

④解释、解答与公司的财务会计有关的法规和制度。

⑤分析检查公司财务收支和预算的执行情况。

⑥审核公司的原始单据和办理日常的会计业务。

⑦编制财务报表、登记总账及财务数据审定。

⑧日常会计凭证审核：包括总账会计的凭证审核和成本会计凭证审核。

⑨部门预算制订。

⑩负责定期财产清查。

⑪负责公司预算制订与监控。包括预算体系建设、日常预算控制、预算支出审核。

⑫资金管理、筹融资管理，资金使用计划等。

⑬组织期末结算与决算，进行经营分析。

⑭保证按时纳税，负责按照国家税法和其他规定，严格审查应交税金，督促有关岗位人员及时办理手续。

⑮管理与维护更新部门所需的信息。

（3）税务会计相关职能。

①按需购买各类发票。

②严格按照税务发票的管理规定，保管好库存未使用的空白发票。

③根据业务需求，开具发票并登记。

④定期进行增值税抵扣联认证工作。

⑤准确计算增值税、营业税、城建税等各项税金。

⑥编制国税、地税各税种纳税申报表。

⑦按时申报国税、地税各税种及缴纳税款。

⑧按期整理装订纳税申报表和发票留存联及抵扣联。

⑨配合完成税务部门安排的各种检查以及其他工作。

⑩根据业务要求，办理其他涉税事项。

⑪积极完成领导交给的各项临时工作。

2. 行政主管

在 VBSE 系统中，商贸企业的行政主管同时兼任仓储部经理、仓管员、行政助理、人力资源部经理、人力资源助理、出纳。

（1）仓储相关的职能。

①验收入库管理。主要包括物料数量、质量、包装的验收和入库作业，以及入库信息处理。

②储存保管职能。是指对企业拥有的、处于暂时停滞状态的物资进行储存，并对物资进行保养和管理。包括对仓储空间进行科学规划，合理利用仓储容量及各种资源，使各类物料摆放适当、位置合理，保持物资数量和质量完好，便于取用。

③出库配送管理。主要包括对出库物料进行拣选、清点及办理出库手续等。

④物料的盘点。主要包括出库入库数据的统计、定期物料盘点及盘点异常的处理等。

⑤库存控制。主要包括核定和掌握各种物料的储备定额，确定合理的库存水平，利用物资储备来实现企业生产所需要均衡、连续的供应。

（2）人力资源相关的职能。

①制订人力资源规划，拟订企业人员编制，编制人力资源支出预算，进行成本控制。

②拟订、修改、废止、解释人力资源管理制度，进行各部门职责权限划分。

③负责组织结构设计和职位说明书的编写。

④进行人员招聘与录用、员工异动和离退职管理。

⑤拟订、研究、改进薪酬管理制度，进行薪酬调整，进行考勤管理，核算和发放职工工资。

⑥建设完善培训管理体系，调查、统计分析培训需求，拟订培训计划，组织监督培训工作，进行培训效果评估。

⑦负责绩效考核体系建立和绩效考核工作的组织、实施与反馈。

⑧劳动关系管理，解决处理人事问题、劳动纠纷，维护稳定和谐的劳动关系。

⑨负责人事档案、劳动合同、培训服务协议等资料的汇集整理、存档保管、统计分析。

⑩部门内部组织、协调、提升工作的管理。

（3）出纳相关的职能。

①负责办理银行账户的开立、变更和撤销业务。

②现金收支管理，做到账款相符，确保现金的安全。

③定期进行银行对账，编制银行余额调节表。

④银行结算业务的办理。

⑤签发支票、汇票等重要空白凭证并登记。

⑥保管库存现金、有价证券、重要空白凭证、印章等。

⑦登记现金日记账和银行存款日记账。

⑧及时整理并传递原始票据，完成协同工作。

⑨编制资金报表，按月装订并定期归档。

⑩办理贷款卡的年检。

⑪完成领导交给的其他各项临时工作。

（4）行政助理相关的职能。

①协助总经理做好综合、协调各部门工作和处理日常事务。

②及时收集和了解各部门的工作动态，协助总经理对各部门之间的业务工作领导，掌握公司主要经营活动情况。

③协助参与企业发展规划的制订，年度经营计划的编制和公司重大决策事项的讨论。

④协助审核、修订企业各项管理规章制度，进行日常行政工作的组织与管理。

⑤协助企业领导草拟工作计划、总结、规划、决议、报告，组织起草以企业名义发出的行政公文。

⑥配合执行企业管理体系运行，及各项工作进度的监督与跟进。

⑦及时处理各种合同、公文、函电、报表等文字资料的签收、拆封、登记、承报、传阅、催办，并做好整理归档工作。

⑧企业证照的办理、年审、更换、作废等管理，印章的保管、使用管理等。

⑨参与企业行政、采购事务的管理，负责企业各部门办公用品的领用和分发工作。

⑩协助进行内务、安全管理，为其他部门提供及时有效的行政服务。

3. 业务主管岗位职责

业务主管同时兼任采购部经理、采购员、营销部经理、销售专员、市场专员。

（1）采购相关职能。

①采购计划管理。初审核公司各部门呈报的年度物料需求计划，统筹策划和确定采购内容等。

②供应商管理。开发和选择供应商，评审和管理供应商，建立完整的供应商档案库等。

③采购活动管理。根据生产需求编制采购计划，签订采购合同和下达采购订单，组织实施采购活动等。

④采购合同管理。组织采购合同的评审，建立采购合同台账，对合同进行分类档案管理，并对合同的执行进行监督等。

⑤采购成本管理。积极与供应商进行询价、比价、谈判，尽量把采购成本降低。

⑥采购监控与评价。对供应商货物进行到货验收，并对供应商进行评价等。

（2）销售相关的职能。

①完成公司制定的营销指标。

②营销策略、计划的拟订与实施。

③营销经费的预算和控制。

④营销管理制度的拟订、实施和改善。

⑤部门员工管理。

第四节　创业测评结果分析

创业素质测评结果分析如表 3－1 所示。

表 3－1　创业素质测评结果分析

二级指标	三级指标	测评结果分析			
创业精神	风险精神	8 分以上：敢于冒险。敢于做以前没有做过的事情，对不确定性抱有信心，相信风险和价值能成正比	6～8 分：敢于冒小风险。在确定性比较小的情况下，愿意尝试	3～5 分：风险精神一般。在压力情况下，才愿意去冒风险	3 分以下：回避风险。不愿意做任何有不确定性的事情
	案例	在比尔·盖茨看来，成功的首要因素就是冒险。在任何事业中，把所有的冒险都消除掉的话，自然也就把所有成功的机会都消除掉了。他自己的一生当中，最持续一贯的特性就是强烈的冒险天性。他甚至认为，如果一个机会没有伴随着风险，这种机会通常就不值得花精力去尝试。他坚定不移地认为，有冒险才有机会，正是有风险才使得事业更加充满跌宕起伏的趣味。事实上，对冒险精神的培养，比尔·盖茨从学生时代就开始了。他在哈佛大学的第一个学年故意制定了一个策略：多数的课程都逃课，然后在临近期末考试的时候再拼命地学习。他想通过这种冒险，检验自己怎么花尽可能少的时间，而又能够得到最高的分数。他做得很成功，通过这个冒险他发现了一个企业家应当具备的素质：如何用最少的时间和成本得到最快最高的回报。 比尔·盖茨最喜欢速度快的汽车和游艇，他私人拥有两部保时捷汽车和两艘快速游艇，毫无疑问这是他不断锤炼自己冒险性格的工具，他因而经常接到超速的罚单。一个人驾驶汽车到沙漠旅行，一个人驾驶飞机飞越崇山峻岭，一个人驾驶游艇遨游大海，这都是比尔·盖茨常做的事情			

续上表

二级指标	三级指标	测评结果分析			
创业精神	创新精神	8 分以上：创新能力非常强。善于从不同的视角考虑问题，喜欢剖析别人所做的工作，然后能做出非常有差异化的工作成果	6～8 分：创新能力比较强。有一些创新的想法，但主要是借鉴和模仿	3～5 分：创新能力一般。一般不愿意创新，在压力之下能做出一些微小的改变	3 分以下：创新能力非常弱。喜欢墨守成规，不喜欢改变，很难做出和别人有区别的成果
	案例	李开复说，这个世纪有不少伟大的创新创业者，但是能够在多个领域（电脑、操作系统、电信、音乐、动画）都有突破性创新的只有乔布斯一位。确实，乔布斯以他的创新精神赢得了产业界的尊重。“创造力是桥梁和纽带。”乔布斯坚信桥梁和纽带的创新一定要进行跨界，一定要从其他行业寻找灵感。无论是电话簿、冥想、访问印度、钢琴等，都可以成为乔布斯的创新灵感源泉。日本的抽水马桶就成为 iPhone 手机一键控制的来源，开着奔驰车借鉴其设计等			
	进取心	8 分以上：有很强的进取心。不断寻求改变，愿意尝试新事物，有持续提升自己的学习计划	6～8 分：进取心比较强。在受别人影响的情况下，会做出改变	3～5 分：进取心一般。在压力之下会寻求改变	3 分以下：几乎没有进取心。寻求稳定的工作和生活，不愿意改变
	案例	丁磊作为网易创始人，年少得志，年纪轻轻的他凭借自己一手创办并持有 58.5% 的股份，成为中国各类个人财富排行榜上的常客。丁磊刚接触到 Internet 的时候，一下子就被奇妙的互联网世界迷住了，他意识到这是一项非常伟大的技术，于是开始如饥似渴地寻找一切与互联网有关的书籍来学习、充电，但是在 Internet 刚进入中国的时候，没有人知道它是什么样子的，也没有一本书系统地告诉你 Internet 的整个结构、里面的软件以及其他一些东西。一个人想要实现自己的目标，除勤奋外，就是要积极进取和创新。从创业到现在，丁磊每天都在关心新的技术，密切跟踪 Internet 新的发展，每天工作 16 个小时以上，其中有 10 个小时是在网上，他的邮箱有数十个，每天都要收到上百封电子邮件			

续上表

<table>
<tr><th>二级指标</th><th>三级指标</th><th colspan="4">测评结果分析</th></tr>
<tr><td rowspan="4">创业能力</td><td>人际能力</td><td>8 分以上：交际能力非常强。在很短的时间内就能适应新环境，主动和陌生人接触，善于寻求别人的帮助，能快速整合资源</td><td>6 ~ 8 分：交际能力较强。在特定的场合内会主动和人交往，能够在公共场合表达自己的思想</td><td>3 ~ 5 分：交际能力一般。不会主动和人交往，一般是出于工作的需要</td><td>3 分以下：交际能力急需提升。畏惧公共场合，不善于和别人沟通，适应新环境需要很长时间</td></tr>
<tr><td>案例</td><td colspan="4">“三聚氰胺奶粉”事件爆发，全国的乳品企业一夜之间进入寒冬，蒙牛也不例外，股价大幅度下跌，面临被外资收购的危险。此时，牛根生迅速写了一封长达一万多字的“中国乳业的罪罚治救——致中国企业家俱乐部理事及长江商学院同学的一封信”，详细述说了企业处境。在得知蒙牛所处的窘境后，柳传志连夜召开董事会，48 小时之内就将 2 亿元钱打到了“老牛投资”的账户上；俞敏洪闻讯，火速送来 5 000 万元。傅成玉先生打来电话说，中海油备了 2.5 亿元，什么时候需要什么时候取！牛根生还提到，田溯宁、江南春、马云、郭广昌、虞峰、王玉锁等人都打来电话，表示随时随地可以伸手援助。而香港的欧亚平联系境内的王兵等长江商学院的同学，更是买了许多蒙牛股票，以拉升股价。周其仁教授早前预定了访问蒙牛的日程，事件发生后，他坚定地表示，预定行程不变，率团带来 40 位经济学家……90% 以上的理事、同学从人力、物力、财力上均给予支持。通过人际能力整合的资源在关键时刻保住了蒙牛</td></tr>
<tr><td>执行能力</td><td>8 分以上：执行能力很强。做事情关注结果，有详细周密的计划，经常检查自己的计划，遇到问题总是积极想办法</td><td>6 ~ 8 分：执行能力比较强。一般能完成任务，有时也会延期，需要增加额外的资源支持</td><td>3 ~ 5 分：执行能力一般。行动依赖自己的情绪，不具有稳定性</td><td>3 分以下：执行能力很差。缺乏计划和检查，做事情总是关注问题，而不是想办法，很难在规定的时间内完成任务</td></tr>
<tr><td>案例</td><td colspan="4">阿里巴巴集团董事局主席马云说过这样一段话：“孙正义跟我有同一个观点，一个方案是一流的 Idea（想法）加三流的实施；另外一个方案是一流的实施，三流的 Idea，哪个好？我们俩同时选择一流的实施，三流的 Idea。”由此可见，在高层眼里，执行力比创意更为重要。
江南春多次强调，分众传媒强大的团队执行力是分众成功的关键，而且分众传媒的未来也要靠执行力去创造。我们从来就不觉得我们在巅峰状态，我觉得是刚刚起步，一切刚开始。我们有清晰的目标，想要什么，要达到什么，现在我们离目标还很远，所以我们要沿着这个方向一步一步地走，用强大的执行力完成每一个阶段所要完成的工作</td></tr>
</table>

续上表

二级指标	三级指标	测评结果分析			
创业能力	领导能力	8 分以上：领导能力很强。勇于承担责任，有长远规划，帮助团队树立远景，身体力行，有强的人格魅力	6 ~ 8 分：领导能力比较强。能够身体力行，做工作中困难的事情，但是关键时刻的决策能力需要提升	3 ~ 5 分：领导能力一般。有一定的亲和力，但缺乏领导团队完成任务的能力	3 分以下：领导能力很差。不愿意承担责任，只考虑眼前的事情，逃避困难的工作，不能接受大家的反对意见，不能给别人带来信心
	案例	新东方的创业团队类似于唐僧的取经团队。徐小平曾是俞敏洪在北大时的老师，王强、包凡一同是俞敏洪北京大学西语系 1980 级的同班同学，王强是班长，包凡一是大学时代睡在俞敏洪上铺的兄弟。这些人个个都是能人、牛人。所以，新东方最初的创业成员，个个都是“孙悟空”，每个人都很有才华，而个性却都很独立，俞敏洪曾坦承：“论学问，王强出自书香门第，家里藏书超过 5 万册；论思想，包凡一擅长冷笑话；论特长，徐小平梦想用他沙哑的嗓音做校园民谣，他们都比我厉害。”俞敏洪敢于选择这帮牛人作为创业伙伴，并且真的在一起做成了大事，成就了一个新东方传奇，从这一点来说，他是一个成功的创业团队领导者，能够通过自己的行为帮助团队成员树立愿景，并使成员一直成为他的追随者			
	学习能力	16 ~ 20 分：学习能力非常强。制订详细的学习计划，善于整合学习资源，快速理解新事物	11 ~ 15 分：学习能力比较强。遇到问题时会通过学习解决，但缺乏主动学习的精神，没有详细的学习计划	5 ~ 10 分：学习能力一般。在压力之下，能通过学习解决问题	5 分以下：学习能力非常弱。不愿意主动学习，畏惧新事物，喜欢做熟悉的事情
	案例	众所周知，姚明是体坛的风云人物，在退役后，姚明边学习边创业，先后投资成立了姚餐厅、合众思壮股票、加州姚明健身俱乐部、太阳华酒店、上海男篮、巨鲸音乐网、姚明牌红酒等一条贯穿餐饮、健身、酒店、娱乐等服务行业的完整产业链。在学习中逐渐实现他在商业赛场上的成功			

续上表

二级指标	三级指标	测评结果分析			
创业特质	自信心	8分以上：有非常强的自信心。即使看不到希望，也相信自己能做到，总是很欣赏自己，肯定自己，相信自己在任何领域，通过个人努力都能取得成功	6～8分：比较强的自信心。在能看到结果并有一定资源保障的情况下，相信自己通过努力能取得成功	3～5分：自信心一般。经常需要别人的激励，在短时间内能拿到结果就有信心，否则没有信心	3分以下：自信心极度缺乏。总是有不安全感，对任何事情都怀疑，事情还没有开始就退缩
	案例	马云在创建阿里巴巴的当年曾说了一句被人称为狂言的话："就是拿着望远镜也找不到对手。"在马云看来，人必须要有自己坚信不疑的事情，"你没有坚信不疑的事情，那你不会走下去的，你开始坚信了一点点，就会越做越有意思"。他告诉与会者，自己坚信的是，互联网会影响中国、改变中国，中国可以发展电子商务，而电子商务要发展，则必须先让网商富起来			
	警觉性	8分以上：有非常强的警觉性。主动关注环境的变化，对环境或问题特别敏感，总能发现别人没有发现的机会，勤于思考，关注细节，喜欢数字	6～8分：有比较强的警觉性。通过思考和推理后，能发现环境的变化及变化的环境中所隐藏的机会	3～5分：警觉性一般。能发现大多数人能发现的问题	3分以下：警觉性差。对环境极不敏感，对明显的机会都发现不了，不喜欢思考与推理
	案例	华为总裁任正非是一个危机意识极强的企业家，当华为渡过了死亡风险极高创业期，进入快速发展轨道的时候，他已经敏感地意识到了华为的不足。1997年圣诞节，任正非走访了美国IBM等一批著名高科技公司，所见所闻让他大为震撼——他第一次那么近距离，那么清晰地看到了华为与这些国际巨头的差距。任正非回到华为后不久，一场持续五年的变革大幕开启，华为进入了全面学习西方经验，反思自身，提升内部管理的阶段。这个"削足适履"的痛苦过程为华为国际化做了充分准备			
	诚信心	8分以上：有非常高的诚信心。不轻易承诺，制订的计划不会轻易改变，愿意为失约承担损失，会经常和合作伙伴沟通，能提前完成任务	6～8分：有比较高的诚信心。一般会按照规定的时间完成任务	3～5分：诚信心一般。会改变自己的计划，不能总是按照规定的时间完成任务，有时会失约	3分以下：诚信心差。经常改变计划，经常失约，而且不愿意为失约承担责任，和合作伙伴缺乏沟通

续上表

<table>
<tr><th>二级指标</th><th>三级指标</th><th colspan="4">测评结果分析</th></tr>
<tr><td></td><td>案例</td><td colspan="4">许多人都非常熟悉海尔“砸冰箱”事件，1985 年，海尔总裁张瑞敏接到一封用户的投诉信，说海尔冰箱存在质量问题，他率人到仓库检查发现了 70 多台不合格冰箱，最终决定砸掉它们，当员工们看着张瑞敏总裁亲自带头把有缺陷的冰箱砸碎之后，内心受到的震撼是巨大的，人们对“有缺陷的产品就是废品”有了刻骨铭心的理解与记忆，对“诚信”有了更切身的感受。这也是海尔公司在当前屹立于世界五百强之林的重要因素</td></tr>
<tr><td rowspan="2">创业意愿</td><td>创业意愿</td><td>16 ~ 20 分：创业意愿非常强，创业主要是为了实现人生价值</td><td>11 ~ 15 分：创业意愿比较强，创业主要是为了解决生存问题，实现财务目标</td><td>5 ~ 10 分：创业意愿一般，在条件具备的情况下可以创业</td><td>5 分以下：创业意愿非常弱，更愿意选择就业</td></tr>
<tr><td>案例</td><td colspan="4">张朝阳就读于美国麻省理工学院时，发现美国随处可见的都是“硅谷”式的创业方式，这激发了他回国创业的热情，他清楚地认识到互联网经济极为惊人的商业和社会价值，于是下定了创业的决心。当他看到 Internet 的机遇时，感觉到应该是创业的时候了。张朝阳联系到了 ISI 公司，想做 China Online（中国在线），用 Internet 搜集和发布中国经济信息，为在美国的中国人或者对中国感兴趣的人服务</td></tr>
</table>

注：本表的一级指标为创业素质分析。

第五节　开始组建团队

一、实训招聘组织方案

1. 方案一

操作步骤：

第一步，学生综合测评答题过程中，教师将应聘简历表发给学生，以备学生完成答题至总经理（CEO）竞聘演讲的空当中填写（要求学生写明应聘意愿）。

测评期间，教师可动员学生踊跃报名竞聘各企业 CEO 及政务中心、服务公司、银行等岗位，并用表格做好记录（建议按组织记录，每家企业可以有 2 名候选人），为指认候选人做准备。

第二步，组织 CEO 及社会资源职位的候选人演讲，演讲过程完成后组织投票。

竞选演讲：将参加竞选演讲的学生根据实际场地和数量分为 2 ~ 3 组，由不同的教师带领，分批在各个教室进行竞选演讲。

建议每名学生演讲时间控制在5分钟内。

第三步，组织CEO招聘自己的人力资源部经理，商贸企业CEO直接招聘公司剩余员工。招聘过程中教师给予必要的指导，不对招聘过程及招聘工具使用做太多要求。

第四步，CEO、人力资源部经理共同招聘其他岗位人员，为录用人员发放录用通知单。

第五步，组织学生依照录用通知单的内容进行系统登录，管理自己的岗位。

方案优势：流程简单，易于操作；能够快速组建公司，用时90分钟左右完成团队组建工作。

方案劣势：招聘场面比较混乱，不宜更好地体会招聘过程。

2. 方案二

操作步骤：

第一步，学生综合测评答题过程中，教师将应聘简历表发给学生，以备学生完成答题至CEO竞聘演讲的空当时间中填写（要求学生写明应聘意愿）。

第二步，组织CEO及社会资源职位的候选人演讲，演讲过程完成后组织投票。

第三步，组织CEO招聘自己的人力资源部经理。

第四步，一名教师安排未找到工作的学生分组准备面试，告知学生面试分组及顺序；将学生分为两组，即面试组（一般6~8人）与观察组（剩余学生），一组学生面试时，剩余学生作为观察组在一旁观摩。一名教师为面试官组（CEO、人力资源部经理）讲解群体面试流程及技巧、无领导小组讨论面试流程及观察重点，发放无领导小组讨论题目、评分表及面试提纲。

第五步，组织面试组、观察组事先在面试场地内坐好，在面试官入场后即开始面试。

第六步，进行面试，群面时间控制在20分钟/组，无领导小组讨论50分钟/组。两轮面试后，在场面试官，可对满意的候选人直接发入职通知，面试过程不间断，连续进行。教师在面试过程中针对实际情况给予面试官及应聘者以指导。

第七步，告知各企业CEO、人力资源部经理快速确定公司员工，特别是与面试中表现突出，收取多份入职通知的候选人及时沟通，已确定的录用人员需要发放录用通知书。

第八步，组织学生依照录用通知单的内容进行系统登录，管理自己的岗位。

注意事项：

（1）分组时尽可能将学生行政班打乱，男女生尽量均衡。

（2）面试组每组6~8人最佳，以保证面试官能很好地观察每位应聘者。

方案优势：能够真正体验校园招聘的一般流程及招聘方法，学生在观察和体验中得到切实的提高，招聘现场井然有序，易于控制。

方案劣势：招聘时间花费较长，对教师的数量及精力要求较多，但此时可要求已找到工作的社会资源小组成员（政务专员、服务公司业务员、银行柜员）帮忙组织。

二、CEO候选人竞选演讲

总经理（CEO）参选名单确定后，教师告知参选人竞选演讲规则，包含演讲顺序、演讲时间等；告知选民选举规则，并要求其在听取完所有CEO候选人演讲后在VBSE系统的选举界面进行选民投票。若自己是候选人，则要准备竞选演讲；若自己不是候选人，则要根据演讲情况酝酿自己准备给哪位候选人投票。

三、参加投票选举 CEO

VBSE 实训系统中所有参训学生均有选举权，在听取所有候选人竞聘演讲后，综合分析各个候选人的特点，在 VBSE 系统投票界面中依照选举规则进行投票。

四、现场招聘团队组建

招聘工作是企业人力资源工作的重要模块，是企业获得人力资源的主要入口，与企业的各项业务工作开展有着紧密的联系。企业在组织招聘时会依据实际情况来确定组织形式，两种常用的形式分别是项目型招聘、日常招聘。我们将企业在短时间内、投入较多的人力、物力组织多个岗位的集中招聘称为项目型招聘，例如组织校园招聘，而相对的另一种企业日常工作中不断进行的填补岗位空缺的招聘称为日常招聘。

公司组建期人员招聘工作实际就是一个真实的校园招聘现场。在本部分实习组织中人力资源部经理需要在短时间内集中各方力量完成企业团队组建工作，共需招聘 16 人，组建 7 个部门。业务流程如下：

（1）组织机构设计、岗位设置。

（2）撰写招聘启事。

（3）发布招聘公告。

（4）收集简历。

（5）简历筛选。

（6）组织面试、评价。

1. 群体面试

（1）基本流程。

准备工作：

学生坐定后，将桌面上的 A4 纸折好，制作自己的姓名牌，放置面前。

制作方法：

将 A4 纸三等分，按照分好的折线两边部分向中间折，折时需沿同方向。在中间处写上姓名，字迹要清晰且足够大。将桌牌置于自己面前，姓名朝向组员。

面试官组内选出一名学生作为整个面试的主持、一名学生注意面试时间的控制。（主持人、计时员可以确定一组，也可由面试官轮流充当）

自我介绍，每位面试者 2 分钟。

面试官提问，问题控制在 4 ~5 个，可选择每个面试者都回答，也可指定人员回答。

（2）面试提纲范本。

校园招聘通用面试题纲：

①基本情况测试题。

A. 请你自我介绍一下？

考察点：考察其是否与简历所列举的内容一致，语言简练、条理清晰、层次要分明。

B. 谈谈你的家庭情况？

考察点：考察其家庭情况，可以对了解应聘者的性格、观念、心态等有一定的作用。

C. 请你简明地评价一下自己，你预备用哪些词形容？

考察点：考察应聘者的性格及爱好等，也能从侧面了解其文字方面的功底如何。

D. 你认为自己最大的弱点是什么？

考察点：考察应聘者是否诚实，有助于从侧面了解应聘者的性格特点。

E. 哪位人物对你影响最大？

考察点：考察其职业生涯路径有可能朝哪个方向发展，对其影响大的人物的职业发展路径，通常都成为应聘者追求的目标。

F. 说说你迄今为止最感失败的经验及对你的影响。

考察点：考察应聘者是否对于这个问题能如实地回答，可以有效反映一个人生命历程的深度和广度。

②个人能力测试题。

A. 你认为你适合干什么工作？

考察点：一个人的职业生涯选择是从想干什么和能干什么这两个方面着手考虑的，这两点都得到满足才是最佳选择，考察了解应聘者对未来规划以及性格特点。

B. 最基础的工作你也会愿意干吗？

考察点：考察应聘者是否心甘情愿地贡献，还是只在应付差事，还是意识到基本功不够扎实，只有通过得到单调、枯燥的工作磨炼才能在将来有毅力去征服困难。

C. 你能为我们公司带来什么呢？

考察点：考察应聘者是否经受过一些专业培训或者别的兴趣、爱好等。

D. 你和其他求职者有什么不同？

考察点：考察应聘者是不是以自我为中心、自以为是或者团队精神较差，或者通过这个问题能了解其他应聘者的情况，发现这批应聘者中谁是最优秀的人才，谁不适合录取。

E. 你的目标及对前途的打算是什么？

考察点：考察应聘者对自己是否有明确的人生目标及努力上进的精神。

F. 你为什么还没找到合适的职位呢？

考察点：考察应聘者是否是第一次面试，是否还有其他的工作经验及实习经历。

G. 有想过创业吗？

考察点：考察面试者是否对自己职业生涯有较为长远和清楚的规划。

H. 卖这张桌子给我。

考察点：考察应聘者的应变思维及语言表达能力。

I. 作为被面试者给我打一下分。

考察点：考察面试者是否是实事求是型的人才。

J. 你认为自己过去工作中最值得骄傲的一件事是什么？

考察点：考察面试者的思维模式和心理特征，是否自己积极主动、好胜进取。

K. 你如何评价你过去所在的单位？

考察点：考察面试者的人格是否健全，是否总是爱在背后说三道四，飞短流长，议论人非。同时考察其是否对待工作有独到的见解和思维。

L. 你计划在公司工作多久？

考察点：考察应聘者对企业的愿景是什么，是否有长期发展的愿望而不是口不对心的满口允诺。

③智能型测试题。

考察点：这类问题和背景性问题不同，主要考察应试者的综合分析、言语表达、逻辑思维能力等。通过提出一些值得思考而且富有争论性的现实问题和社会问题，让应试者阐述自己的看法和观点。这一类问题没有明确的正确答案，因此考察的重点不是应试者的答案是否正确，而是在于应试者的逻辑思维、推理、分析、表达能力和知识面，在于考生能否抓住看似复杂问题的实质和症结所在，有逻辑、有层次、有针对性地展开论述，也在于应聘者的思维是否活跃且具有创造性。

A. 当你走上了主要领导工作岗位，发现工作压力、强度远远超过了你当初的想象，你会怎么做?

B. 现在办事，请客送礼之风盛行，如果你办事，首先想到的是送礼好，还是用权利好?

C. 我们单位需要有两种办事人员。一种只需在本地工作，但薪金较低，发展的机会也较少；另一种需长期出差，比较辛苦，但薪金较高，发展机会也多。你倾向于选择哪种工作?

④行为性测试题。

考察点：这是提高结构化面试预测有效性的核心技术。通过让考生确认在过去某种情景、任务或背景中他们实际做了什么，从而取得考生过去行为中与一种或数种能力要素相关的信息。目的是通过关注考生过去的行为，而预测考生将来的表现。

试题1：

主考官：你能不能举出一个你所遇到的实例，当时你的教师或上级主管与你在某个活动或工作的要求上没有达成共识，给我讲一讲当时的情况是怎样的?

候选人：……

主考官：你当时是怎么想的?

候选人：……

主考官：后来你是怎样说服上级主管的?

候选人：……

主考官：最后达成了什么样的共识?

试题2：请详细说说在以往的工作中，由你组织的比较成功和不太成功的活动各一次，并说说体会。

试题3：请用3分钟左右的时间谈谈你过去的一些学习和生活的经历以及你为什么报考这个专业?

出题思路：背景性问题。导入正题，初步了解考生的基本情况，以便为以后的提问收集资料。考官可根据考生回答的具体情况进行追问，同时要尽可能地让考生多表现自己，考察其求职动机与拟任职位的匹配性。

试题4：假设你是某高校一名教师，近期将从韩国来30名学生参加一个汉语学习短期班，为期三周。学校决定让你来安排此次培训班，你打算如何做?

考察点：情景性题目，考察计划、组织、协调能力。通过考生对此题目的反应来判断考生是否具备上述能力。本题结合考生年轻、希望全力负责或承担某项工作的心态，为他提供了一次机会。可从他在短期班到来之前所做的准备与规划中，考察出他计划的预见性、组织的缜密性和协调的艺术性等各方面的水平。

试题5：假设你的工作能力绰绰有余，工作成绩也很突出，但却无法赢得领导的信任，而某些工作能力不如你的同事却因能说会道，博得了领导的欢心，对此你有何想法？

考察点：情景性问题，考察考生人际交往的意识与技巧。一般人都认为，善谈者，左右逢源，言克天下；而不善辞令者，处处被动，举步维艰。懂得如何与人交谈，是人与人之间达到默契沟通的一个重要因素，考生对此的认识对其人际交往能力有重要影响。

2. 无领导小组讨论

（1）基本流程。

教师在课前做好无领导小组讨论分组并公布分组名单，由来自不同专业的学生组成。每组6~8人。评估组3人，其中评估组1人指定为主持，另外2人作为评价者。分组时应注意男、女组员的均衡搭配。

①无领导小组讨论场地布置（见图3－12）：

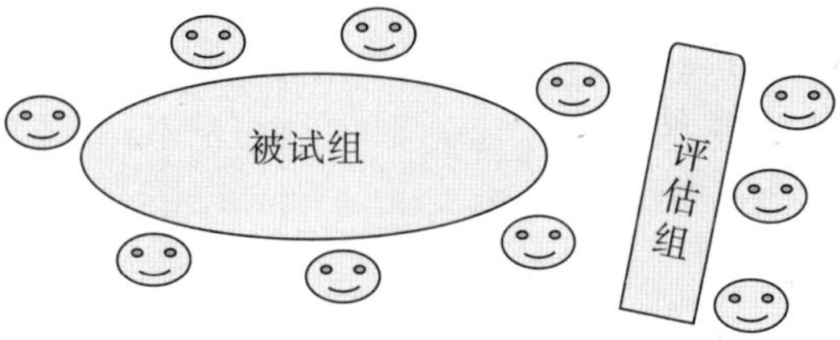

图3－12 无领导小组场地布置

②无领导小组讨论期间各角色分工（见表3－2）：

表3－2 无领导小组角色分工

<table>
<tr><th rowspan="2">阶段</th><th rowspan="2">教师</th><th rowspan="2">被试组</th><th colspan="2">评估组</th></tr>
<tr><th>主持人</th><th>评价者</th></tr>
<tr><td>开始阶段
（5分钟）</td><td rowspan="4">监督指导学生、对不合规范的操作予以纠正</td><td>学习规则
研读题目</td><td>指导语宣读（1分钟）</td><td>熟悉评分规则</td></tr>
<tr><td>独立发言阶段
（21分钟）</td><td>自我介绍（1分钟）
观点陈述（2分钟）</td><td rowspan="3">1. 控制时间，逾时提醒
2. 完成后宣布结束</td><td rowspan="3">打分、给出评语</td></tr>
<tr><td>交叉发言阶段
（6分钟）</td><td>1. 补充自己观点，质疑他人观点
2. 形成统一意见，推举1名总结陈词人选</td></tr>
<tr><td>总结陈述阶段
（3分钟）</td><td>总结陈述</td></tr>
</table>

③无领导小组面试评分表（见表3－3）：

表3－3　无领导小组面试评分表（　　组）

评价项目	行为描述		评分标准	应聘者得分						
	较好	较差		学生 A	学生 B	学生 C	学生 D	学生 E	学生 F	学生 G
言谈举止	形象大方，着装整洁，举止得体，情绪稳定	外形有明显缺陷，着装不够得体，精神不集中，紧张	本评分采取5分制；1分最差，5分最好；评分时以1、2、3、4、5做出评价							
主动参与	发言积极主动，多次发言，且发言内容切题，不重复	发言不够积极，次数很少，内容牵强，累赘								
沟通能力	善于依照具体情境转换沟通方式；以理服人，表达观点清晰、有感召力；能快速领略他人意图并做出适当反应	不善于运用沟通技巧，不能很好地表达自己的观点，语言平淡，缺乏说服力								
分析能力	善于系统、全面、多角度地分析问题，论点鲜明，论据充分且符合逻辑	看问题的角度不够开阔或片面，有论点但论据干瘪，逻辑层次不清								
团队合作	深入理解团队的目标，对于影响团队目标达成的不和谐因素能够及时察觉并努力解决	过度纠结个别细节，不注重团队目标，不善于配合团队成员完成计划，团队协作意识较差								
自信	能够坚定、清晰地表达观点，在遇到质疑和反对意见时能坚持自己的意见并给出充分的理由	对自己的观点不够自信，容易受他人的影响，表达意见时底气不足，含混不清								

（2）无领导小组面试题目。

指导语：

欢迎各位参加无领导小组讨论面试！请大家积极发言，踊跃与小组其他成员讨论，充分表达想法，拿出小组的意见结果。审题与讨论时间严格限制在35分钟内，请大家充分利用时间，尽快做出决策。

注意事项：

①请参评人保持考场内安静，关闭手机或保持手机静音。

②请参评人严格遵守时间要求，规定时间内发言如果没有结束，考官将予以停止，请服从考官指令。

③讨论一旦开始，参评人不得向考官提出任何问题。

④讨论过程中，请参评人与小组其他成员保持目光接触，不要面向考官。

⑤讨论中只能通过沟通、协调等方式而不能使用投票或举手表决等方式来达成统一意见。

⑥讨论结束后，请将所有材料留在桌面上，然后退场。

测验说明：

本测验时间为35分钟，其中审题5分钟，自由讨论21～27分钟，总结陈述3分钟。

1）面包销毁。

问题背景：

假设你是某面包公司的业务员。现在公司派你去偏远地区销毁一卡车的过期面包（不会致命的，无损于身体健康）。在行进的途中，刚好遇到一群饥饿的难民堵住了去路，因为他们坚信你所坐的卡车里有能吃的东西。这时报道难民动向的记者也刚好赶来。对难民来说，他们肯定要解决饥饿问题；对记者来说，他是要报道事实的；对业务员来说，你是要销毁面包的。

现在要求你既要解决难民的饥饿问题，让他们吃这些过期的面包，以便销毁这些面包，又不能让记者报道过期面包的这一事实？请问你将如何处理？

说明：a. 面包不会致命；b. 不能贿赂记者；c. 不能损害公司形象。

任务要求：

每位小组成员首先利用3分钟时间仔细阅读题目，然后利用25分钟时间进行小组内部讨论，给出一致结论。达成一致意见后，请推选一名队员做2分钟的总结汇报。

2）沙漠求生记。

问题背景：

①在炎热的8月，你乘坐的小型飞机在撒哈拉沙漠失事，机身严重撞毁，将会着火焚烧。

②飞机的位置不能确定，只知道最近的城镇是附近70公里的煤矿小城。

③飞机上生还人数与你的小组人数相同；你们装束轻便，只穿着短袖T恤、牛仔裤、运动裤和运动鞋，每人都有一条手帕。

④全组人都希望一起共同进退。

⑤飞机燃烧前，你们只有15分钟时间，从飞机中抢救物品。

⑥机上所有物品性能良好。

⑦沙漠日间温度是 40 度，夜间温度随时骤降至 5 度。

问题：

在飞机失事中，如果你们只能从 15 件物品中，挑选 5 件。在考虑沙漠的情况后，请现场各位首先通过讨论挑选出 5 件最重要的东西，然后进行排序，并说明理由。

15 件物品包括：①一支闪光信号灯（内置四个电池）；②一把军刀；③一张该沙漠区的飞行地图；④七件大号塑料雨衣；⑤一个指南针；⑥一个小型量器箱（内有温度计、气压计、雨量计等）；⑦一把 45 口径手枪（已有子弹）；⑧三个降落伞（有红白相间图案）；⑨一瓶维生素丸（100 粒装）；⑩十加仑饮用水；⑪化妆镜；⑫七副太阳眼镜；⑬两加仑伏特加酒；⑭七件厚衣服；⑮一本《沙漠动物》百科全书。

任务要求：

每位小组成员首先利用 3 分钟时间仔细阅读题目，然后利用 25 分钟时间进行小组内部讨论，给出一致结论。达成一致意见后，请推选一名队员做 2 分钟的汇报。

3）醉酒驾驶。

问题背景：

近日，南京警方正式通过媒体曝光醉酒驾车者，首批公布的名单共有 106 人，都是在 7 月被警方查获并实施拘留的。交管部门介绍，曝光还将不定期发布。有人提出醉驾者拘留后还要被曝光是不是过于严厉一说，交管部门认为，曝光可以使醉驾者得到震撼，以后不敢有类似的行为，同时给其他司机以警示。

对此，支持者认为，酒后驾驶是一种高危行为，它会给社会公众带来极其严重的安全威胁。将这种潜在威胁告知公众，让大家提防着，何错之有？同时，曝光醉驾者姓名，让所有司机都深切感受到醉驾的成本实在是太高，从而不敢越雷池半步，又有什么不可以呢？

反对者认为，从我国的现行法律和规章来看，交管部门对醉酒驾驶者的行政处罚方式仅限于拘留、罚款、暂扣或吊销机动车驾驶证。而交管部门在媒体上公开曝光醉驾者，旨在通过道德谴责和贬损人格使醉驾者受到震撼，本质上已经是对醉驾者实施的“法外处罚”和“二次处罚”。

问题：

你是如何看待这个问题的？你认为醉驾者该不该遭曝光？

任务要求：

给出你的观点，并提出至少 5 条理由。

4）大学生就业。

问题背景：

大学生就业难的问题屡见报端，目前社会上对大学生就业问题持有两种观点：一种是就业形势严峻，大学生应该因势利导，不应该对第一份工作抱有太高的期望值，应该本着先就业后择业的思想，在积累了一定的工作经验之后再进行职业定位；另一种是大学生就业应该本着谨慎的心态，选准了再做，宁可错过，也不错选，避免找到工作后频繁跳槽。

问题：

你更赞同上述观点中的哪种？

任务要求：

请给出观点，并说明理由，至少5条。

五、自助维护岗位信息

实训中学生依照自己的意愿及现场情况应聘工作岗位，获得单位的聘书后在VBSE系统中依照聘书内容设置自己所属的组织及岗位信息。

注意事项：

综合测评为必考内容，答完后点击提交，系统记录成绩，如果不点提交直接完成任务，将无成绩，其他创业类测评，为可选。上述测评成绩不计入最终实训成绩。

组织全体学生在系统中进行投票，唯一候选人的组织将不再进行投票，直接当选。

投票中，教师和学生可以通过刷新看到最新的票数。

招聘过程中，可根据场地进行指导，特别提醒每位企业CEO必须招聘满各岗位，并下发录用通知单。

除CEO学生外，每位同学得到录用通知后要在系统菜单中的“维护岗位信息”维护自己的岗位信息，完成上岗。

第四章
企业工商注册

一、公司注册知识讲解

1. 业务概述

通过公司注册知识讲解，可以了解真实公司注册流程，从而提高公司注册效率，增强创办企业的信心。

准备创立新公司时需要进行工商注册，工商注册包含确定企业的法律形式、企业名称预先登记、领取开业登记注册申请书、银行入资、工商注册审批、领取营业执照、刻章等环节。

新成立企业的工商注册流程及步骤如图 4－1 所示。

确定企业类型	确定要申办的企业类型，因为每种类型企业或个体工商户承担的责任和组成形式有所差异，且所需提交的资料有区别，所以需先确定要申办的企业类型
名称审核	企业类型确定后，需要为企业名称预先核准。需要通过工商行政管理局网上登记系统申请名称预先核准登记
验资前的相关资料准备	企业应有自己独立的营业场所，因此在办理之前，最好确认自己自有、租赁或无偿使用的房屋可以办理营业执照，以免产生不必要的损失。 如果申请的经营范围涉及前置审批，请在取名称核准后，先在相关部门办理前置许可手续、取得行政许可文件后，按下列步骤继续办理
入资开立验资账户	有限责任公司、集体所有制（股份合作）企业、集体所有制企业需要工商行政管理部门指定的银行办理入资手续，入资后凭银行入资单据到任意有资质的会计师事务所出具验资报告。其他企业以及个体工商户无须办理入资手续，可按下列条款办理
制定公司章程	填写“企业设立登记申请表”“指定委托书”等表格，有限责任公司、集体所有制（股份合作）企业、集体所有制企业、全民所有制企业还要制作企业章程；合作企业制作合伙协议
现场办理	携带齐全所有提交的资料
领取营业执照	受理后取得“受理通知书”或“准予通知书”。按上面提示时间到投资服务大厅开票，在银行缴费，到发照窗口领取营业执照等
刻章、代码证、税务登记	凭营业执照办理刻章、代码证书、税务登记证等后续手续，可设立基本账户
开立基本账户、划资	有限责任公司、集体所有制（股份合作）企业、集体所有制企业开立企业基本账户后，请到投资大厅办理划资业务，将注册资本转入企业基本账户

图 4－1 新公司注册流程及步骤

2. 业务流程

新公司注册业务流程见表4－1。

表4－1 新公司注册业务流程

序号	操作步骤	角色	提示内容
1	组织学习公司注册知识	工商局专管员	通知并组织各企业学习公司注册知识
2	学习公司注册知识	供应商总经理	接到任务，学习公司注册知识
		客户总经理	
		工商局专管员	
		地方税务局专管员	
		银行专员	

二、确定企业类型

根据出资者情况及承担责任的区别，企业类型分为：

1. 两人以上有限责任公司

依照《中华人民共和国公司法》（以下简称《公司法》），有限责任公司是指由法律规定的一定人数的股东所组成，股东以其出资额为限对公司债务承担责任，公司以其全部资产对公司债务承担责任的企业法人。

有限责任公司主要法律特征：

（1）有限责任公司是企业法人，公司的股东以其出资额对公司承担责任，公司以其全部资产对公司的债务承担责任。

（2）有限责任公司的股东人数是有严格限制的。各国对有限责任公司股东数的规定不尽相同。我国《公司法》规定股东人数为1个（含一个）以上50个以下。

（3）有限责任公司是合资公司，但同时具有较强的人合因素。公司股东人数有限，一般相互认识，具有一定程度的信任感，其股份转让受到一定限制，向股东以外的人转让股份须得到其他股东过半数同意。

（4）有限责任公司不能向社会公开募集公司资本，不能发行股票。

2. 法人独资有限责任公司

法人独资有限责任公司，是指只有一个法人股东的有限责任公司。法人独资有限责任公司的注册资本最低限额为人民币10万元。股东应当一次足额缴纳公司章程规定的出资额。

3. 自然人独资有限责任公司

自然人独资有限责任公司，是指只有一个自然人股东的有限责任公司。自然人独资有限责任公司的注册资本最低限额为人民币10万元。股东应当一次足额缴纳公司章程规定的出资额。

4. 个人独资企业

个人独资企业，是指依照《公司法》在中国境内设立，由一个自然人投资，财产为投资人个人所有，投资人以其个人财产对企业债务承担无限责任的经营实体。

个人独资企业具有以下特征：

（1）投资主体方面的特征。个人独资企业仅由一个自然人投资设立。这是独资企业在投资主体上与合伙企业和公司的区别所在。我国合伙企业法规定的合伙企业的投资人尽管也是自然人，但人数为2人以上；公司的股东通常为2人以上，而且投资人不仅包括自然人，还包括法人和非法人组织。当然，在一人有限责任公司的场合，出资人也只有一人。

（2）企业财产方面的特征。个人独资企业的全部财产为投资人个人所有，投资人（也称业主）是企业财产（包括企业成立时投入的初始出资财产与企业存续期间积累的财产）的唯一所有者。基于此，投资人对企业的经营与管理事物享有绝对的控制与支配权，不受任何其他人的干预。个人独资企业就财产方面的性质而言，属于私人财产所有权的客体。

（3）责任承担方面的特征。个人独资企业的投资人以其个人财产对企业债务承担无限责任。

（4）主体资格方面的特征。个人独资企业不具有法人资格。尽管独资企业有自己的名称或商号，并以企业名义从事经营行为和参加诉讼活动，但它不具有独立的法人地位。

5. 普通合伙企业、特殊普通合伙企业、有限合伙企业

合伙企业是指自然人、法人和其他组织依照《公司法》在中国境内设立的普通合伙企业和有限合伙企业。

合伙企业分为“普通合伙”“特殊普通合伙”与“有限合伙”三类形式。

合伙企业应具备的条件：

（1）有2个以上合伙人。合伙人为自然人的，应当具有完全民事行为能力。有书面合伙协议。

（2）有合伙人认缴或者实际缴付的出资。有合伙企业的名称，名称中的组织形式后应标明“普通合伙”“特殊普通合伙”“有限合伙”等字样。

（3）有经营场所和从事合伙经营的必要条件。

（4）普通合伙企业由普通合伙人组成，合伙人对合伙企业债务承担无限连带责任。

6. 全民所有制企业

全民所有制企业的生产资料归全体人民所有，依法自主经营、自负盈亏、独立核算，以营利为目的的企业。

7. 集体所有制企业

集体所有制企业的财产归群众集体所有，劳动群众共同劳动、实行按劳分配为主、适当分红为辅、提取一定公共积累的企业。

集体所有制企业的特点是：

（1）生产资料属于集体经济成员共同所有，共同进行生产经营活动，成员根据他对集体经济的贡献来分配其经营成果。

（2）它的公有化程度低于全民所有制，范围较小。

集体经济单位之间存在差别。在经济体制改革过程中，集体所有制经济的实现形式也在发生变化，出现了许多新的联合体。经营管理上已经不限于生产资料集体所有、统一生产经营、成果实行单一按劳分配的形式，而是实行了集体所有分散经营、各负盈亏

等多种形式。

8. 集体所有制（股份合作）企业

集体所有制（股份合作）企业是以合作制为基础，实行以劳动合作与资本合作相结合，按劳分配与按股分红相结合，职工共同劳动，共同占有生产资料，利益共享，风险共担，股权平等，民主管理的企业法人组织。

9. 集体所有制（股份合作）企业（全资设立）

集体所有制（股份合作）企业的法人分支机构的经济性质核定为“集体所有制（股份合作）——全资设立”，并不得投资举办集体所有制（股份合作）企业。

10. 农民专业合作社

农民专业合作社是在农村家庭承包经营基础上，同类农产品的生产经营者或者同类农业生产经营服务的提供者、使用者，自愿联合、民主管理的互助性经济组织。

农民专业合作社应当遵循下列原则：

（1）成员以农民为主体。

（2）以服务成员为宗旨，谋求全体成员的共同利益。

（3）入社自愿、退社自由。

（4）成员地位平等，实行民主管理。

（5）盈余主要按照成员与农民专业合作社的交易量比例返还。

11. 内资个体工商户

根据《民法通则》第26条规定，公民在法律允许的范围内，依法经核准登记，从事工商业经营的，为个体工商户。（个体工商户不具备法人资格，不能设立分支机构）

三、名称审核

1. 业务概述

企业名称对于一个企业的生存发展起着至关重要作用，一个优秀的企业名称可以内炼企业文化外塑企业形象，著名企业的名称还凝聚着巨大的无形资产，那么在企业设立之初，如何为你的企业选一个优秀的企业名称呢？

企业名称一般由四部分依次组成：行政区划 + 字号 + 行业特点 + 组织形式

示例：北京东方科技有限公司

北京为行政区划；东方为字号；科技为行业特点；有限公司为组织形式

关于行政区划在本市登记的企业一般应为广州，此项是企业名称中可选择性最弱的名称组成部分。

字号是企业区别于其他企业的个性化标识，是企业可选择性最强的名称组成部分，尽管如此企业的字号仍然受到国家法律、法规及相关规定的限制。

在名称预先登记程序中选择字号时，有哪些是需要注意的呢？

首先为减少重名，建议你使用三个以上的汉字作为字号。

一般规定企业名称不得含有下列内容和文字：↙；有损于国家、社会公共利益的；可能对公众造成欺骗或者误解的；外国国家（地区）名称、国际组织名称。

确定好经营场所后，需到地址所在区县工商局办理名称核准（或在网上核名），领取“企业名称预先核准申请表”，填写所准备的公司名称，由工商局上网检索是否有重名，如果没有重名就会核发一张“企业（字号）名称预先核准通知书”。

2. 业务流程

名称审核业务流程见表4－2。

表4－2 名称审核业务流程

序号	操作步骤	角色	操作内容
1	告知商贸企业办理名称审核	工商局专管员	通知商贸公司总经理办理企业名称审核
2	公司名称审核	工商局专管员	（1）进入名称审核主界面。 （2）输入“申请公司名称”“备选公司名称”“经营范围”“公司所在地”（必填项），点击“证件号码”列表输入证件号码。 （3）点击“提交名称预先核准申请”按钮，审核公司名称信息

四、验资证明之前相关准备

1. 业务概述

在验资证明之前，进行相关业务准备，例如填写“前置审批申请书”“发起人协议书”“法定代表登记”“公司股东名录”“董事经理情况”“房屋租赁合同”信息等。

企业应有自己独立的经营场所，在办理之前，最好确认自己自有、租赁或无偿使用的房屋可以办理营业执照，以免产生不必要的损失。

营业执照的经营范围是企业或个人从事经营活动的依据，由工商行政管理部门参考《国民经济行业分类》核定。其中某些经营活动是需要相关行政许可部门审批取得许可文件后方可进行后续营业执照办理的。通常下列情况需要进行前置审批：

设立农药生产企业。

设立种子经营企业。

设立粮食收购企业。

设立兽药生产企业。

设立兽药经营企业。

设立种牛羊畜禽屠宰企业。

设立犬类养殖、销售、展览、诊疗机构。

设立生产种畜禽企业。

设立经营种畜禽企业。

设立收购驯养繁殖国家重点保护野生动物或其产品的单位。

矿产资源或电力建设。

设立矿山企业（含矿产资源开采）。

设立煤矿企业。

设立煤炭经营企业。

设立供电营业机构。

2. 业务流程

验资证明之前相关准备业务流程如表4－3所示。

表4－3 验资证明之前相关准备业务流程

操作步骤	角色	操作内容
验资证明之前相关准备	总经理	（1）进入验资证明之前相关设置主页面。 （2）填写“前置审批申请书”“发起人协议书”“法定代表登记”“公司股东名录”“董事经理情况”“房屋租赁合同”信息。 （3）填写好信息后点击“提交”按钮保存填写后的信息

五、入资、开立验资账户

1. 业务概述

在VBSE系统里将要开立验资账户的企业，假设是已经开始经营的企业，已经有企业的银行账户信息，此时只要求学员提供企业的银行账户基本信息（企业名称、开户银行名称、银行账号、银行存款余额数）即可开户，银行将为企业新开一个验资账户，提供验资账户账号，并将原企业资金转入验资账户。公司成立时，需要到工商局指定的银行开立公司验资户，并存入注册资金。“验资户”就是企业增加注册资金存入银行账户或者新成立企业在注册验资期间临时开立的账户。

在实际工作中，办理人民币验资户开立手续时要提供的资料如下：

（1）开户企业所需填写的银行资料：

①填写开户申请书、开立账户授权书、办理业务授权书两份。

②填盖对账服务协议、结算账户管理协议。

③银企对账印鉴卡、验资户印鉴卡。

（注：账户印鉴预留、填写说明请直接咨询开户银行）

（2）开户企业应提交相关证件：

①工商行政管理机构出具的预先核准通知单。

②出资人若为企业法人，所需证件资料如下：

A. 营业执照正本（原件/复印件）。

B. 组织机构代码证（原件/复印件）。

C. 国、地税税务登记证（原件/复印件）。

D. 法人代表身份证（复印件）。

E. 银行开户许可证（复印件）。

③出资人若为自然人，所需证件资料如下：

A. 出资人身份证原件/复印件。

B. 出资人若为企业法人和自然人的组合，则以上资料都需要。

以上资料的复印件均须加盖公章或私章。

注册验资是指在注册公司时，需要向你的银行开户行（验资户）存入一笔资金，存入后需要有专业的会计师事务所对你所存入的资金情况进行检查，并出具相关资金证明报告，又称“验资报告”，这是设立公司的前提条件之一，也是代表公司规模的因素之一。

注册验资需注意以下几点：

（1）注册验资是将资金临时存放于验资户，在验资期间只收不付，注册验资的汇缴人应与出资人的名称一致。

（2）注册验资的资金必须按照你申请工商执照时的额度相符，不可虚假出资。

（3）注册验资资金在验资完成之后必须转入公司基本账户，并不得抽逃资金。

（4）在公司注册完成后，不得任意修改此注册资金，如需修改，需进行验资流程，出具新的验资报告。

2. 业务流程

入资、开立验资账户业务流程如表4－4所示。

表4－4 入资、开立验资账户业务流程

序号	操作步骤	角色	操作内容
1	到银行开立验资户	行政主管	供应商行政主管准备好企业基本信息（企业名称、开户银行名称、银行账号、银行存款余额数）到银行开立验资账户
2	开立账户	银行柜员	（1）根据供应商行政主管提供的企业信息，开立银行账户； （2）银行柜员输入一个银行账号，系统自动将企业原银行账户中的余额转入新开立账户
3	将账号提供给储户	银行柜员	将新开立的账号提供给储户

六、制定公司章程

1. 业务概述

公司章程，是指公司依法制定的、规定公司名称、住所、经营范围、经营管理制度等重大事项的基本文件。公司章程是公司组织和活动的基本准则，是公司的宪章。公司章程的基本特征是要具备法定性、真实性、自治性和公开性，由股东共同制定，股东为自然人的由本人签字，自然人以外的股东加盖公章。

依据我国公司法规定，有限责任公司章程应当载明下列事项：公司的名称和住所；公司的经营范围；公司注册资本；股东的姓名或者名称；股东的权利和义务；股东的出资方式和出资额；股东转让出资的条件；公司的机构及其产生办法、职权、议事规则；公司的法定代表人；监事成员；公司的解散事由和清算办法等。股份有限公司的章程应当记载的事项包括：公司名称和住所；公司经营范围；公司设立方式；公司股份总数；股东的权利和义务；董事会的组成、职权、任期和议事规则；公司法定代表人；监事会的组成、职权、任期和议事规则；公司利润分配办法；公司的解散事由和清算办法；公司的通知和公告办法等。

2. 业务流程

制定公司章程业务流程如表 4 - 5 所示。

表 4 - 5 制定公司章程业务流程

操作步骤	角色	操作内容
制定公司章程	总经理	（1）进入公司章程主页面。 （2）点击“参考模板”按钮查看“公司章程”模板，按照“公司章程”的模板填写“公司章程”，填好后点击“添加公司章程”按钮，保存“公司章程”信息

七、现场办理

1. 业务概述

带齐准备资料到工商局办事大厅提交材料进行现场办理，资料包括：

①“企业名称预先核准通知书”原件。

②“指定委托书”原件。

③“企业设立登记申请书”原件。

④“企业秘书联系人登记表”原件 2 份。

⑤“企业章程”原件。

⑥自然人投资人身份证明复印件或法人投资人主体资格证明复印件。

⑦法定验资机构出具的《验资报告》原件。

⑧投资人“名录”“出资额”“董事、经理、监事任职”打印件。

2. 业务流程

现场办理业务流程如表 4 - 6 所示。

表 4 - 6 现场办理业务流程

序号	操作步骤	角色	操作内容
1	告知企业名称审核通过	工商局专管员	（1）告知企业名称审核通过，要求企业提供需要的资料。 （2）企业提供的资料包括： ①“企业设立登记申请书”[内含“企业设立登记申请表”“单位投资者（单位股东、发起人）名录”“自然人股东（发起人）、个人独资企业投资人、合伙企业合伙人名录”“投资者注册资本（注册资金、出资额）缴付情况”“法定代表人登记表”“董事会成员、经理、监事任职证明”“企业地址证明”等表格]。 ②公司章程提交打印件一份，请全体股东亲笔签字；有法人股东的，要加盖该法人单位公章。 ③法定验资机构出具的验资报告。 ④“企业名称预先核准通知书”。 ⑤股东资格证明。 ⑥“指定（委托书）”。 ⑦“企业秘书（联系人）登记表”。 ⑧经营范围涉及前置许可项目的，应提交有关审批部门的批准文件

续上表

序号	操作步骤	角色	操作内容
2	办理工商注册	工商局专管员	（1）审核企业提交的相关资料。 （2）在系统中登记。 （3）给企业颁发营业执照。 （4）告知企业5日内到服务中心领取公章等
3	签发营业执照	工商局专管员	依照企业工商注册信息签发企业营业执照

八、银行开户

1. 业务概述

企业经工商注册登记后将验资账户变更为企业基本账户，其中企业基本账户是指办理转账结算和现金收付的主办账户。企业经营活动的日常资金收付以及工资、奖金和现金的支取均可通过该账户办理。存款人只能在银行开立一个基本存款账户。开立基本存款账户是开立其他银行结算账户的前提。按人民币银行结算账户管理办法规定，一家单位只能选择一家银行申请开立一个基本存款账户。

2. 业务流程

银行开户业务流程如表4－7所示。

表4－7　银行开户业务流程

序号	操作步骤	角色	操作内容
1	携带资料到银行办理开户	总经理	带企业营业执照正副本、组织机构代码证正本、税务登记证、法人身份证、经办人身份证办理
2	把验资账户转基本账户	银行柜员	将验资账户转为企业基本账户，此时银行柜员只需要在系统里查出原验资账户的信息并手工填写在空白纸上交给供应商总经理即可
3	归档	总经理	整理开户相关信息、资料

九、办理验资证明

1. 业务概述

公司成立时，需要到工商局指定的银行开立公司“验资户”，并存入注册资金。“验资户”就是企业增加注册资金存入银行账户或者新成立企业在注册验资期间临时开立的账户。

有限责任公司、集体所有制企业、集体所有制（股份合作）企业在设立登记与变更注册资本金、实收资本金时，需要到工商行政管理局指定的银行开立临时账户，将货币资金存入其中，凭银行出具的入资单据到正规会计师事务所办理验资手续，并取得《验资报告》。

2．业务流程

办理验资证明业务流程如表4－8所示。

表4－8　办理验资证明业务流程

序号	操作步骤	角色	操作内容
1	携带相关资料办理验资	总经理	（1）准备验资相关资料：股东身份证复印件、银行出具的股东缴款单、银行盖章后的询证函、公司章程、名称预先核准通知书、租房合同、房产证复印件。 （2）携带资料办理验资
2	验资	注册会计师	（1）进入验资证明主页面。 （2）点击“领取验资报告”按钮领取验资报告
3	归档	总经理	取得验资报告进行归档

十、刻章及印章管理

1．业务概述

带齐指定文件的原件、复印件办理单位各类印章，并制定印章管理制度。

印章管理制度

第一部分　总　则

为规范公司印章管理，保证公司印章使用的正确性、规范性和严肃性，有效地维护公司利益，杜绝违法违规行为的发生，特制订本管理制度。

第二部分　印章的定义和种类

本制度中所说的印章是指公司发布或管理的文件、凭证、文书等与公司权利义务有关的文件上，需以公司或有关部门名义证明其权威作用而使用的印章。主要包括行政公章、法人章、公司钢印、合同专用章、销售合同专用章、财务印鉴章和部门专用章。

第三部分　印章的使用范围和管理权限

公司各部门对所分工管理的行政公章、法人章、公司钢印、合同专用章、销售合同专用章、财务印鉴章及部门专用章的管理和使用负全责，承担用印后果。用印时，必须获得相应审批后，方可办理。

行政公章：主要用于公司对内、对外签发的各类文件；以公司名义出具的证明及有关材料；公司对外提供的财务报告等，由经理办公室负责保管并严格执行本管理制度。用印时需严格执行审批和登记手续，填写“印章使用审批表”，经所在部门负责人和主管领导签字，报经理办公室审批后，至公章管理员处使用公章。公章管理员应对盖章申请人和“印章使用审批单”上载明的签署情况予以核对，经核对无误后方可盖章。经理办公室负责人对行政公章的使用实施监督，并对不当使用造成的后果承担相应的责任。

法人章：主要用于需加盖私章的公司法人代表授权证书、人事劳动合同、招投标书和项目申报材料等，由经理办公室负责保管，并严格执行本管理制度。经理办公室负责人对法人章的使用实施监管，并对不当使用造成的后果承担相应的责任。

公司钢印：主要用于公司法人代表授权证书等，由经理办公室负责保管并严格执行本管理制度。用印时，需董事长批准，印章管理员做好登记备案，并复印留样保存。经理办公室负责人对公司钢印的使用实施监管，并对不当使用造成的后果承担相应的责任。

合同专用章：主要用于除销售合同以外的公司所有对外业务合同文件，由经理办公室负责保管并严格执行本管理制度。合同签订时，需由专业人员审核，公司分管领导批准后方可盖章。经理办公室负责人对合同专用章的使用实施监管，并对不当使用造成的后果承担相应的法律责任。

销售合同专用章：由销售管理部另行制订专门的销售合同专用章管理制度，并严格按该管理制度执行。销售管理部负责人对销售合同专用章的使用实施监管，并对不当使用造成的后果承担相应的责任。

财务印鉴章：包括财务专用章和法人章，主要用于公司对内对外的现金、银行收付业务（预留银行印鉴、支票、汇票等）、外部业务（如工商部门备案等）以及财务相关业务的证明材料等，由计划财务部负责进行保管并严格执行本管理制度。财务负责人对财务印鉴章的使用实施监管，并对不当使用造成的后果承担相应的责任。

部门专用章：仅限于公司内部工作联系时使用，一律不得对外。由公司各部门负责人进行保管并严格执行本管理制度。各部门负责人对本部门专用章的使用实施监管，并对不当使用造成的后果承担相应的责任。

第四部分　印章管理的相关规定

1. 公司各类印章由经理办公室归口管理。其主要职责包括根据公司需要确定公司印章的种类、范围、数量；组织印章的刻制、发放、停用和销毁；设立公司印章档案，负责备案登记；管理公司行政公章，负责公司行政公章用印；制订公司印章管理的规章制度；监督、检查印章管理制度的执行情况。

2. 印章管理员职责：公司各类印章应设专门的印章管理员负责保管和使用。印章管理员如发生职位异动，应及时进行印章和使用情况登记的交接工作。

3. 印章的刻制：根据工作需要或因印章散失、内容变更、损毁、被盗等原因，需新刻或重刻印章的，应及时提出书面报告，由部门领导、主管领导、经理办公室领导、总经理、董事长核准后，经理办公室按照国家有关印章刻制的规定进行刻制。

4. 印章的启用：经理办公室应对公司所有印章进行登记备案，注明印章名称、发放单位、枚数、启用日期、收到时间、适用范围、领取人、批准人等信息，做好戳记，建立公司印章档案，并永久保存。

5. 印章的停用：当公司名称变动、印章损坏、遗失或被窃时，印章必须停用。印章停用时需经总经理或董事长批准，及时将停用印章送经理办公室封存或销毁，建立印章上交、存档、销毁的登记档案。

6. 申请人必须严格遵循印章使用审批程序，按照印章的使用范围，经审批后方可用章。印章管理员应设立使用登记台账，严格审批和登记制度。

7. 印章一般不得携带外出使用，如因特殊情况需携带外出，必须经审核后由印章管理员携带前往；若印章管理员不便前往时，需经董事长批准，并由印章管理员做好记录。印章外出期间，借用人只可将印章用于申请事由，并对印章的使用后果承担一切责任。

8. 任何印章管理员不得在申请人所持空白格式化文件上加盖印章。用章材料必须已经填写完毕，注明日期，字迹需清晰、正确。

9. 加盖印章时用印位置恰当，要骑年盖月，字组端正，图形清晰。

第五部分　对印章违规使用行为的处理办法

未经审批，任何部门和个人不得擅自刻制公司印章，擅自私刻印章或有意隐瞒、拒绝登记者，一经发现，必须追究其法律责任，由此造成的民事、行政、刑事责任，由当事人本人承担。

违反印章刻制、保管、使用规定的，视情节和后果追究责任人的民事、行政、刑事责任。

印章管理员因使用公章不当而造成损失的，视情节和后果追究其相应责任。非印章管理人员违反公司印章管理制度、不当使用印章的，一经发现应与印章管理员承担同等的责任。

第六部分　附　则

1. 本制度由公司经理办公室制定并负责解释。

2. 本制度自二〇某某年某月某某日起实施。

2. 业务流程

刻章及印章管理流程如表4－9所示。

表4－9　刻章及印章管理流程

序号	操作步骤	角色	操作内容
1	带齐指定文件的原件、复印件	各部门	带齐指定的各种文件原件和复印件
2	提交印章刻制报告	各部门	提交印章刻制报告
3	审批	总经理	总经理根据实际情况进行审批
4	刻制	行政部	按照要求进行印章的刻制
5	领取	各部门	领取印章并进行管理和使用

十一、领取营业执照

1. 业务概述

登记申请材料被受理后，会取得受理人员发给的“受理通知书”或“准予登记通知书”，按上面提示的时间到工商局指定的银行缴纳登记费用。缴费成功后，凭“受理通知书”或“准予登记通知书”以及银行出具的已缴费单据，到发照窗口领取营业执照以及相关票据。

2. 业务流程

领取营业执照流程如表4－10所示。

表4－10　领取营业执照流程

序号	操作步骤	角色	操作内容
1	签发营业执照	工商局专管员	依照企业工商注册信息签发企业营业执照
2	领取通知书	行政	去工商局领取“受理通知书”或“准予登记通知书”
3	缴费	行政	工商局指定的银行缴纳登记费用
4	领取营业执照	行政	凭“受理通知书”或“准予登记通知书”以及银行出具的已缴费单据，到发照窗口领取营业执照以及相关票据

十二、办理机构代码

1．业务概述

组织机构代码是对中华人民共和国内依法注册、依法登记的机关、企业、事业单位、社会团体和民办非企业单位颁发一个在全国范围内唯一的、始终不变的代码标识。

国家质监总局负责组织机构代码的管理工作。

申领：各类组织机构，包括国家机关、企事业单位、社会团体、民办非企业单位、中央或外省（市）、自治区机构、国外、港澳特别行政区及中国台湾非政府组织机构和其他依法设立的组织机构应当自批准成立或核准登记之日起30日内，持有关批准文件或者登记证书，到批准成立或者核准登记的机关所在地的质量技术监督部门申请代码登记，领取代码证。

到期换证：组织机构在“组织机构代码证”标示的有效期届满之日起30日内，向原发证部门申请办理到期换证手续。

变更换证：组织机构如有机构名称、机构类型、地址、法人代表（或负责人）任一项内容发生变更，应在核准变更之日起30日内，向原发证部门申请办理变更换证手续。

年度审核：已申领“组织机构代码证”的机构，应该每年在“组织机构代码证”申领月份内向原发证部门申请办理年度审验。

遗失补办：遗失补办需在当地任一份地市级以上报纸刊登遗失声明，列明机构名称、机构、代码机构地址、有效期限和所遗失代码证的正副本电子副本IC卡，凭报纸到原发证部门补办。（资料齐全的，3个工作日办结）

2．业务流程

办理机构代码业务流程如表4－11所示。

表4－11　办理机构代码业务流程

序号	操作步骤	角色	操作内容
1	办理组织机构代码	行政主管	凭营业执照到质监局办理组织机构代码证
2	颁发组织机构代码	质监局专管员	（1）进入组织机构代码主页面。 （2）提交申请信息查看机构代码证
3	归档	行政主管	收到组织机构代码证并归档

十三、税务登记

1. 业务概述

税务登记又称纳税登记，是指税务机关根据税法规定，对纳税人的生产、经营活动进行登记管理的一项法定制度，也是纳税人依法履行纳税义务的法定手续。

税务登记是税务机关对纳税人实施税收管理的首要环节和基础工作，是征纳双方法律关系成立的依据和证明，也是纳税人必须依法履行的义务。

办理领取税务登记证件时，要如实填写税务登记表，并按照税务机关的要求提供有关证件、资料。

在2002年10月15日起施行的《中华人民共和国税收征收管理办法实施细则》（以下简称《细则》）中规定，除按照规定不需要发给税务登记证件的外，纳税人办理下列事项时，必须持税务登记证件：

（1）开立银行账户。

（2）申请减税、免税、退税。

（3）申请办理延期申报、延期缴纳税款。

（4）领购发票。

（5）申请开具外出经营活动税收管理证明。

（6）办理停业、歇业。

（7）其他有关税务事项。

该《细则》还规定：税务机关对税务登记证件实行定期验证和换证制度。纳税人应当在规定的期限内持有关证件到主管税务机关办理验证或者换证手续。纳税人应当将税务登记证件正本在其生产、经营场所或者办公场所公开悬挂，接受税务机关检查。纳税人遗失税务登记证件的，应当在15日内书面报告主管税务机关，并登报声明作废。

办理税务登记的条件：从事生产、经营的纳税人应当自领取营业执照之日起30日内，向生产、经营地或者纳税义务发生地的主管税务机关申报办理税务登记，如实填写税务登记表，并备齐有关证件、资料［营业执照、有关合同、章程、协议书、银行账号、账号证明、组织机构代码证及复印件、法定代表人和董事会成员名单或业主居民身份证（护照）以及当地税务机关要求提供的其他证件、资料］。

纳税人办理税务登记时，先从税务窗口或办税服务厅指定的其他窗口领取“税务登记表”（一式三份），按要求填写后签字或盖章，连同其他证件、资料递送到税务登记窗口进行申报。税务机关自收到申报之日起30日内审核并发给税务登记证件。

变更登记：纳税人税务登记内容发生变化的，应当自工商行政管理机关或者其他机关办理变更登记之日起30日内，持有关证件向原税务登记机关申报办理变更税务登记。纳税人税务登记内容发生变化，不需要到工商行政管理机关或者其他机关办理变更登记的，应当自发生变化之日起30日内，持有关证件向原税务登记机关申报办理变更税务登记。

2. 业务流程

税务登记业务流程如表4－12所示。

表4－12　税务登记业务流程

序号	操作步骤	角色	操作内容
1	客户总经理 供应商总经理 制造业行政助理	办理税务登记	凭营业执照、组织机构代码证办理税务登记证
2	地方税务局专管员	颁发税务登记证	（1）进入税务登记主页面。 （2）填写税务登记表，提交登记信息领取税务登记证
3	客户总经理 供应商总经理 制造业行政助理	归档	收到税务登记证并归档

十四、社会保险开户

1．业务概述

社会保险登记是指应当缴纳社会保险费的单位，按照《社会保险登记管理暂行办法》规定的程序进行登记、领取社会保险登记证的行为。

社会保险登记是社会保险费征缴的前提和基础，也是整个社会保险制度得以建立的基础。县级以上劳动保障行政部门的社会保险经办机构主管社会保险登记。

2．业务流程

社会保险开户业务流程如表4－13所示。

表4－13　社会保险开户业务流程

序号	操作步骤	角色	操作内容
1	办理社会保险开户	行政主管 行政助理	携带营业执照、法人代表身份证、组织机构代码证原件及复印件去办理社会保险开户
2	社会保险登记	社保局专管员	（1）进入社会保险主页面。 （2）填写单位社保信息，然后点击“提交社会保险登记表”按钮，提交社保信息（注：此处不颁发社会保险登记证，只提供社会保险登记证号）
3	归档	行政主管 行政助理	将社会保险信息、资料归档

十五、公积金开户

1．业务概述

住房公积金是单位及其在职职工缴存的长期住房储金，是住房分配货币化、社会化和法治化的主要形式。住房公积金制度是国家法律规定的重要的住房社会保障制度，具有强制性、互助性、保障性。单位和职工个人必须依法履行缴存住房公积金的义务。这里的单位包括国家机关、国有企业、城镇集体企业、外商投资企业、城镇私营企业及其他城镇企业、事业单位、民办非企业单位、社会团体。

2. 业务流程

公积金开户业务流程如表4-14所示。

表4-14 公积金开户业务流程

序号	操作步骤	角色	操作内容
1	办理住房公积金开户	行政主管 行政助理	（1）填写单位经办人授权委托书并加盖公章。 （2）携带营业执照、法人代表身份证、组织机构代码证原件及复印件、经办人身份证原件、单位公章去办理住房公积金开户
2	住房公积金登记	公积金专管员	（1）审核"单位经办人授权委托书"确认经办人身份。 （2）要求经办人填写"住房公积金单位信息登记表"。 （3）核查"住房公积金单位信息登记表"是否填写完整，办理单位信息登记并在单位信息登记表上加盖业务章，为开户单位生成单位登记号（住房公积金单位登记号为8位，从88023000开始顺序编号）
3	归档	行政主管 行政助理	将住房公积金信息、资料归档

十六、签订代发工资协议书

1. 业务概述

代发工资协议书是委托单位与开户行就代发工资相关事宜签订的委托代理协议。

实际中大部分企业会与银行签订代发工资协议书，委托银行代发工资。

2. 业务流程

签订代发工资协议书业务流程如表4-15所示。

表4-15 签订代发工资协议书业务流程

序号	操作步骤	角色	操作内容
1	到银行签订代发工资协议书	行政主管	（1）整理资料，准备签订代发工资协议书。 （2）去银行签订协议
2	签订代发工资协议书	银行柜员	（1）银行将代发工资协议书交客户，要求其填写、签字并盖章（银行代发工资协议书一式两份）。 （2）核对项目是否填写完整，在代发工资协议书上签字盖章。 （3）将其中的一份交给客户，一份自己保管
3	协议书归档	行政主管	收到银行签字盖章的代发工资协议书，归档

十七、签订同城委托收款协议（社保和公积金）

1. 业务概述

同城委托收款协议（住房公积金、社会保险）是委托单位与开户行就代收住房公积金、社会保险相关事宜签订的委托代理协议。

实际中大部分企业会与银行签订同城委托收款协议（住房公积金），委托银行代收住房公积金、社会保险。

2. 业务流程

签订同城委托收款协议业务流程如表4-16所示。

表4-16 签订同城委托收款协议业务流程

序号	操作步骤	角色	操作内容
1	准备签订同城委托收款协议（住房公积金、社会保险）的资料	总经理	（1）去社会保险/住房公积金中心领取住房公积金委托银行代收合同书，协议书一式三份。 （2）按要求填写“特约委托收款协议书”，并加盖单位公章。 （3）将协议书送交银行办理委托收款业务
2	签订同城委托收款协议（住房公积金、社会保险）	银行柜员	（1）核对内容填写是否完整、规范。 （2）在委托银行代收合同书上签字盖章。 （3）将一份交给客户，一份自己保存，一份交给住房公积金中心
3	协议书归档	总经理	收到银行签字盖章的委托银行代收合同书，归档

第五章 制造企业

第一节 经营前准备工作

一、组织内部会议

1. 业务概述

团队建设是指有意识地在组织中努力开发有效的工作小组。团队建设是这样一个过程，在该过程中，参与者和推进者都会彼此增进信任，坦诚相对，愿意探索影响工作小组能创造出不同寻常的业绩的原因。

新公司刚刚组建，由来自不同专业的学生组成新公司的管理团队，总经理是团队建设的领航人，必须引领公司成员以优异的表现完成所有工作内容。总经理必须时刻关注团队建设，以更好地完成组织目标。

2. 业务流程

组织内部会议业务流程如表5－1所示。

表5－1 组织内部会议业务流程

序号	操作步骤	角色	操作内容
1	公司成立致辞	总经理	1. 欢迎各位成员的加入 2. 阐述企业经营口号 3. 提出实训期间的员工成长目标、工作期望
2	组织自我介绍	总经理	1. 总经理要求团队中的每个人做1～2分钟的自我介绍 2. 在成员做好自我介绍后，再次欢迎各位成员的加入
3	提出工作要求	总经理	1. 再次重申公司的目标及对成员的工作期望 2. 对各部门之间、员工之间的协同工作提出要求
4	建立沟通渠道	总经理	1. 为员工提供相互了解的平台，建立内部交流群 2. 编制公司通信录并公布

二、领取并发放办公用品

1. 业务概述

实训开始各个单位需要领取必要的办公用品以满足实训的需要。本任务中每个单位派一名代表领取所有办公用品，带回后分发给单位内各个部门及人员。

2. 业务流程

领取并发放办公用品业务流程如表5－2所示。

表5－2　领取并发放办公用品业务流程

序号	操作步骤	角色	操作内容
1	领取办公用品	服务公司业务员	发放办公用品
2	领取办公用品	行政助理	发放办公用品
3	领取办公用品	税务局专管员	发放办公用品
4	领取办公用品	银行柜员	发放办公用品
5	领取办公用品	客户总经理	领取办公用品
6	领取办公用品	供应商总经理	领取办公用品

三、解读期初数据

1. 总经理解读期初数据

总经理在业务工作开展之前需要理解、掌握下列信息：

（1）核心制造企业组织结构图（见图5－1）。

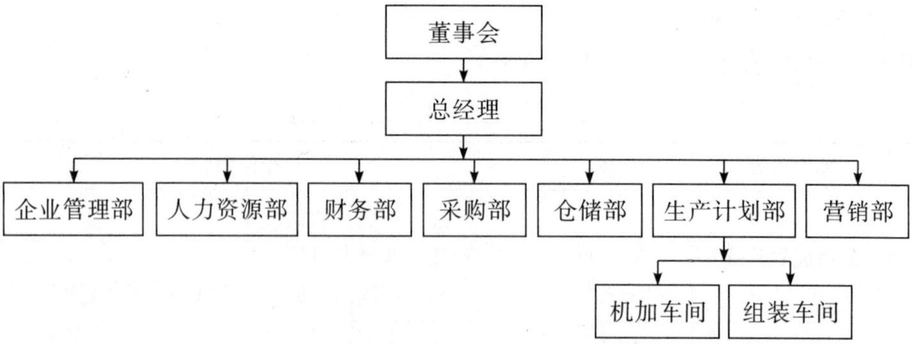

图5－1　核心制造企业组织结构图

实习模型的核心制造企业组织结构如图5－1所示，分为4个管理层次，7个部门，2个车间。总经理对董事会负责，并可以对企业管理部、人力资源部、财务部、采购部、仓储部、生产计划部、营销部下达命令或指挥。各职能部门经理对本部门下属有指挥权，对其他部门有业务指导但没有指挥权。

（2）岗位设置。

各部门岗位设置及人员定编情况见图 5－2 所示，设有 18 个管理岗位，总经理兼任企业管理部经理、行政助理兼任商务管理、计划员兼质量员，车间员工人数依据销售订单情况、生产计划部设备数量及其他企业经营状况做调整。截至 2011 年 9 月 30 日，管理人员在岗 18 人；车间工人 40 名，平均分布在 2 个车间之中。

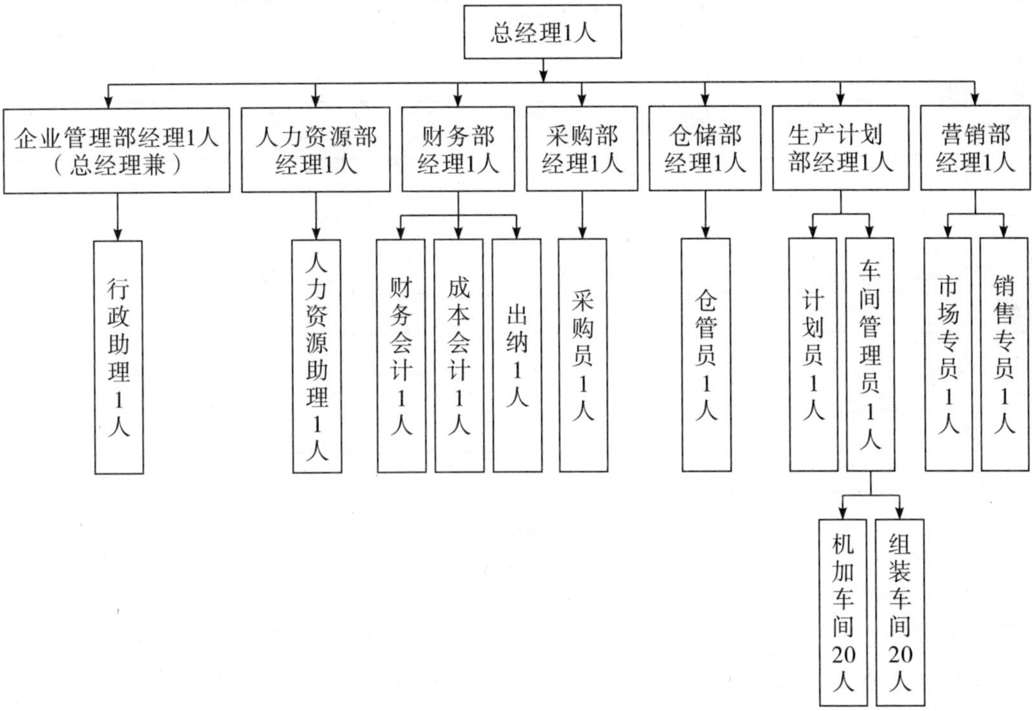

图 5－2　岗位设置

（3）企业年度经营规划书（见附件 1）。

2. 行政助理读懂期初数据

行政助理在业务工作开展之前需要理解、掌握下列信息：

（1）固定资产卡片。

固定资产卡片上的栏目有：类别、编号、名称、规格、型号、建造单位、年月、投产日期、原始价值、预计使用年限、折旧率、存放地点、使用单位、大修理日期和金额，以及停用、出售、转移、报废清理等内容，见图 5－3 所示。

截至 2011 年 9 月 30 日，企业拥有固定资产 33 项，每项固定资产均登记在固定资产卡片上。

固定资产卡片

卡片编号	001			日期	2009/12/31
固定资产编号	012001			固定资产名称	办公大楼
类别编号	012			类别名称	非生产用房
规格型号				使用部门	企管部
增加方式	购入			存放地点	
使用状况	在用	预计用年限	40	折旧方法	直线法
开始使用日期	2009/12/31	已计提月份			
原值	6000000	净残值			
累计折旧					
净值		折旧费用类别	管理费用	保管人	
附属设备					

资产变动历史

日期	变动事项	变动原因	变动说明

变动事项主要包括：资产大修理、资产转移、原值变动、资产卡片样式。

图5－3　固定资产卡片样式

（2）固定资产登记簿。

固定资产登记簿是对所有固定资产卡片统一记录、管理的表格。“固定资产登记簿”中记录企业所有办公固定资产种类、购买时间、使用年限及折旧有关内容（见表5－3）；“固定资产卡片”上填列资产类别、名称、原值、使用年限、购置日期、年折旧率、折旧额等信息，方便企业进行固定资产查找、管理。

表5－3　固定资产登记簿

单位：元

卡片编号	资产编号	资产名称	使用部门	使用状态	预计使用年限	开始使用日期	已计提月份	资产原值	累计折旧	资产净值	折扣费用类别
001	012001	办公大楼	企管部	在用	40	2009－12－31	21	6 000 000	262 500	5 737 500	管理费用
002	022002	笔记本电脑	企管部	在用	4	2009－12－31	21	8 000	3 500	4 500	管理费用
003	022003	笔记本电脑	人事部	在用	4	2009－12－31	21	8 000	3 500	4 500	管理费用
004	022004	笔记本电脑	财务部	在用	4	2009－12－31	21	8 000	3 500	4 500	管理费用

续上表

卡片编号	资产编号	资产名称	使用部门	使用状态	预计使用年限	开始使用日期	已计提月份	资产原值	累计折旧	资产净值	折扣费用类别
005	022005	笔记本电脑	采购部	在用	4	2009-12-31	21	8 000	3 500	4 500	管理费用
006	022006	笔记本电脑	销售部	在用	4	2009-12-31	21	8 000	3 500	4 500	管理费用
007	022007	笔记本电脑	仓储部	在用	4	2009-12-31	21	8 000	3 500	4 500	管理费用
008	022008	台式电脑	财务部	在用	4	2009-12-31	21	8 000	3 500	4 500	管理费用
009	022009	台式电脑	财务部	在用	4	2009-12-31	21	8 000	3 500	4 500	管理费用
010	022010	台式电脑	企管部	在用	4	2009-12-31	21	8 000	3 500	4 500	管理费用
011	022011	台式电脑	人事部	在用	4	2009-12-31	21	8 000	3 500	4 500	管理费用
012	022012	台式电脑	财务部	在用	4	2009-12-31	21	8 000	3 500	4 500	管理费用
013	022013	台式电脑	采购部	在用	4	2009-12-31	21	8 000	3 500	4 500	管理费用
014	022014	台式电脑	销售部	在用	4	2009-12-31	21	8 000	3 500	4 500	管理费用
015	022015	台式电脑	销售部	在用	4	2009-12-31	21	8 000	3 500	4 500	管理费用
016	022016	台式电脑	仓储部	在用	4	2009-12-31	21	8 000	3 500	4 500	管理费用
017	022017	打印复印一体机	企管部	在用	5	2009-12-31	21	20 000	7 000	13 000	管理费用
018	013018	仓库	仓储部	在用	10	2009-12-31	21	1 000 000	175 000	825 000	管理费用
019	022019	台式电脑	生产部	在用	4	2009-12-31	21	5 000	2 100	2 900	制造费用
020	022020	台式电脑	生产部	在用	4	2009-12-31	21	5 000	2 100	2 900	制造费用
021	022021	笔记本电脑	生产部	在用	4	2009-12-31	21	8 000	3 500	4 500	制造费用

续上表

卡片编号	资产编号	资产名称	使用部门	使用状态	预计使用年限	开始使用日期	已计提月份	资产原值	累计折旧	资产净值	折扣费用类别
022	011022	大厂房	生产部	在用	10	2009-12-31	21	5 000 000	291 667	4 708 333	制造费用
023	021023	普通机床（金工生产线）	生产部	在用	10	2009-12-31	21	10 000	1 750	8 250	生产成本
024	021024	普通机床（金工生产线）	生产部	在用	10	2009-12-31	21	10 000	1 750	8 250	生产成本
025	021025	普通机床（金工生产线）	生产部	在用	10	2009-12-31	21	10 000	1 750	8 250	生产成本
026	021026	普通机床（金工生产线）	生产部	在用	10	2009-12-31	21	10 000	1 750	8 250	生产成本
027	021027	普通机床（金工生产线）	生产部	在用	10	2009-12-31	21	10 000	1 750	8 250	生产成本
028	021028	普通机床（金工生产线）	生产部	在用	10	2009-12-31	21	10 000	1 750	8 250	生产成本
029	021029	普通机床（金工生产线）	生产部	在用	10	2009-12-31	21	10 000	1 750	8 250	生产成本
030	021030	普通机床（金工生产线）	生产部	在用	10	2009-12-31	21	10 000	1 750	8 250	生产成本
031	021031	普通机床（金工生产线）	生产部	在用	10	2009-12-31	21	10 000	1 750	8 250	生产成本
032	021032	普通机床（金工生产线）	生产部	在用	10	2009-12-31	21	10 000	1 750	8 250	生产成本
033	021033	组装生产线	生产部	在用	10	2009-12-31	21	30 000	5 250	24 750	生产成本

3. 营销部经理解读期初数据（见附件2）

4. 销售专员解读期初数据（见附件2）

5. 市场专员解读期初数据（见附件2）

6. 生产计划部经理解读期初数据（见附件2）

7. 计划员读懂期初数据

（1）经济型车架派工单。

派工单（又称工票或传票）是指生产管理人员向生产人员派发生产指令之单据，是工业企业中对工人分配生产任务并记录其生产活动的原始记录。一种面向工作中心说明加工工序优先级的文件，说明工作中心的工序在一周或一个时期内要完成的生产任务。它还说明什么时间开始加工，什么时间完成，计划加工数量是多少，计划加工时数是多少，在制的生产货位是什么，计时的费率，计件的费率，加班的费率，外协的费率等。经济型车架派工单如表5－4所示。

表5－4　经济型车架派工单

派工部门：生产计划部

派工单号：SC－PG－201109001　　　　派工日期：2011年9月8日

产品名称	工序	工序名称	工作中心	生产数量	计划进度	
					开始日期	完工日期
经济型车架	10	机加工	普通机床	5 000	9月8号	10月8号

生产计划部经理：叶润中　　　　车间管理员：周群

（2）经济型童车派工单。

经济型童车派工单如表5－5所示。

表5－5　经济型童车派工单

派工部门：生产计划部

派工单号：SC－PG－201109002　　　　派工日期：　2011年9月8日

产品名称	工序	工序名称	工作中心	生产数量	计划进度	
					开始日期	完工日期
经济型童车	20	组装	组装生产线	4 000	9月8号	10月8号

生产计划部经理：叶润中　　　　车间管理员：周群

8. 车间管理员读懂期初数据

企业在下达了生产任务后，每一张生产任务单所需要生产的产品有没有按时完工，已完工的产品是分多少批完工入库的，以及何时生产完工的，是按计划生产完工的还是延期完工的，都需要适时掌握相关情况，以免造成出货延期，生产执行情况表就专为解决此问题而设计，如表5－6所示。

表 5-6　生产执行情况表

制表部门：生产计划部　　　　日期：2011 年 9 月 30 日

派工单号	产品名称	领料情况	开工数量	完工数量	开工日期	计划完工日期	完工日期	在产品数量	完工入库数量	产品入库日期	备注
SC-PG-201109001	经济车架	已领	5 000		2011.9.8	2011.10.8		5 000			
SC-PG-201109002	经济童车	已领	4 000		2011.9.8	2011.10.8		4 000			

车间管理员：周群

四、期初建账

1．仓储部经理期初建账

（1）产品 BOM 结构。

仓储部经理熟悉产品物料清单（bill of material，BOM）结构，了解产品物料需求结构和各物料的需求比例关系。BOM 是详细记录一种产品所用到的所有原材料及材料相关属性，产品结构表反映了生产产品与其物料需求的数量和从属关系。

BOM 不仅是一种技术文件，还是一种管理文件，是联系与沟通各部门的纽带，企业各个部门都要用到 BOM 表。经济童车的 BOM 表如表 5-7 所示。

表 5-7　经济童车的 BOM 表

结构层次	物料编码	物料名称	单位	总数量	备注
0	P0001	经济童车	辆	1	自产成品
1	M0001	经济车架	个	1	自产半成品
1	B0005	车篷	个	1	外购原材料
1	B0006	车轮	个	4	外购原材料
1	B0007	包装套件	套	1	外购原材料
2	B0001	钢管	根	2	外购原材料
2	B0003	坐垫	个	1	外购原材料

经济童车 BOM 结构如图 5-4 所示。

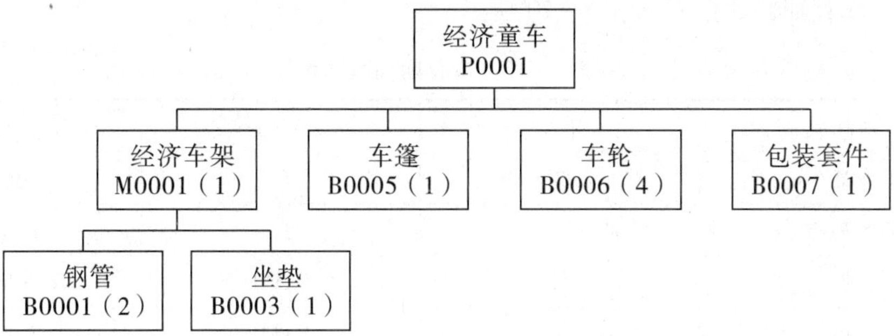

图 5－4　经济童车 BOM 结构

（2）原材料和成品清单。

仓储部经理熟悉原材料和成品表中的所有物料名称、物料编码、规格及来源。原材料和成品清单如表 5－8 所示。

表 5－8　原材料和成品清单

物料名称	物料编码	单位	物料规格/mm	来源
钢管	B0001	根	Φ 外 16/Φ 内 11/L5000	外购
坐垫	B0003	个	HJM500	外购
车篷	B0005	个	HJ72 × 32 × 40	外购
车轮	B0006	个	HJΦ 外 125/Φ 内 60	外购
包装套件	B0007	套	HJTB100	外购
经济车架	M0001	个		自制/委外
经济童车	P0001	辆		自产

（3）储位分配表。

仓储部经理熟悉储位分配表中各物料的储存仓位编码。储位分配表如表 5－9 所示。

表 5－9　储位分配表

物料名称	单位	仓位
钢管	根	A01
坐垫	个	A02
车篷	个	A03
车轮	个	A04
包装套件	套	A05
经济车架	个	B01
经济童车	辆	C01

（4）库存期初数据表。

仓储部经理熟悉库存期初数据表中各物料的库存期初数量和在途（产）数量，物料在途数量。库存期初数据表如表 5－10 所示。

表 5－10　库存期初数据表

原材料和成品	单位	库存期初数量	在途（产）数量
经济童车	辆	2 000	4 000
经济车架	个	0	5 000
钢管	根	5 000	15 000
坐垫	个	5 000	5 000
车篷	个	5 000	5 000
车轮	个	20 000	20 000
包装套件	套	10 000	0

在途数量是指企业已经下采购订单并收到对方的结算凭证，但仍在运输途中，或已经运达企业但是尚未验收入库的材料的数量。在产数量是指已经投产，正在车间加工、组装的，未完工的半成品和成品的数量。

2. 仓管员期初建账

（1）物料和成品清单。

仓管员查看物料和成品清单表中的所有物料名称和物料编码，熟悉其规格及来源。物料和成品清单如表 5－11 所示。

表 5－11　物料和成品清单

物料名称	物料编码	单位	物料规格/mm	来源
钢管	B0001	根	Φ 外 16/Φ 内 11/L5000	外购
坐垫	B0003	个	HJM500	外购
车篷	B0005	个	HJ72 × 32 × 40	外购
车轮	B0006	个	HJΦ 外 125/Φ 内 60	外购
包装套件	B0007	套	HJTB100	外购
经济车架	M0001	个		自制/委外
经济童车	P0001	辆		自产

（2）储位分配表。

仓管员查看储位分配表中各物料的储存仓位编码。储位分配数据表如表 5－12 所示。

表 5－12　储位分配表

物料名称	单位	仓位
钢管	根	A01
坐垫	个	A02
车篷	个	A03

续上表

物料名称	单位	仓位
车轮	个	A04
包装套件	套	A05
经济车架	个	B01
经济童车	辆	C01

（3）库存期初数据表。

仓管员查看库存期初数据表中各物料的库存期初数量。库存期初数据表如表 5－13 所示。

表 5－13 库存期初数据表

原材料和成品	单位	库存期初数量	在途（产）数量
经济童车	辆	2 000	4 000
经济车架	个	0	5 000
钢管	根	5 000	15 000
坐垫	个	5 000	5 000
车篷	个	5 000	5 000
车轮	个	20 000	20 000
包装套件	套	10 000	0

在途数量是指企业已经下采购订单并收到对方的结算凭证，但仍在运输途中，或已经运达企业但是尚未验收入库的材料的数量。在产数量是指已经投产，正在车间加工、组装的，未完工的半成品和成品的数量。

（4）建立期初库存台账。

库存台账是用来核算、监督库存物料和成品的。所以需将各种物品分别设账，以便能把该物品的进、销、存清晰地反映出来。

初次建账，先将所有物品的实物库存数量盘点出来，再按各种物品分别建账，将盘点出来的实物库存数作为台账的期初库存，以后每次入库和出库的物品数量都及时准确地在台账上进行登记，算出结存数量。

安全库存又称缓冲库存，设置安全库存是为了应对供应和需求或提前期中偶然出现的不可预测的波动。如果需求大于预测，就会发生缺货，设置安全库存是为了预防这种可能性的发生，从而避免生产中断或为客户供货中断。

仓储部经理根据期初资料，建库存台账，一物一账，将物料的库存期初数量填入库存台账。例如，钢管库存台账（见表 5－14）。

表 5－14　库存台账

物料名称：钢管　　规格：Φ 外 16/Φ 内 11/L5000 mm　　最高存量：

物料编号：B0001　　仓位：A01　　最低存量：

2011 年		凭证号数	摘 要	借 方		贷 方		结 存	
月	日			数量	单价	数量	单价	数量	单价
10	1		上月结转					5 000	

3. 采购部经理期初建账

本案例采购部根据企业的需要做出如下决定：按季度与供应商签订采购合同；每月向各供应商下达 1 次订单；从发出采购订单到收到采购物料的时间为 1 个月即采购提前期为 1 个月；收到物料后的次月支付货款；发出订单和收到物料后，填写“采购合同执行情况表”和“供应商考核记录表”。为保证完成 10 月工作任务，采购部经理在期初除掌握 VBSE 系统的实习基础知识外，还需要掌握如表 5－15 所示的期初资料，请核对期初资料是否齐全。

表 5－15　采购部期初资料汇总表

序号	单据类型	单据名称	页数
1	采购部	8 月采购订单	4
2	采购部	9 月采购订单	3
3	采购部	期初库存的 9 月入库单	4
4	采购部	BOM	1
5	采购部	车间产能报表	1
6	采购部	供应商信息汇总表	1
7	采购部	期初采购合同执行情况表	1
8	采购部	期初库存	1
9	采购部	材料供应商资料信息	1
10	采购部	供应商考评记录	1

（1）8 月下达的采购订单。

采购部根据生产部物料需求计划，8 月执行采购合同下达 4 份采购订单，如图 5－5 至图 5－8 所示。订单一式四联，第一联采购部留存，第二联仓储部留存，第三联财务部留存，第四联寄送给供应商。

采购订单

供应商名称：邦尼工贸有限公司　　采购类别：正常采购
合同编号：CG－HT－201107001　　付款方式：月结
制单日期：2011.08.08　　订单编号：CG－DD－201108001

序号	品名	规格	单位	到货时间	数量	单价	折扣率	金额小计
1	钢管	Φ外16/Φ内11/L5000 mm	根	2011.09.08	5 000	70.2	0	351 000.00
2								
3								
金额合计	（大写）：叁拾伍万壹仟元整					（小写）：351 000.00		
备　注								

第一联　采购部留存

采购部经理：李斌　　采购员：付海生

图5－5　8月钢管采购订单

采购订单

供应商名称：恒通橡胶厂　　采购类别：正常采购
合同编号：CG－HT－201107002　　付款方式：月结
制单日期：2011.08.08　　订单编号：CG－DD－201108002

序号	品名	规格	单位	到货时间	数量	单价	折扣率	金额小计
1	坐垫	HJM500	个	2011.09.08	5 000	58.5	0	292 500.00
2	车篷	HJ72×32×40	个	2011.09.08	5 000	70.2	0	351 000.00
3	—	—						
金额合计	（大写）：陆拾肆万叁仟伍佰元整				（小写）：643 500.00			
备　注								

第一联　采购部留存

采购部经理：李斌　　采购员：付海生

图5－6　8月坐垫和车篷采购订单

采购订单

供应商名称：恒通橡胶厂　　采购类别：正常采购
合同编号：CG－HT－201107003　　付款方式：月结
制单日期：2011.08.08　　订单编号：CG－DD－201108003

序号	品名	规格	单位	到货时间	数量	单价	折扣率	金额小计
1	车轮	HJΦ外125/Φ内60 mm	个	2011.09.08	20 000	23.40	0	468 000.00
2	—	—						
金额合计	（大写）：肆拾陆万捌仟元整				（小写）：468 000.00			
备　　注 采购部经理：李斌			采购员：付海生					

第一联　采购部留存

图5－7　8月车轮采购订单

采购订单

供应商名称：邦尼工贸有限公司　　采购类别：正常采购
合同编号：CG－HT－201107004　　付款方式：月结
制单日期：2011.08.08　　订单编号：CG－DD－201108004

序号	品名	规格	单位	到货时间	数量	单价	折扣率	金额小计
1	包装套件	HJTB100	个	2011.09.08	10 000	23.40	0	234 000.00
2	—	—						
金额合计	（大写）：贰拾叁万肆仟元整				（小写）：234 000.00			
备　　注								

第一联　采购部留存

采购部经理：李斌　　采购员：付海生

图5－8　8月包装套件采购订单

（2）9月下达的采购订单。

采购部根据生产部物料需求计划和库存状况，9月执行采购合同下达3份采购订单，如图5－9至图5－11所示。订单一式四联，第一联采购部留存，第二联仓储部留存，第三联财务部留存，第四联寄送供应商。

采购订单

供应商名称：邦尼工贸有限公司　　采购类别：正常采购

合同编号：CG－HT－201107001　　付款方式：月结

制单日期：2011. 09. 08　　订单编号：CG－DD－201109001

序号	品名	规格	单位	到货时间	数量	单价	折扣率	金额小计
1	钢管	Φ外16/Φ内11/L5000 mm	根	2011. 10. 08	15 000	70. 20	0	1 053 000. 00
2	—	—						
金额合计		（大写）：壹佰零伍万叁仟元整				（小写）：1 053 000. 00		
备　注								

第一联　采购部留存

采购部经理：李斌　　采购员：付海生

图5－9　9月钢管采购订单

采购订单

供应商名称：恒通橡胶厂　　采购类别：正常采购

合同编号：CG－HT－201107002　　付款方式：月结

制单日期：2011. 09. 08　　订单编号：CG－DD－201109002

序号	品名	规格	单位	到货时间	数量	单价	折扣率	金额小计
1	坐垫	HJM500	个	2011. 10. 08	5 000	58. 50	0	292 500. 00
2	车篷	HJ72×32×40	个	2011. 10. 08	5 000	70. 20	0	351 000. 00
3	—	—						
金额合计		（大写）：陆拾肆万叁仟伍佰元整				（小写）：643 500. 00		
备　注								

第一联　采购部留存

采购部经理：李斌　　采购员：付海生

图5－10　9月坐垫和车篷采购订单

采购订单

供应商名称：邦尼工贸有限公司　　采购类别：正常采购
合同编号：CG－HT－201107003　　付款方式：月结
制单日期：2011.09.08　　订单编号：CG－DD－201109003

序号	品名	规格	单位	到货时间	数量	单价	折扣率	金额小计
1	车轮	HJΦ外125/Φ内60 mm	个	2011.10.08	20 000	23.4	0	468 000.00
2	—	—						
金额合计	（大写）：肆拾陆万捌仟元整				（小写）：468 000.00			
备　　注								

第一联　采购部留存

采购部经理：李斌　　采购员：付海生

图5－11　9月车轮采购订单

（3）9月“材料入库单”。

仓储部根据采购部8月采购订单验货入库，填制“材料入库单”，将第二联交给采购部，如图5－12至图5－15所示；采购部根据“材料入库单”填写“采购合同执行情况表”和“供应商考核记录表”。

材料入库单

制单日期：2011.09.08　　仓库：材料仓
供应商名称：邦尼工贸有限公司　　类型：原材料采购
单据编号：CK－CLRK－201109001　　订单编号：CG－DD－201108001

序号	品名	规格型号	单位	入库时间	数量	备注
1	钢管	Φ外16/Φ内11/L5000 mm	根	2011.09.01	5 000	
2	—	—				
3						
合计						

第二联　采购部留存

仓储部经理：何明海　　仓管员：王宝珠

图5－12　9月钢管入库单

材料入库单

制单日期：2011.09.08　　仓库：材料仓

供应商名称：恒通橡胶厂　　类型：原材料采购

单据编号：CK－CLRK－201109002　　订单编号：CG－DD－201108002

序号	品名	规格型号	单位	入库时间	数量	备注
1	坐垫	HJM500	个	2011.09.01	5 000	
2	车篷	HJ72×32×40	个	2011.09.01	5 000	
3						
合计						

第二联 采购部留存

仓储部经理：何明海　　仓管员：王宝珠

图5－13　9月坐垫和车篷入库单

材料入库单

制单日期：2011.09.08　　仓库：材料仓

供应商名称：恒通橡胶厂　　类型：原材料采购

单据编号：CK－CLRK－201109003　　订单编号：CG－DD－201108003

序号	品名	规格型号	单位	入库时间	数量	备注
1	车轮	HJΦ外125/Φ内60 mm	个	2011.09.01	20 000	
2	—	—				
3						
合计						

第二联 采购部留存

仓储部经理：何明海　　仓管员：王宝珠

图5－14　9月车轮入库单

材料入库单

制单日期：2011.09.08　　仓库：材料仓

供应商名称：邦尼工贸有限公司　　类型：原材料采购

单据编号：CK－CLRK－201109004　　订单编号：CG－DD－201108004

序号	品名	规格型号	单位	入库时间	数量	备注
1	包装套件	HJTB100	套	2011.09.01	10 000	
2	—	—				
3						
合计						

第二联 采购部留存

仓储部经理：何明海　　仓管员：王宝珠

图5－15　9月包装套件入库单

（4）采购合同执行情况记录表。

采购员下达采购订单后及时填写“采购合同执行情况表”，并根据采购物料入库情况、货款支付情况等及时完善，如表5－16所示。

表 5－16　8 月、9 月采购合同执行情况表

制表部门：采购部

合同编号	合同总数	订单编号	供应商名称	物料编码	物料名称	计量单位	订货日期	订货数量	单价/元	总金额/元	计划交期	计划付款	已到数量	入库数量	不合格数量	到货日期	应付金额/元	已付金额	实际付款	开票情况	开票时间	备注
CG－HT－201107001	30 000	CG－DD－201108001	邦尼	B0001	钢管	根	2011/08/08	5 000	70. 20	351 000	2011/09/08	2011. 10. 08	5 000	5 000	0	2011/09/08	351 000			已开	2011/09/08	
CG－HT－201107002	15 000	CG－DD－201108002	恒通	B0003	坐垫	个	2011/08/08	5 000	58. 50	292 500	2011/09/08	2011. 10. 08	5 000	5 000	0	2011/09/01	292 500			已开	2011/09/08	
CG－HT－201107002	15 000	CG－DD－201108002	恒通	B0005	车篷	个	2011/08/01	5 000	70. 20	351 000	2011/09/01	2011. 10. 08	5 000	5 000	0	2011/09/01	351 000			已开	2011/09/08	
CG－HT－201107003	60 000	CG－DD－201108003	恒通	B0006	车轮	个	2011/08/01	20 000	23. 40	468 000	2011/09/08	2011. 10. 08	20 000	20 000	0	2011/09/01	468 000			已开	2011/9/08	
CG－HT－201107004	15 000	CG－DD－201108004	邦尼	B0007	包装套件	套	2011/08/08	10 000	23. 40	234 000	2011/09/08	2011. 10. 08	10 000	10 000	0	2011/09/01	234 000			已开	2011/09/08	
CG－HT－201107001	30 000	CG－DD－201109001	邦尼	B0001	钢管	根	2011/09/08	15 000	70. 20	1 053 000	2011/10/08	2011. 11. 08										
CG－HT－201107002	15 000	CG－DD－201109002	恒通	B0003	坐垫	个	2011/09/08	5 000	58. 50	292 500	2011/10/08	2011. 11. 08										
CG－HT－201107002	15 000	CG－DD－201109002	恒通	B0005	车篷	个	2011/09/08	5 000	70. 20	351 000	2011/10/08	2011. 11. 08										
CG－HT－201107003	60 000	CG－DD－201109003	邦尼	B0005	车轮	个	2011/09/08	20 000	23. 40	468 000	2011/10/08	2011. 11. 08										

采购部经理：李斌　　　　采购员：付海生

（5）供应商考评记录表。

采购员根据7、8、9月采购物料入库情况及时填写“供应商考评记录表”（见表5－17），在季度末对每位供应商按照考评指标进行正确评价。

表5－17　第三季度供应商考评记录表

<table>
<tr><td colspan="2" rowspan="3">考评指标与权重</td><td>价格水平</td><td>质量合格率</td><td>准时交货率</td><td>合作态度</td><td>供应柔性</td><td rowspan="3">评价结果</td></tr>
<tr><td>与行业平均价格相比</td><td>合格数量/抽检数量</td><td>晚1天，扣2分；晚10天，得分为0</td><td>送货前，是否主动沟通</td><td>紧急采购时，能否按时交货</td></tr>
<tr><td>30%</td><td>30%</td><td>20%</td><td>10%</td><td>10%</td></tr>
<tr><td rowspan="4">邦尼工贸有限公司</td><td>第1次</td><td>相同</td><td>100%</td><td>准时</td><td>没有沟通</td><td rowspan="3">紧急采购时，能按时交货</td><td rowspan="3">优秀供应商</td></tr>
<tr><td>第2次</td><td>相同</td><td>100%</td><td>准时</td><td>没有沟通</td></tr>
<tr><td>第3次</td><td>相同</td><td>100%</td><td>送货车坏了，晚到1天，扣2分</td><td>没有沟通</td></tr>
<tr><td>平均值</td><td>相同</td><td>100%</td><td>98%</td><td>良好</td><td>好</td><td></td></tr>
<tr><td rowspan="4">恒通橡胶厂</td><td>第1次</td><td>低</td><td>100%</td><td>准时</td><td>送货前主动沟通</td><td rowspan="3">紧急采购时，能按时交货</td><td rowspan="3">优秀供应商</td></tr>
<tr><td>第2次</td><td>低</td><td>97%</td><td>准时</td><td>送货前没有沟通</td></tr>
<tr><td>第3次</td><td>低</td><td>97%</td><td>晚5天，扣10分</td><td>送货前主动沟通</td></tr>
<tr><td>平均值</td><td>低</td><td>98%</td><td>98%</td><td>良好</td><td>好</td><td></td></tr>
<tr><td>评价指标说明</td><td colspan="7">价格水平：低于行业平均价格计30分；与行业平均价格一致计20分；高于行业平均价格计0分。
质量合格率：100%计30分；95%～100%计20分；90%～95%计10分；90%以下计0分。
准时交货率：100%计20分；95%～100%计15分；90%～95%计10分；90%以下计0分。
合作态度：优秀计10分；良好计7分；一般计3分；差计0分。
供应柔性：好计10分；一般计5分；差计0分</td></tr>
<tr><td>供应商评价标准</td><td colspan="7">供应商评价采用百分制；80分以上为优秀供应商；70～80分为良好供应商；60～70分为合格供应商；60分以下为不合格供应商</td></tr>
<tr><td>对各类供应商的管理策略</td><td colspan="7">优秀供应商：续签合同；根据需要增加采购量；战略合作等。
良好供应商：在提出改进方案的基础上可以续签合同，在合作过程中严格监控，维持原有采购数量。
合格供应商：原则上更换供应商；如供应商同意重新进行采购认证，可以签订采购认证合同。
不合格供应商：终止合同，更换供应商</td></tr>
</table>

（6）第四季度期初库存。

各类物品在第三季度末（第四季度期初）的库存如表 5－18 所示。

表 5－18　第四季度期初各类物品库存

项目	实际库存数量	在途数量	期初库存数量	安全库存	可用库存
经济童车	2 000	0	2 000	2 000	0
在产车架	5 000	0	5 000		
在产童车	4 000	0	4 000		
钢管	5 000	15 000	20 000	10 000	10 000
坐垫	5 000	5 000	10 000	5 000	5 000
车篷	5 000	5 000	10 000	5 000	5 000
车轮	20 000	20 000	40 000	20 000	20 000
包装套件	10 000	0	10 000	5 000	5 000

注：期初库存＝期初实际库存＋在途（在产）库存；可用库存＝期初库存－安全库存。

（7）经济型童车结构图和物料清单（BOM）。

经济型童车结构图和物料清单分别如图 5－16、表 5－19 所示。

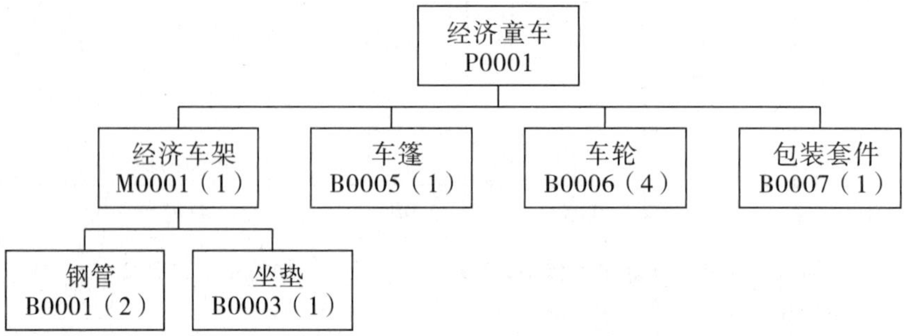

图 5－16　经济型童车结构图

表 5－19　经济型童车的物料清单（BOM）

结构层次	物料编码	物料名称	单位	规格/mm	总数量	备注
0	P0001	经济童车	辆		1	自产
1	M0001	经济车架	个		1	自产
1	B0005	车篷	个	HJ72×32×40	1	外购
1	B0006	车轮	个	HJΦ 外 125/Φ 内 60	4	外购
1	B0007	包装套件	套	HJTB100	1	外购
2	B0001	钢管	根	Φ 外 16/Φ 内 11/L5000	2	外购
2	B0003	坐垫	个	HJM500	1	外购

（8）企业产能报表。

企业产能是指企业在一个周期内（本案例为 1 个月）最大产出能力，是采购部制订采购计划时是否增加采购批量获得采购价格折扣需要考虑的因素之一，本案例的产能如表 5－20 所示。

表 5－20　企业车间产能报表

制表部门：生产计划部　　　　制表日期：2011 年 9 月 30 日

产能情况		普通机床	数控机床	组装生产线	实际可用产能
10 月	初始产能	5 000	0	7 000	5 000
	占用情况	0	0	0	0
	剩余产能	5 000	0	7 000	5 000
11 月	初始产能	5 000	0	7 000	5 000
	占用情况	0	0	0	0
	剩余产能	5 000	0	7 000	5 000
12 月	初始产能	5 000	3 000	7 000	5 000
	占用情况	0	0	0	0
	剩余产能	5 000	3 000	7 000	5 000
1 月	初始产能	5 000	3 000	7 000	7 000
	占用情况	0	0	0	0
	剩余产能	5 000	3 000	7 000	7 000
2 月	初始产能	5 000	3 000	7 000	7 000
	占用情况	0		0	0
	剩余产能	5 000	3 000	7 000	7 000
3 月	初始产能	5 000	3 000	7 000	7 000
	占用情况	0		0	0
	剩余产能	5 000	3 000	7 000	7 000

（9）经济型童车供应商信息表。

经济型童车现有和潜在供应商如表 5－21 所示，供应商信息汇总表如表 5－22 所示。

表5-21　经济型童车现有和潜在供应商信息表

采购物料名称	现有供应商名称	潜在供应商名称
车轮	企业法定中文名称：恒通橡胶厂 企业法定代表人：张艳 企业注册地址：北京市大兴区旧宫镇小红门路45号 注册登记地点：北京市大兴区工商行政管理局 组织机构代码证：000102972 办公地址：北京市大兴区旧宫镇小红门路45号 邮政编码：100076 办公电话：(010) 51062888 企业法人营业执照注册号：110000001012587 税务登记证号：11010000102972 开户银行：建设银行北京分行小红门支行 账号：1100 1504 1000 5000 4123	企业法定中文名称：邦尼工贸有限公司 企业法定代表人：张伟 企业注册地址：北京市丰台区新富镇兴旺路115号 注册登记地点：北京市工商行政管理局 企业法人营业执照注册号：110106311235740 税务登记证号：1101061206988 组织机构代码证：031239188 办公地址：北京市丰台区新富镇兴旺路115号 邮政编码：100070 办公电话：(010) 60423018 开户银行：建设银行北京分行兴旺支行 账号：1100 0077 1178 0789 161
车篷/坐垫	企业法定中文名称：恒通橡胶厂 企业法定代表人：张艳 企业注册地址：北京市大兴区旧宫镇小红门路45号 注册登记地点：北京市大兴区工商行政管理局 组织机构代码证：000102972 办公地址：北京市大兴区旧宫镇小红门路45号 邮政编码：100076 办公电话：(010) 51062888 企业法人营业执照注册号：110000001012587 税务登记证号：11010000102972 开户银行：建设银行北京分行小红门支行 账号：1100 1504 1000 5000 4123	

续上表

采购物料名称	现有供应商名称	潜在供应商名称
钢管	企业法定中文名称：邦尼工贸有限公司 企业法定代表人：张伟 企业注册地址：北京市丰台区新富镇兴旺路115号 注册登记地点：北京市工商行政管理局 企业法人营业执照注册号：110106311235740 税务登记证号：1101061206988 组织机构代码证：031239188 办公地址：北京市丰台区新富镇兴旺路115号 邮政编码：100070 办公电话：（010）60423018 开户银行：建设银行北京分行兴旺支行 账号：1100 0077 1178 0789 161	
包装套件	企业法定中文名称：邦尼工贸有限公司 企业法定代表人：张伟 企业注册地址：北京市丰台区新富镇兴旺路115号 注册登记地点：北京市工商行政管理局 企业法人营业执照注册号：110106311235740 税务登记证号：1101061206988 组织机构代码证：031239188 办公地址：北京市丰台区新富镇兴旺路115号 邮政编码：100070 办公电话：（010）60423018 开户银行：建设银行北京分行兴旺支行 账号：1100 0077 1178 0789 161	企业法定中文名称：恒通橡胶厂 企业法定代表人：张艳 企业注册地址：北京市大兴区旧宫镇小红门路45号 注册登记地点：北京市大兴区工商行政管理局 组织机构代码证：000102972 办公地址：北京市大兴区旧宫镇小红门路45号 邮政编码：100076 办公电话：（010）51062888 企业法人营业执照注册号：110000001012587 税务登记证号：11010000102972 开户银行：建设银行北京分行小红门支行 账号：1100 1504 1000 5000 4123

表 5－22　经济型童车供应商信息汇总表

制表部门：采购部　　　　制表日期：2011 年 10 月 1 日

序号	供应商名称	联系人	座机电话	产品型号	生产周期	最小订购量	证件齐全	单价/元	付款方式	账期	备注
1	邦尼工贸有限公司	张伟	010－60423018	钢管	1 个月	5 000	齐	70.20	月结	1 个月	
2	恒通橡胶厂	张艳	010－51062888	车篷/坐垫	1 个月	2 000/3 000	齐	58.5/70.20	月结	1 个月	
3	恒通橡胶厂	张艳	010－51062888	车轮	1 个月	100 000	齐	23.40	月结	1 个月	
4	邦尼工贸有限公司	张伟	010－60423018	包装套件	1 个月	5 000	齐	23.40	月结	1 个月	
5	恒通橡胶厂	张艳	010－51062888	包装套件	1 个月	5 000	齐	23.40	月结	1 个月	

采购部经理：李斌　　　　采购员：付海生

4. 采购员期初建账

本案例采购部根据企业的需要做出如下决定：按季度与供应商签订采购合同；每月向各供应商下达 1 次订单；从发出采购订单到收到采购物料的时间为 1 个月即采购提前期为 1 个月；收到物料后的次月支付货款；发出订单和收到物料后，填写“采购合同执行情况表”和“供应商考核记录表”。采购部为保证完成 10 月工作任务，采购员在期初除掌握 VBSE 系统实习基础知识外，还需要掌握如表 5－23 所示的期初资料，请核对期初资料是否齐全。

表 5－23　采购部期初资料汇总表

序号	单据类型	单据名称	页数
1	采购部	8 月采购订单	4
2	采购部	9 月采购订单	3
3	采购部	期初库存的 9 月入库单	4
4	采购部	BOM	1
5	采购部	车间产能报表	1
6	采购部	供应商信息汇总表	1
7	采购部	期初采购合同执行情况表	1
8	采购部	期初库存	1
9	采购部	材料供应商资料信息	1
10	采购部	供应商考评记录	1

（1）8 月下达的采购订单。

（2）9 月下达的采购订单。

（3）9 月“材料入库单”。

（4）采购合同执行情况记录表。

（5）供应商考评记录表。

（6）第四季度期初库存。

（7）经济型童车结构图和物料清单（BOM）。

（8）企业产能报表。

（9）经济型童车供应商信息表。

5．人力资源部经理期初建账

人力资源部经理在业务工作开展之前需要理解、掌握下列信息：

（1）核心制造企业组织结构图。

实习模型的核心制造企业组织结构如图 5－17 所示，分为 4 个管理层次，7 个部门，2 个车间。总经理对董事会负责，并可以对企业管理部、人力资源部、财务部、采购部、仓储部、生产计划部、营销部下达命令或指挥。各职能部门经理对本部门下属有指挥权，对其他部门有业务指导但没有指挥权。

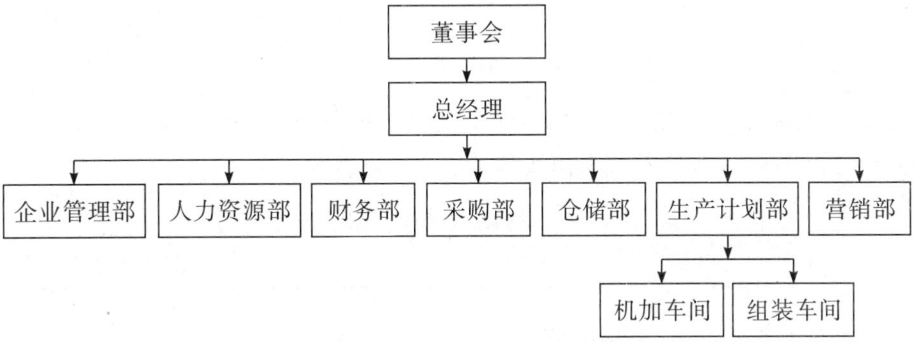

图 5－17　组织结构图

（2）岗位设置。

各部门岗位设置及人员定编情况见图 5－18 所示，设有 18 个管理岗位，总经理兼任企业管理部经理、行政助理兼任商务管理、计划员兼质量员，车间员工人数依据销售订单情况、生产计划部设备数量及其他企业经营状况做调整。截至 2011 年 9 月 30 日，管理人员在岗 18 人；车间工人 40 名，平均分布在 2 个车间之中。

（3）各岗位工作职责（见第三章第三节一）。

（4）考勤统计表。

考勤统计表中记录当月实际应出勤天数、实际出勤天数、员工迟到、早退、病假、事假、旷工等信息。人力资源助理负责日常考勤管理工作并于每个考勤周期截止后统计当月考勤情况，计算考勤扣款，制作“考勤统计表”交人力资源部经理，人力资源部经理依照该表格核算岗位工资。

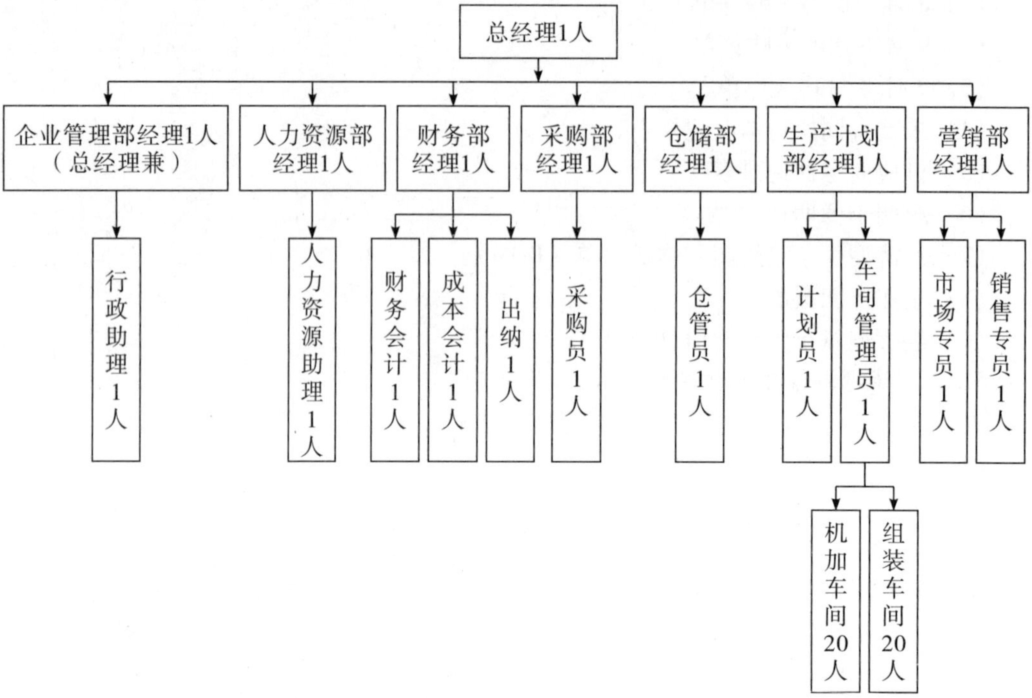

图5－18　岗位设置

为简化烦琐的计算，VBSE 手工实习中将 2011 年 10 月考勤数据列出，该月考勤中所有员工无迟到、早退，也没有病事假及旷工情况，见表 5－24。

表 5－24　2011 年 10 月考勤统计表

制表：人力资源部　　　　制表日期 2011 年 10 月

工号	姓名	所在部门	担任职务	本月应到	事假	病假	旷工	迟到/早退	本月实到	考勤扣款	备注
1	梁天	企业管理部	总经理（兼企管部经理）	21					21	0	
2	叶瑛	企业管理部	行政助理（兼商务管理）	21					21	0	
3	张万军	人力资源部	人力资源经理	21					21	0	
4	肖红	人力资源部	人力资源助理	21					21	0	
5	李斌	采购部	采购经理	21					21	0	
6	付海生	采购部	采购员	21					21	0	
7	叶润中	生产计划部	生产经理	21					21	0	
8	周群	生产计划部	生产员	21					21	0	
9	孙盛国	生产计划部	计划员（兼质检员）	21					21	0	

续上表

工号	姓名	所在部门	担任职务	本月应到	事假	病假	旷工	迟到/早退	本月实到	考勤扣款	备注
10	何明海	仓储部	仓储经理	21					21	0	
11	王宝珠	仓储部	仓储员	21					21	0	
12	杨笑笑	市场营销部	市场营销经理	21					21	0	
13	马博	市场营销部	市场专员	21					21	0	
14	刘思羽	市场营销部	销售员	21					21	0	
15	钱坤	财务部	财务经理	21					21	0	
16	刘自强	财务部	成本会计	21					21	0	
17	朱中华	财务部	总账会计	21					21	0	
18	赵丹	财务部	出纳	21					21	0	
19	李良钊	生产计划部	生产工人	21					21	0	
20	付玉芳	生产计划部	生产工人	21					21	0	
21	张接义	生产计划部	生产工人	21					21	0	
22	毕红	生产计划部	生产工人	21					21	0	
23	吴淑敏	生产计划部	生产工人	21					21	0	
24	毛龙生	生产计划部	生产工人	21					21	0	
25	扈志明	生产计划部	生产工人	21					21	0	
26	李龙吉	生产计划部	生产工人	21					21	0	
27	吴官胜	生产计划部	生产工人	21					21	0	
28	雷丹	生产计划部	生产工人	21					21	0	
29	刘良生	生产计划部	生产工人	21					21	0	
30	余俊美	生产计划部	生产工人	21					21	0	
31	徐积福	生产计划部	生产工人	21					21	0	
32	潘俊辉	生产计划部	生产工人	21					21	0	
33	朱祥松	生产计划部	生产工人	21					21	0	
34	刘文钦	生产计划部	生产工人	21					21	0	
35	龚文辉	生产计划部	生产工人	21					21	0	
36	王小强	生产计划部	生产工人	21					21	0	
37	刘胜	生产计划部	生产工人	21					21	0	
38	刘贞	生产计划部	生产工人	21					21	0	
39	余永俊	生产计划部	生产工人	21					21	0	

续上表

工号	姓名	所在部门	担任职务	本月应到	事假	病假	旷工	迟到/早退	本月实到	考勤扣款	备注
40	万能	生产计划部	生产工人	21					21	0	
41	万俊俊	生产计划部	生产工人	21					21	0	
42	张逸君	生产计划部	生产工人	21					21	0	
43	言海根	生产计划部	生产工人	21					21	0	
44	田勤	生产计划部	生产工人	21					21	0	
45	肖鹏	生产计划部	生产工人	21					21	0	
46	徐宏	生产计划部	生产工人	21					21	0	
47	田军	生产计划部	生产工人	21					21	0	
48	郑华珺	生产计划部	生产工人	21					21	0	
49	洪梁	生产计划部	生产工人	21					21	0	
50	冯奇	生产计划部	生产工人	21					21	0	
51	黄聪	生产计划部	生产工人	21					21	0	
52	薛萍	生产计划部	生产工人	21					21	0	
53	张世平	生产计划部	生产工人	21					21	0	
54	李小春	生产计划部	生产工人	21					21	0	
55	蔡丽娟	生产计划部	生产工人	21					21	0	
56	吴新祥	生产计划部	生产工人	21					21	0	
57	胡首科	生产计划部	生产工人	21					21	0	
58	邹建榕	生产计划部	生产工人	21					21	0	
59	张小东	生产计划部	生产工人	21					21	0	
60	岳亮	生产计划部	生产工人	21					21	0	
合计				1 260	0	0	0	0	1 260	0	

（5）职工薪酬统计表。

人力资源部经理每月月底需核算公司全员当月工资，每季度结束后次月核算上一季度绩效奖金。人力资源部经理需将核算完成的“职工薪酬统计表”交财务部经理审核，经审核无误后交总经理审批。2011 年 9 月职工薪酬已经核算完毕，并经过相关的审批流程，见表 5 – 25，实际工作中数据为零项可以删除，本手册为方便学员了解表格全貌并未做此处理。

表 5－25　职工薪酬统计表

序号	姓名	部门	职务类别	基本工资	缺勤天数	缺勤扣款	代扣款项目								上年度销售总额/企业净利润	奖金系数	季度奖金	辞退福利	应税工资	应扣个人所得税	实发金额
							养老保险	医疗保险	失业保险	工伤保险	生育保险	五险小计	住房公积金	五险一金小计							
1	梁天	企业管理	总经理	10 000	0	0	800	203	50	0	0	1 053	1 000	2 053	0				7 947	339.70	7 607.3
2	张万军	人力资源	部门经理	6 000	0	0	480	123	30	0	0	633	600	1 233	0				4 767	38.01	4 728.99
3	李斌	采购部	部门经理	6 000	0	0	480	123	30	0	0	633	600	1 233	0				4 767	38.01	4 728.99
4	何明海	仓储部	部门经理	6 000	0	0	480	123	30	0	0	633	600	1 233	0				4 767	38.01	4 728.99
5	钱坤	财务部	部门经理	6 000	0	0	480	123	30	0	0	633	600	1 233	0				4 767	38.01	4 728.99
6	叶润中	生产计划	部门经理	6 000	0	0	480	123	30	0	0	633	600	1 233	0				4 767	38.01	4 728.99
7	杨笑笑	市场营销	部门经理	6 000	0	0	480	123	30	0	0	633	600	1 233	0				4 767	38.01	4 728.99
8	叶瑛	企业管理	职能主管	4 000	0	0	320	83	20	0	0	423	400	823	0				3 177	0.00	3 177
9	肖红	人力资源	职能主管	4 000	0	0	320	83	20	0	0	423	400	823	0				3 177	0.00	3 177
10	付海生	采购部	职能主管	4 000	0	0	320	83	20	0	0	423	400	823	0				3 177	0.00	3 177
11	王宝珠	仓储部	职能主管	4 000	0	0	320	83	20	0	0	423	400	823	0				3 177	0.00	3 177
12	刘自强	财务部	职能主管	4 000	0	0	320	83	20	0	0	423	400	823	0				3 177	0.00	3 177
13	朱中华	财务部	职能主管	4 000	0	0	320	83	20	0	0	423	400	823	0				3 177	0.00	3 177
14	赵丹	财务部	职能主管	4 000	0	0	320	83	20	0	0	423	400	823	0				3 177	0.00	3 177
15	周群	生产计划	职能主管	4 000	0	0	320	83	20	0	0	423	400	823	0				3 177	0.00	3 177
16	孙盛国	生产计划	职能主管	4 000	0	0	320	83	20	0	0	423	400	823	0				3 177	0.00	3 177
17	马博	市场营销	销售人员	2 500	0	0	200	53	12.5	0	0	265.5	250	515.5	0				1 984.5	0.00	1 984.5
18	刘思羽	市场营销	销售人员	2 500	0	0	200	53	12.5	0	0	265.5	250	515.5	0				1 984.5	0.00	1 984.5
19	李良钊	生产计划	生产工人	1 600	0	0	128	35	8	0	0	171	160	331	0				1 269	0.00	1 269
20	付玉芳	生产计划	生产工人	1 600	0	0	128	35	8	0	0	171	160	331	0				1 269	0.00	1 269

续上表

序号	姓名	部门	职务类别	基本工资	缺勤天数	缺勤扣税	代扣款项目								上年度销售总额/企业净利润	奖金系数	季度奖金	辞退福利	应税工资	应扣个人所得税	实发金额
							养老保险	医疗保险	失业保险	工伤保险	生育保险	五险小计	住房公积金	五险一金小计							
21	张接义	生产计划	生产工人	1 600	0	0	128	35	8	0	0	171	160	331	0				1 269	0.00	1 269
22	毕红	生产计划	生产工人	1 600	0	0	128	35	8	0	0	171	160	331	0				1 269	0.00	1 269
23	吴淑敏	生产计划	生产工人	1 600	0	0	128	35	8	0	0	171	160	331	0				1 269	0.00	1 269
24	毛龙生	生产计划	生产工人	1 600	0	0	128	35	8	0	0	171	160	331	0				1 269	0.00	1 269
25	扈志明	生产计划	生产工人	1 600	0	0	128	35	8	0	0	171	160	331	0				1 269	0.00	1 269
26	李龙吉	生产计划	生产工人	1 600	0	0	128	35	8	0	0	171	160	331	0				1 269	0.00	1 269
27	吴官胜	生产计划	生产工人	1 600	0	0	128	35	8	0	0	171	160	331	0				1 269	0.00	1 269
28	雷丹	生产计划	生产工人	1 600	0	0	128	35	8	0	0	171	160	331	0				1 269	0.00	1 269
29	刘良生	生产计划	生产工人	1 600	0	0	128	35	8	0	0	171	160	331	0				1 269	0.00	1 269
30	余俊美	生产计划	生产工人	1 600	0	0	128	35	8	0	0	171	160	331	0				1 269	0.00	1 269
31	徐积福	生产计划	生产工人	1 600	0	0	128	35	8	0	0	171	160	331	0				1 269	0.00	1 269
32	潘俊辉	生产计划	生产工人	1 600	0	0	128	35	8	0	0	171	160	331	0				1 269	0.00	1 269
33	朱祥松	生产计划	生产工人	1 600	0	0	128	35	8	0	0	171	160	331	0				1 269	0.00	1 269
34	刘文钦	生产计划	生产工人	1 600	0	0	128	35	8	0	0	171	160	331	0				1 269	0.00	1 269
35	龚文辉	生产计划	生产工人	1 600	0	0	128	35	8	0	0	171	160	331	0				1 269	0.00	1 269
36	王小强	生产计划	生产工人	1 600	0	0	128	35	8	0	0	171	160	331	0				1 269	0.00	1 269
37	刘胜	生产计划	生产工人	1 600	0	0	128	35	8	0	0	171	160	331	0				1 269	0.00	1 269
38	刘贞	生产计划	生产工人	1 600	0	0	128	35	8	0	0	171	160	331	0				1 269	0.00	1 269
39	余永俊	生产计划	生产工人	1 600	0	0	128	35	8	0	0	171	160	331	0				1 269	0.00	1 269
40	万能	生产计划	生产工人	1 600	0	0	128	35	8	0	0	171	160	331	0				1 269	0.00	1 269

续上表

序号	姓名	部门	职务类别	基本工资	缺勤天数	缺勤扣款	代扣款项目								上年度销售总额/企业净利润	奖金系数	季度奖金	辞退福利	应税工资	应扣个人所得税	实发金额
							养老保险	医疗保险	失业保险	工伤保险	生育保险	五险小计	住房公积金	五险一金小计							
41	万俊俊	生产计划	生产工人	1 600	0	0	128	35	8	0	0	171	160	331	0				1 269	0.00	1 269
42	张逸君	生产计划	生产工人	1 600	0	0	128	35	8	0	0	171	160	331	0				1 269	0.00	1 269
43	言海根	生产计划	生产工人	1 600	0	0	128	35	8	0	0	171	160	331	0				1 269	0.00	1 269
44	田勤	生产计划	生产工人	1 600	0	0	128	35	8	0	0	171	160	331	0				1 269	0.00	1 269
45	肖鹏	生产计划	生产工人	1 600	0	0	128	35	8	0	0	171	160	331	0				1 269	0.00	1 269
46	徐宏	生产计划	生产工人	1 600	0	0	128	35	8	0	0	171	160	331	0				1 269	0.00	1 269
47	田军	生产计划	生产工人	1 600	0	0	128	35	8	0	0	171	160	331	0				1 269	0.00	1 269
48	郑华珺	生产计划	生产工人	1 600	0	0	128	35	8	0	0	171	160	331	0				1 269	0.00	1 269
49	洪梁	生产计划	生产工人	1 600	0	0	128	35	8	0	0	171	160	331	0				1 269	0.00	1 269
50	冯奇	生产计划	生产工人	1 600	0	0	128	35	8	0	0	171	160	331	0				1 269	0.00	1 269
51	黄聪	生产计划	生产工人	1 600	0	0	128	35	8	0	0	171	160	331	0				1 269	0.00	1 269
52	薛萍	生产计划	生产工人	1 600	0	0	128	35	8	0	0	171	160	331	0				1 269	0.00	1 269
53	张世平	生产计划	生产工人	1 600	0	0	128	35	8	0	0	171	160	331	0				1 269	0.00	1 269
54	李小春	生产计划	生产工人	1 600	0	0	128	35	8	0	0	171	160	331	0				1 269	0.00	1 269
55	蔡丽娟	生产计划	生产工人	1 600	0	0	128	35	8	0	0	171	160	331	0				1 269	0.00	1 269
56	吴新祥	生产计划	生产工人	1 600	0	0	128	35	8	0	0	171	160	331	0				1 269	0.00	1 269
57	胡首科	生产计划	生产工人	1 600	0	0	128	35	8	0	0	171	160	331	0				1 269	0.00	1 269
58	邹建榕	生产计划	生产工人	1 600	0	0	128	35	8	0	0	171	160	331	0				1 269	0.00	1 269
合计							12 080	3 194	755	0	0	16 029	15 100	31 129	0	0	0	0	119 871	567.76	119 303.24

门：人力资源部　　制表人：张万军　2011.9.28　　审核人：钱坤　2011.9.28　　复核人：梁天　2011.9.28

（6）企业代缴福利表。

现行社会保险、住房公积金管理制度中规定，企业有义务为在职员工缴纳五险一金，企业缴费基数依照上一年度员工月平均工资数额，并规定最低、最高缴费基数。实习中企业、职工本人缴费比例参见人力资源规则。人力资源部经理须依照人力资源助理核算的“五险一金核算表”来制作“企业代缴福利表”，见表5－26。

表5－26　企业代缴福利表

单位：元

序号	姓名	部门	职务类别	缴费基数	代扣款项目							实缴金额
					养老保险	医疗保险	失业保险	工伤保险	生育保险	五险小计	住房公积金	
1	梁天	企业管理	总经理	10 000	2 000	1 000	150	50	80	3 280	1 000	4 280
2	张万军	人力资源	部门经理	6 000	1 200	600	90	30	48	1 968	600	2 568
3	李斌	采购部	部门经理	6 000	1 200	600	90	30	48	1 968	600	2 568
4	何明海	仓储部	部门经理	6 000	1 200	600	90	30	48	1 968	600	2 568
5	钱坤	财务部	部门经理	6 000	1 200	600	90	30	48	1 968	600	2 568
6	叶润中	生产计划	部门经理	6 000	1 200	600	90	30	48	1 968	600	2 568
7	杨笑笑	市场营销	部门经理	6 000	1 200	600	90	30	48	1 968	600	2 568
8	叶瑛	企业管理	职能主管	4 000	800	400	60	20	32	1 312	400	1 712
9	肖红	人力资源	职能主管	4 000	800	400	60	20	32	1 312	400	1 712
10	付海生	采购部	职能主管	4 000	800	400	60	20	32	1 312	400	1 712
11	王宝珠	仓储部	职能主管	4 000	800	400	60	20	32	1 312	400	1 712
12	刘自强	财务部	职能主管	4 000	800	400	60	20	32	1 312	400	1 712
13	朱中华	财务部	职能主管	4 000	800	400	60	20	32	1 312	400	1 712
14	赵丹	财务部	职能主管	4 000	800	400	60	20	32	1 312	400	1 712
15	周群	生产计划	职能主管	4 000	800	400	60	20	32	1 312	400	1 712
16	孙盛国	生产计划	职能主管	4 000	800	400	60	20	32	1 312	400	1 712
17	马博	市场营销	销售人员	2 500	500	250	37.5	12.5	20	820	250	1 070
18	刘思羽	市场营销	销售人员	2 500	500	250	37.5	12.5	20	820	250	1 070
19	李良钊	生产计划	生产工人	1 600	320	160	24	8	12.8	524.8	160	684.8
20	付玉芳	生产计划	生产工人	1 600	320	160	24	8	12.8	524.8	160	684.8
21	张接义	生产计划	生产工人	1 600	320	160	24	8	12.8	524.8	160	684.8
22	毕红	生产计划	生产工人	1 600	320	160	24	8	12.8	524.8	160	684.8
23	吴淑敏	生产计划	生产工人	1 600	320	160	24	8	12.8	524.8	160	684.8
24	毛龙生	生产计划	生产工人	1 600	320	160	24	8	12.8	524.8	160	684.8
25	扈志明	生产计划	生产工人	1 600	320	160	24	8	12.8	524.8	160	684.8
26	李龙吉	生产计划	生产工人	1 600	320	160	24	8	12.8	524.8	160	684.8
27	吴官胜	生产计划	生产工人	1 600	320	160	24	8	12.8	524.8	160	684.8

续上表

序号	姓名	部门	职务类别	缴费基数	代扣款项目							实缴金额
					养老保险	医疗保险	失业保险	工伤保险	生育保险	五险小计	住房公积金	
28	雷丹	生产计划	生产工人	1 600	320	160	24	8	12.8	524.8	160	684.8
29	刘良生	生产计划	生产工人	1 600	320	160	24	8	12.8	524.8	160	684.8
30	余俊美	生产计划	生产工人	1 600	320	160	24	8	12.8	524.8	160	684.8
31	徐积福	生产计划	生产工人	1 600	320	160	24	8	12.8	524.8	160	684.8
32	潘俊辉	生产计划	生产工人	1 600	320	160	24	8	12.8	524.8	160	684.8
33	朱祥松	生产计划	生产工人	1 600	320	160	24	8	12.8	524.8	160	684.8
34	刘文钦	生产计划	生产工人	1 600	320	160	24	8	12.8	524.8	160	684.8
35	龚文辉	生产计划	生产工人	1 600	320	160	24	8	12.8	524.8	160	684.8
36	王小强	生产计划	生产工人	1 600	320	160	24	8	12.8	524.8	160	684.8
37	刘胜	生产计划	生产工人	1 600	320	160	24	8	12.8	524.8	160	684.8
38	刘贞	生产计划	生产工人	1 600	320	160	24	8	12.8	524.8	160	684.8
39	余永俊	生产计划	生产工人	1 600	320	160	24	8	12.8	524.8	160	684.8
40	万能	生产计划	生产工人	1 600	320	160	24	8	12.8	524.8	160	684.8
41	万俊俊	生产计划	生产工人	1 600	320	160	24	8	12.8	524.8	160	684.8
42	张逸君	生产计划	生产工人	1 600	320	160	24	8	12.8	524.8	160	684.8
43	言海根	生产计划	生产工人	1 600	320	160	24	8	12.8	524.8	160	684.8
44	田勤	生产计划	生产工人	1 600	320	160	24	8	12.8	524.8	160	684.8
45	肖鹏	生产计划	生产工人	1 600	320	160	24	8	12.8	524.8	160	684.8
46	徐宏	生产计划	生产工人	1 600	320	160	24	8	12.8	524.8	160	684.8
47	田军	生产计划	生产工人	1 600	320	160	24	8	12.8	524.8	160	684.8
48	郑华珺	生产计划	生产工人	1 600	320	160	24	8	12.8	524.8	160	684.8
49	洪梁	生产计划	生产工人	1 600	320	160	24	8	12.8	524.8	160	684.8
50	冯奇	生产计划	生产工人	1 600	320	160	24	8	12.8	524.8	160	684.8
51	黄聪	生产计划	生产工人	1 600	320	160	24	8	12.8	524.8	160	684.8
52	薛萍	生产计划	生产工人	1 600	320	160	24	8	12.8	524.8	160	684.8
53	张世平	生产计划	生产工人	1 600	320	160	24	8	12.8	524.8	160	684.8
54	李小春	生产计划	生产工人	1 600	320	160	24	8	12.8	524.8	160	684.8
55	蔡丽娟	生产计划	生产工人	1 600	320	160	24	8	12.8	524.8	160	684.8
56	吴新祥	生产计划	生产工人	1 600	320	160	24	8	12.8	524.8	160	684.8
57	胡首科	生产计划	生产工人	1 600	320	160	24	8	12.8	524.8	160	684.8
58	邹建榕	生产计划	生产工人	1 600	320	160	24	8	12.8	524.8	160	684.8
合计				151 000	30 200	15 100	2 265	755	1 208	49 528	15 100	64 628

（7）职工薪酬统计——部门汇总表。

实际企业中大多施行“秘薪”，只有进行工资核算或高层管理人员掌握全部职员薪酬信息。本实习也采取这种方式，人力资源部人员、财务部经理、总经理知晓所有员工薪酬，其余成员只了解自身薪酬情况。

人力资源部经理将“职工薪酬统计表”“企业代缴福利表”制作完成后，依据表中的相关信息制作“职工薪酬统计——部门汇总表”，表格经过财务部经理审核、总经理审批后交给财务会计、成本会计用于计提费用、成本，见表5－27。

表5－27　职工薪酬统计——部门汇总表

部门：人力资源部　　　　2011年9月28日

部门名称	部门人数	实发工资	代缴个人所得税	个人自交福利		企业代缴福利		合计
				社会保险	住房公积金	社会保险	住房公积金	
企业管理部	2	10 784.30	339.70	1 476	1 400	4 592	1 400	19 992
人力资源部	2	7 905.99	38.01	1 056	1 000	3 280	1 000	14 280
采购部	2	7 905.99	38.01	1 056	1 000	3 280	1 000	14 280
仓储部	2	7 905.99	38.01	1 056	1 000	3 280	1 000	14 280
财务部	4	14 259.99	38.01	1 902	1 800	5 904	1 800	25 704
市场营销部	3	8 697.99	38.01	1 164	1 100	3 608	1 100	15 708
生产计划部	3	11 082.99	38.01	1 479	1 400	4 592	1 400	19 992
机加车间	20	25 380	0	3 420	3 200	10 496	3 200	45 696
组装车间	20	25 380	0	3 420	3 200	10 496	3 200	45 696
总计	58	119 303.24	567.76	16 029	15 100	49 528	15 100	215 628

制表人：张万军　2011.9.28　　审核人：钱坤　2011.9.28　　总经理：梁天　2011.9.28

（8）银企代发工资协议、职工薪酬发放表。

实际中大部分企业会与银行签订“工资代发协议”，委托银行代发工资，见图5－19。

职工工资表经审核、审批后，人力资源部经理依据已签字完成的“职工薪酬统计表”制作“职工薪酬发放表”。表格经过审核、盖章后送交银行，由银行依据相关信息发放工资。实际业务中，企业并不向银行递交纸质表格作为发放工资的凭据，而是依据银行的要求将职工工资信息录盘，进而将有关信息传递给银行。

人力资源部经理完成“职工薪酬发放”任务时，需要的职工薪酬发放表依据如表5－28所示表样、数据自行制作并打印。

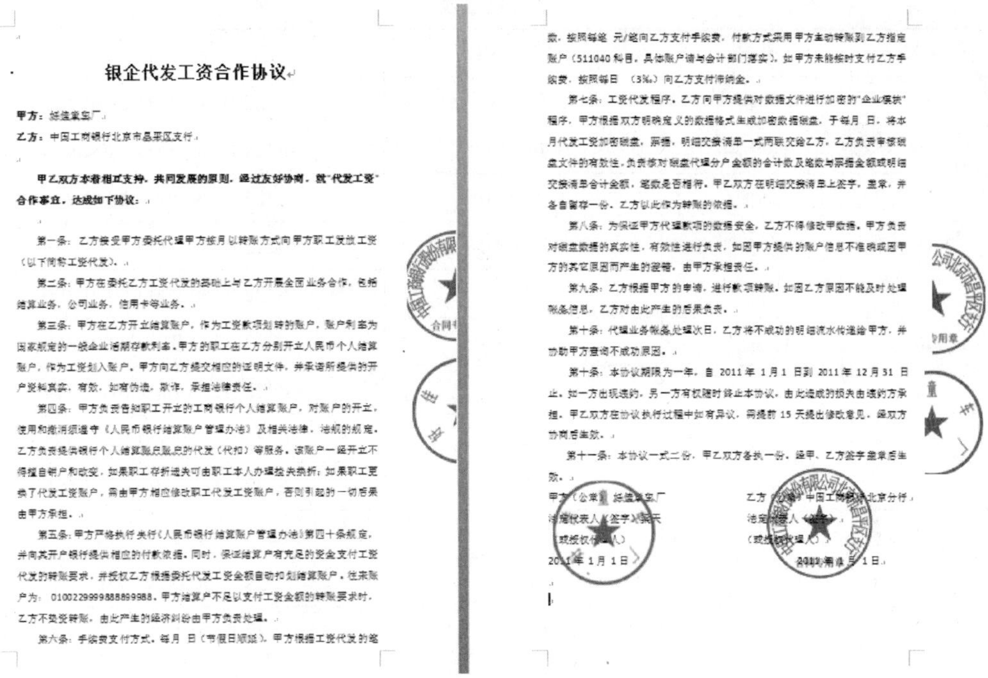

银企代发工资合作协议

甲方：好佳童车厂

乙方：中国工商银行北京市昌平区支行

甲乙双方本着相互支持，共同发展的原则，经过友好协商，就"代发工资"合作事宜，达成如下协议：

第一条：乙方接受甲方委托代理甲方按月以转账方式向甲方职工发放工资（以下简称工资代发）。

第二条：甲方在委托乙方工资代发的基础上与乙方开展全面业务合作，包括结算业务，公司业务，信用卡等业务。

第三条：甲方在乙方开立结算账户，作为工资款项划转的账户，账户利率为国家规定的一般企业活期存款利率。甲方的职工在乙方分别开立人民币个人结算账户，作为工资划入账户。甲方向乙方提交相应的证明文件，并承诺所提供的开户资料真实，有效，如有伪造，欺诈，承担法律责任。

第四条：甲方负责告知职工开立的工商银行个人结算账户，对账户的开立，使用和撤消须遵守《人民币银行结算账户管理办法》及相关法律，法规的规定。乙方负责提供银行个人结算账户账户的代发（代扣）等服务。该账户一经开立不得擅自销户和改变，如果职工存折遗失可由职工本人办理挂失换折；如果职工更换了代发工资账户，需由甲方相应修改职工代发工资账户，否则引起的一切后果由甲方承担。

第五条：甲方严格执行央行《人民币银行结算账户管理办法》第四十条规定，并向其开户银行提供相应的付款依据。同时，保证结算户有充足的资金支付工资代发的转账要求，并授权乙方根据委托代发工资金额自动扣划结算账户，往来账户为：01002299998888899988。甲方结算户不足以支付工资金额的转账要求时，乙方不受理转账，由此产生的经济纠纷由甲方负责处理。

第六条：手续费支付方式。每月 日（节假日顺延），甲方根据工资代发的笔数，按照每笔 元/笔向乙方支付手续费，付款方式采用甲方主动转账到乙方指定账户（511040科目，具体账户请与会计部门落实）。如甲方未能按时支付乙方手续费，按照每日 （3‰）向乙方支付滞纳金。

第七条：工资代发程序。乙方向甲方提供对数据文件进行加密的"企业模块"程序，甲方根据双方明确定义的数据格式生成加密数据磁盘，于每月 日，将本月代发工资加密磁盘，票据，明细交换清单一式两联交给乙方，乙方负责审核磁盘文件的有效性，负责核对磁盘代理分户金额的合计数及笔数与票据金额或明细交换清单合计金额，笔数是否相符。甲乙双方在明细交换清单上签字，盖章，并各自留存一份，乙方以此作为转账的依据。

第八条：为保证甲方代理款项的数据安全，乙方不得修改甲数据。甲方负责对磁盘数据的真实性，有效性进行负责，如因甲方提供的账户信息不准确或因甲方的其它原因而产生的纠错，由甲方承担责任。

第九条：乙方根据甲方的申请，进行款项转账。如因乙方原因不能及时处理账务信息，乙方对由此产生的后果负责。

第十条：代理业务账务处理次日，乙方将不成功的明细流水传递给甲方，并协助甲方查询不成功原因。

第十条：本协议期限为一年，自 2011 年 1 月 1 日到 2011 年 12 月 31 日止。如一方出现违约，另一方有权随时终止本协议，由此造成的损失由违约方承担。甲乙双方在协议执行过程中如有异议，需提前 15 天提出修改意见，经双方协商后生效。

第十一条：本协议一式二份，甲乙双方各执一份，经甲、乙方签字盖章后生效。

甲方（公章）：好佳童车厂　　　　乙方（公章）：中国工商银行北京分行

法定代表人（签字）：梁天　　　　法定代表人（签字）：

（或授权代理人）　　　　（或授权代理人）

2011 年 1 月 1 日　　　　2011 年 1 月 1 日

图 5－19　银企代发工资协议

表 5－28　职工薪酬发放表

单位：好佳童车厂　　　　单元：元　　　　日期：2011. 9. 28

序号	姓名	实发工资	银行账号
1	梁天	7 607. 30	6222 0220 0800 6671 000
2	张万军	4 728. 99	6222 0238 0300 8317 038
3	李斌	4 728. 99	6222 8879 1005 2839 796
4	何明海	4 728. 99	6222 0213 1100 0929 570
5	钱坤	4 728. 99	6222 0238 0332 8317 043
6	叶润中	4 728. 99	6222 0033 2251 0124 637
7	杨笑笑	4 728. 99	6222 0032 1024 0050 124
8	叶瑛	3 177. 00	6222 0212 0800 4387 203
9	肖红	3 177. 00	6222 0220 1800 2592 004
10	付海生	3 177. 00	6222 0033 2251 0124 638
11	王宝珠	3 177. 00	6222 0220 1800 2508 968
12	刘自强	3 177. 00	6222 0220 1300 9060 816
13	朱中华	3 177. 00	6222 0031 0018 0008 953
14	赵丹	3 177. 00	6222 0031 0023 0012 725

续上表

序号	姓名	实发工资	银行账号
15	周群	3 177.00	6222 0236 0202 2590 533
16	孙盛国	3 177.00	6222 0236 0204 0406 670
17	马博	1 984.50	6222 8879 1005 2839 795
18	刘思羽	1 984.50	6222 0238 0300 8317 039
19	李良钊	1 269	6222 8856 2000 5990 396
20	付玉芳	1 269	6222 0222 0100 6249 858
21	张接义	1 269	6222 0220 1001 8104 304
22	毕红	1 269	6222 0218 1800 0211 908
23	吴淑敏	1 269	6222 0222 0101 0327 585
24	毛龙生	1 269	6222 0205 1100 7205 665
25	扈志明	1 269	6222 0236 0204 5611 431
26	李龙吉	1 269	6222 0220 1301 0270 180
27	吴官胜	1 269	6222 0042 2104 0013 410
28	雷丹	1 269	6222 0218 0400 2429 110
29	刘良生	1 269	6222 0236 0203 2589 194
30	余俊美	1 269	6222 0222 0101 0068 692
31	徐积福	1 269	6222 0215 0800 3754 109
32	潘俊辉	1 269	6222 0216 1400 4184 377
33	朱祥松	1 269	6222 0244 0203 3109 525
34	刘文钦	1 269	6222 0236 0203 7956 828
35	龚文辉	1 269	6222 4811 9048 9040 210
36	王小强	1 269	6222 8812 0132 6662 623
37	刘胜	1 269	6222 0220 0155 4476 731
38	刘贞	1 269	6222 0031 3016 0101 320
39	余永俊	1 269	6222 0212 0800 1773 306
40	万能	1 269	6222 0217 0201 8997 353
41	万俊俊	1 269	6222 0211 1600 7118 881
42	张逸君	1 269	6222 0220 1300 1890 004
43	言海根	1 269	6222 4814 6133 1660 616
44	田勤	1 269	6222 0213 0300 3784 672
45	肖鹏	1 269	6222 0020 8008 0155 164

续上表

序号	姓名	实发工资	银行账号
46	徐宏	1 269	6222 9836 3000 0306 211
47	田军	1 269	6222 0211 1500 6000 116
48	郑华珺	1 269	6222 0218 1800 0211 652
49	洪梁	1 269	6222 0212 0200 7798 714
50	冯奇	1 269	6222 0237 0001 1101 286
51	黄聪	1 269	6222 0222 0100 8313 167
52	薛萍	1 269	6222 0040 0011 9769 495
53	张世平	1 269	6222 0224 0400 0317 182
54	李小春	1 269	6222 0232 0200 5485 528
55	蔡丽娟	1 269	6222 0218 1800 0211 145
56	吴新祥	1 269	6222 0219 1300 0864 028
57	胡首科	1 269	6222 0010 0110 2638 880
58	邹建榕	1 269	6222 0217 0200 9932 872
合计		119 303. 24	

（9）第三季度企业经营成果、绩效评定结果。

2011 年 9 月进行了第三季度绩效考核结果评价工作，形成“2011 年第三季度绩效评定结果”。表中详细列示非生产工人的 18 人绩效考核成绩及绩效评级情况，“2011 年第三季度经营成果”中记录该季度企业净利润、销售总额及产量信息。两个表格是核算绩效奖金的基础资料。见表 5－29、表 5－30。

表 5－29　2011 年第三季度绩效评定结果

姓名	部门	职位	考核成绩	绩效评级	绩效系数
梁天	企业管理部	总经理	85	B	1
叶瑛	企业管理部	职能主管	73	B	1
杨笑笑	市场营销部	部门经理	82	B	0. 2
马博	市场营销部	销售人员	70	C	0. 4
刘思羽	市场营销部	销售人员	90	A	0. 4
叶润中	生产计划部	部门经理	92	A	1. 1
周群	生产计划部	职能主管	83	B	1
孙盛国	生产计划部	职能主管	82	B	1
张万军	人力资源部	部门经理	93	C	0. 9
肖红	人力资源部	职能主管	84	A	1. 1

续上表

姓名	部门	职位	考核成绩	绩效评级	绩效系数
何明海	仓储部	部门经理	85	C	0.9
王宝珠	仓储部	职能主管	81	B	1
李斌	采购部	部门经理	86	B	1
付海生	采购部	职能主管	84	B	1
钱坤	财务部	部门经理	88	A	1.1
刘自强	财务部	职能主管	87	B	1
朱中华	财务部	职能主管	80	B	1
赵丹	财务部	职能主管	81	B	1

表 5-30　2011 年第三季度经营成果

项目	数额	数据来源
第三季度净利润	1 280 136.1 元	财务部
第三季度销售总额	7 200 000 元	财务部
第三季度童车总产量	12 000 辆	生产计划部

6. 人力资源助理期初建账

人力资源助理在业务工作开展之前需要理解、掌握下列信息：

（1）人事登记表。

人事登记表是用于记录员工基本信息及岗位、岗位调整、劳动合同期限等信息的表格。当发生入职、离职、岗位变动、续签合同等业务时，人力资源部工作人员需要及时更新人事登记表，保证数据的准确，因此人事登记表是张动态表格。

"人事登记表"包含在职人员、离职人员两部分信息。本手册将"人事登记表"信息做简化处理为职工花名册，只记录人员姓名、职位、身份证号码、入职时间、劳动合同签订日期等基本信息，见表 5-31。

表 5－31　在职人员花名册

姓名	工号	部门	职位	身份证号码	性别	出生日期	联系电话	入司时间	是否试用期	劳动合同期限
梁天	1	企业管理部	总经理（兼企管部经理）	110105198212099812	男	1982/12/9	13198162544	2010. 1. 1	否	2010. 1. 1—2013. 12. 31
叶瑛	2	企业管理部	行政助理（兼商务管理）	120201196204117521	女	1962/4/11	15920981761	2010. 9. 20	否	2010. 9. 20—2014. 1. 19
张万军	3	人力资源部	人力资源经理	211432199107316544	男	1991/7/31	15109873622	2011. 1. 13	否	2011. 1. 13—2014. 1. 12
肖红	4	人力资源部	人力资源助理	432965197811031535	女	1978/11/3	18911083401	2011. 2. 2	否	2011. 2. 2—2014. 2. 1
李斌	5	采购部	采购经理	511421198506181324	男	1985/6/18	13109876317	2011. 3. 5	否	2011. 3. 5—2013. 3. 4
付海生	6	采购部	采购员	110181198908081628	男	1989/8/8	13243973452	2011. 3. 6	否	2011. 3. 6—2013. 3. 5
叶润中	7	生产计划部	生产经理	620900197807281146	男	1978/7/28	13729871670	2011. 1. 30	否	2011. 1. 30—2013. 1. 29
周群	8	生产计划部	生产员	640500198301220782	男	1983/1/22	13897168191	2011. 2. 5	否	2011. 2. 5—2014. 2. 4
孙盛国	9	生产计划部	计划员（兼质检员）	621903196909061972	男	1969/9/6	13498716518	2011. 4. 15	否	2011. 4. 15—2014. 4. 14
何明海	10	仓储部	仓储经理	430101197505019625	男	1975/5/1	13398716352	2011. 3. 28	否	2011. 3. 28—2014. 3. 27
王宝珠	11	仓储部	仓储员	330683197806142764	男	1978/6/14	13987261509	2011. 5. 4	否	2011. 5. 4—2014. 5. 3
杨笑笑	12	市场营销部	市场营销经理	130402198311218243	女	1983/11/21	15018273619	2011. 6. 3	否	2011. 6. 3—2014. 6. 2
马博	13	市场营销部	市场专员	11010119810818702X	男	1981/8/18	15128193729	2011. 6. 13	否	2011. 6. 13—2014. 6. 12
刘思羽	14	市场营销部	销售员	230708198209149343	男	1982/9/14	13782719190	2011. 6. 6	否	2011. 6. 6—2014. 6. 5
钱坤	15	财务部	财务经理	330683197905012796	男	1979/5/1	15827164839	2011. 2. 22	否	2011. 2. 22—2014. 2. 21
刘自强	16	财务部	成本会计	350104197510119048	男	1975/10/11	14798654321	2011. 2. 12	否	2011. 2. 12—2014. 2. 11
朱中华	17	财务部	总账会计	350801197708016633	男	1977/8/1	13678172345	2011. 3. 16	否	2011. 3. 16—2014. 3. 15
赵丹	18	财务部	出纳	430101197509125164	女	1975/9/12	13652413478	2011. 4. 14	否	2011. 4. 14—2014. 4. 13
李良钊	19	机加车间	生产工人	110101198711121015	女	1987/11/12	13876251791	2011. 1. 22	否	2011. 1. 22—2014. 1. 21
付玉芳	20	机加车间	生产工人	11010119810918139X	男	1981/9/18	13527261891	2011. 1. 22	否	2011. 1. 22—2014. 1. 21
张接义	21	机加车间	生产工人	110101198403225024	男	1984/3/22	14728391038	2011. 1. 22	否	2011. 1. 22—2014. 1. 21
毕红	22	机加车间	生产工人	110101197608205833	女	1982/8/20	13823608813	2011. 1. 22	否	2011. 1. 22—2014. 1. 21

续上表

姓名	工号	部门	职位	身份证号码	性别	出生日期	联系电话	入司时间	是否试用期	劳动合同期限
吴淑敏	23	机加车间	生产工人	11010119760923278X	男	1976/9/23	13602848643	2011. 1. 22	否	2011. 1. 22—2014. 1. 21
毛龙生	24	机加车间	生产工人	110101197904284769	男	1979/4/28	13537369488	2011. 1. 22	否	2011. 1. 22—2014. 1. 21
扈志明	25	机加车间	生产工人	350104197510118360	男	1975/10/11	13684931848	2011. 2. 6	否	2011. 2. 6—2014. 2. 5
李龙吉	26	机加车间	生产工人	110101197405152122	男	1974/5/15	13710968766	2011. 2. 6	否	2011. 2. 6—2014. 2. 5
吴官胜	27	机加车间	生产工人	110101198103131823	女	1981/3/13	13902551007	2011. 2. 6	否	2011. 2. 6—2014. 2. 5
雷丹	28	机加车间	生产工人	110101198002152069	男	1980/2/15	13226663334	2011. 2. 6	否	2011. 2. 6—2014. 2. 5
刘良生	29	机加车间	生产工人	110101198308092456	男	1983/8/9	13725186843	2011. 2. 6	否	2011. 2. 6—2014. 2. 5
余俊美	30	机加车间	生产工人	130402197802222460	男	1978/2/22	13702895856	2011. 2. 6	否	2011. 2. 6—2014. 2. 5
徐积福	31	机加车间	生产工人	13040219870504321X	男	1987/5/5	13929238576	2011. 2. 6	否	2011. 2. 6—2014. 2. 5
潘俊辉	32	机加车间	生产工人	130402199201233746	男	1999/2/12	13316010518	2011. 2. 6	否	2011. 2. 6—2014. 2. 5
朱祥松	33	机加车间	生产工人	130402199009251345	女	1990/9/25	13172389660	2011. 2. 6	否	2011. 2. 6—2014. 2. 5
刘文钦	34	机加车间	生产工人	130402198611091716	男	1986/11/9	13808875369	2011. 2. 6	否	2011. 2. 6—2014. 2. 5
龚文辉	35	机加车间	生产工人	350801197708018161	女	1977/8/1	13501572873	2011. 3. 1	否	2011. 3. 1—2014. 2. 28
王小强	36	机加车间	生产工人	13030119891225697X	男	1989/12/25	13318937888	2011. 3. 1	否	2011. 3. 1—2014. 2. 28
刘胜	37	机加车间	生产工人	130301197811263429	男	1978/11/26	13763338033	2011. 3. 1	否	2011. 3. 1—2014. 2. 28
刘贞	38	机加车间	生产工人	130301198801298449	男	1988/1/29	13726689730	2011. 3. 1	否	2011. 3. 1—2014. 2. 28
余永俊	39	组装车间	生产工人	130301198412186849	男	1984/12/18	13377781456	2011. 3. 1	否	2011. 3. 1—2014. 2. 28
万能	40	组装车间	生产工人	131001198606236327	男	1986/6/23	13603093769	2011. 3. 1	否	2011. 3. 1—2014. 2. 28
万俊俊	41	组装车间	生产工人	131001197209275340	男	1972/9/27	13925281849	2011. 3. 1	否	2011. 3. 1—2014. 2. 28

续上表

姓名	工号	部门	职位	身份证号码	性别	出生日期	联系电话	入司时间	是否试用期	劳动合同期限
张逸君	42	组装车间	生产工人	131001197707303476	男	1977/7/30	13509002990	2011. 3. 1	否	2011. 3. 1—2014. 2. 28
言海根	43	组装车间	生产工人	131001198806213978	男	1988/6/21	13360539292	2011. 3. 1	否	2011. 3. 1—2014. 2. 28
田勤	44	组装车间	生产工人	370104197306209023	男	1973/6/20	13724357200	2011. 3. 1	否	2011. 3. 1—2014. 2. 28
肖鹏	45	组装车间	生产工人	230708198702198615	男	1987/2/19	13802639403	2011. 3. 1	否	2011. 3. 1—2014. 2. 28
徐宏	46	组装车间	生产工人	230708197310196716	男	1973/10/19	13823603522	2011. 7. 5	否	2011. 7. 5—2014. 7. 4
田军	47	组装车间	生产工人	230708197509177161	男	1975/9/17	13542634651	2011. 7. 5	否	2011. 7. 5—2014. 7. 4
郑华珺	48	组装车间	生产工人	350801197708013678	男	1977/8/1	13570840454	2011. 7. 5	否	2011. 7. 5—2014. 7. 4
洪梁	49	组装车间	生产工人	330683197404245965	男	1974/4/24	13823599191	2011. 7. 5	否	2011. 7. 5—2014. 7. 4
冯奇	50	组装车间	生产工人	330683198111188015	男	1981/11/18	13809882289	2011. 7. 5	否	2011. 7. 5—2014. 7. 4
黄聪	51	组装车间	生产工人	330683197609176351	男	1976/9/17	13602660034	2011. 7. 5	否	2011. 7. 5—2014. 7. 4
薛萍	52	组装车间	生产工人	330683197610069980	男	1976/10/6	13729946481	2011. 7. 5	否	2011. 7. 5—2014. 7. 4
张世平	53	组装车间	生产工人	330683197403237336	男	1974/3/23	13602697965	2011. 7. 5	否	2011. 7. 5—2014. 7. 4
李小春	54	组装车间	生产工人	330683197908219630	男	1979/8/21	13502918678	2011. 7. 5	否	2011. 7. 5—2014. 7. 4
蔡丽娟	55	组装车间	生产工人	370104197309011952	男	1973/9/1	13602563487	2011. 8. 17	否	2011. 8. 17—2014. 8. 16
吴新祥	56	组装车间	生产工人	330683197904076210	男	1979/4/7	13703017780	2011. 8. 18	否	2011. 8. 17—2014. 8. 17
胡首科	57	组装车间	生产工人	330683197705018350	女	1977/5/1	13925210802	2011. 8. 19	否	2011. 8. 17—2014. 8. 18
邹建榕	58	组装车间	生产工人	330683197806047790	男	1978/6/4	13710717909	2011. 8. 20	否	2011. 8. 17—2014. 8. 19
张小东	59	机加车间	生产工人	33068319790517862X	男	1979/5/17	13702532195	2011. 10. 8	是	2011. 10. 8—2014. 10. 7
岳亮	60	机加车间	生产工人	120112198912180912	男	1989/12/18	18917362918	2011. 10. 8	是	2011. 10. 8—2014. 10. 7

（2）职工银行账号信息。

表 5－32　员工银行账号信息

序号	姓名	银行账号
1	梁天	6222 0220 0800 6671 000
2	叶瑛	6222 0212 0800 4387 203
3	张万军	6222 0238 0300 8317 038
4	肖红	6222 0220 1800 2592 004
5	李斌	6222 8879 1005 2839 796
6	付海生	6222 0033 2251 0124 638
7	叶润中	6222 0033 2251 0124 637
8	周群	6222 0236 0202 2590 533
9	孙盛国	6222 0236 0204 0406 670
10	何明海	6222 0213 1100 0929 570
11	王宝珠	6222 0220 1800 2508 968
12	杨笑笑	6222 0032 1024 0050 124
13	马博	6222 8879 1005 2839 796
14	刘思羽	6222 0238 0300 8317 039
15	钱坤	6222 0238 0332 8317 043
16	刘自强	6222 0220 1300 9060 816
17	朱中华	6222 0031 0018 0008 953
18	赵丹	6222 0031 0023 0012 725
19	李良钊	6222 8856 2000 5990 396
20	付玉芳	6222 0222 0100 6249 858
21	张接义	6222 0220 1001 8104 304
22	毕红	6222 0218 1800 0211 908
23	吴淑敏	6222 0222 0101 0327 585
24	毛龙生	6222 0205 1100 7205 665
25	扈志明	6222 0236 0204 5611 431
26	李龙吉	6222 0220 1301 0270 180
27	吴官胜	6222 0042 2104 0013 410
28	雷丹	6222 0218 0400 2429 110
29	刘良生	6222 0236 0203 2589 194
30	余俊美	6222 0222 0101 0068 692

续上表

序号	姓名	银行账号
31	徐积福	6222 0215 0800 3754 109
32	潘俊辉	6222 0216 1400 4184 377
33	朱祥松	6222 0244 0203 3109 525
34	刘文钦	6222 0236 0203 7956 828
35	龚文辉	6222 4811 9048 9040 210
36	王小强	6222 8812 0132 6662 623
37	刘胜	6222 0220 0155 4476 731
38	刘贞	6222 0031 3016 0101 320
39	余永俊	6222 0212 0800 1773 306
40	万能	6222 0217 0201 8997 353
41	万俊俊	6222 0211 1600 7118 881
42	张逸君	6222 0220 1300 1890 004
43	言海根	6222 4814 6133 1660 616
44	田勤	6222 0213 0300 3784 672
45	肖鹏	6222 0020 8008 0155 164
46	徐宏	6222 9836 3000 0306 211
47	田军	6222 0211 1500 6000 116
48	郑华珺	6222 0218 1800 0211 652
49	洪梁	6222 0212 0200 7798 714
50	冯奇	6222 0237 0001 1101 286
51	黄聪	6222 0222 0100 8313 167
52	薛萍	6222 0040 0011 9769 495
53	张世平	6222 0224 0400 0317 182
54	李小春	6222 0232 0200 5485 528
55	蔡丽娟	6222 0218 1800 0211 145
56	吴新祥	6222 0219 1300 0864 028
57	胡首科	6222 0010 0110 2638 880
58	邹建榕	6222 0217 0200 9932 872
59	张小东	6222 0220 1000 1508 891
60	岳亮	6222 0040 0011 9291 980

（3）社会保险基数采集表。

每年3—4月进行社会保险基数采集工作，采集上年度企业员工月平均工资的信息并核定企业、个人缴费基数。

表 5－33　2011 年社会保险缴费基数采集表

组织机构代码：745862890

单位名称（章）：好佳童车厂

单位：元

序号	电脑序号	居民身份证号码	姓名	缴费人员类别	上年月均工资	缴费基数					职工签字	备注
						养老	失业	工伤	生育	医疗		
1		110105198212099812	梁天	非农业	10 000	10 000	10 000	10 000	10 000	10 000	梁天	
2		120201196204117521	叶瑛	非农业	4 000	4 000	4 000	4 000	4 000	4 000	叶瑛	
3		211432199107316544	张万军	农业	6 000	6 000	6 000	6 000	6 000	6 000	张万军	
4		432965197811031535	肖红	非农业	4 000	4 000	4 000	4 000	4 000	4 000	肖红	
5		511421198506181324	李斌	农业	6 000	6 000	6 000	6 000	6 000	6 000	李斌	
6		110181198908081628	付海生	非农业	4 000	4 000	4 000	4 000	4 000	4 000	付海生	
7		620900197807281146	叶润中	非农业	6 000	6 000	6 000	6 000	6 000	6 000	叶润中	
8		640500198301220782	周群	非农业	4 000	4 000	4 000	4 000	4 000	4 000	周群	
9		621903196909061972	孙盛国	非农业	4 000	4 000	4 000	4 000	4 000	4 000	孙盛国	
10		430101197505019625	何明海	农业	6 000	6 000	6 000	6 000	6 000	6 000	何明海	
11		330683197806142764	王宝珠	非农业	4 000	4 000	4 000	4 000	4 000	4 000	王宝珠	
12		130402198311218243	杨笑笑	非农业	6 000	6 000	6 000	6 000	6 000	6 000	杨笑笑	
13		11010119810818702X	马博	农业	2 500	2 500	2 500	2 500	2 500	2 500	马博	
14		230708198209149343	刘思羽	非农业	2 500	2 500	2 500	2 500	2 500	2 500	刘思羽	
15		330683197905012796	钱坤	非农业	6 000	6 000	6 000	6 000	6 000	6 000	钱坤	
16		350104197510119048	刘自强	非农业	4 000	4 000	4 000	4 000	4 000	4 000	刘自强	
17		350801197708016633	朱中华	非农业	4 000	4 000	4 000	4 000	4 000	4 000	朱中华	

续上表

序号	电脑序号	居民身份证号码	姓名	缴费人员类别	上年月均工资	缴费基数					职工签字	备注
						养老	失业	工伤	生育	医疗		
18		430101197509125164	赵丹	非农业	4 000	4 000	4 000	4 000	4 000	4 000	赵丹	
19		110101198711121015	李良钊	农业	1 600	1 600	1 600	1 600	1 600	1 600	李良钊	
20		11010119810918139X	付玉芳	农业	1 600	1 600	1 600	1 600	1 600	1 600	付玉芳	
21		110101198403225024	张接义	农业	1 600	1 600	1 600	1 600	1 600	1 600	张接义	
22		110101197608205833	毕红	非农业	1 600	1 600	1 600	1 600	1 600	1 600	毕红	
23		11010119760923278X	吴淑敏	农业	1 600	1 600	1 600	1 600	1 600	1 600	吴淑敏	
24		110101197904284769	毛龙生	农业	1 600	1 600	1 600	1 600	1 600	1 600	毛龙生	
25		350104197510118360	扈志明	非农业	1 600	1 600	1 600	1 600	1 600	1 600	扈志明	
26		110101197405152122	李龙吉	农业	1 600	1 600	1 600	1 600	1 600	1 600	李龙吉	
27		1101011981031318233	吴官胜	农业	1 600	1 600	1 600	1 600	1 600	1 600	吴官胜	
28		110101198002152069	雷丹	非农业	1 600	1 600	1 600	1 600	1 600	1 600	雷丹	
29		110101198308092456	刘良生	非农业	1 600	1 600	1 600	1 600	1 600	1 600	刘良生	
30		130402197802222460	余俊美	农业	1 600	1 600	1 600	1 600	1 600	1 600	余俊美	
31		13040219870504321X	徐积福	非农业	1 600	1 600	1 600	1 600	1 600	1 600	徐积福	
32		130402199201233746	潘俊辉	农业	1 600	1 600	1 600	1 600	1 600	1 600	潘俊辉	
33		130402199009251345	朱祥松	农业	1 600	1 600	1 600	1 600	1 600	1 600	朱祥松	
34		130402198611091716	刘文钦	非农业	1 600	1 600	1 600	1 600	1 600	1 600	刘文钦	
35		350801197708018161	龚文辉	非农业	1 600	1 600	1 600	1 600	1 600	1 600	龚文辉	
36		13030119891225697X	王小强	非农业	1 600	1 600	1 600	1 600	1 600	1 600	王小强	

续上表

序号	电脑序号	居民身份证号码	姓名	缴费人员类别	上年月均工资	缴费基数					职工签字	备注
						养老	失业	工伤	生育	医疗		
37		130301197811263429	刘胜	非农业	1 600	1 600	1 600	1 600	1 600	1 600	刘胜	
38		130301198801298449	刘贞	非农业	1 600	1 600	1 600	1 600	1 600	1 600	刘贞	
39		130301198412186849	余永俊	非农业	1 600	1 600	1 600	1 600	1 600	1 600	余永俊	
40		131001198606236327	万能	农业	1 600	1 600	1 600	1 600	1 600	1 600	万能	
41		131001197209275340	万俊俊	非农业	1 600	1 600	1 600	1 600	1 600	1 600	万俊俊	
42		131001197707303476	张逸君	非农业	1 600	1 600	1 600	1 600	1 600	1 600	张逸君	
43		131001198806213978	言海根	非农业	1 600	1 600	1 600	1 600	1 600	1 600	言海根	
44		370104197306209023	田勤	非农业	1 600	1 600	1 600	1 600	1 600	1 600	田勤	
45		230708198702198615	肖鹏	农业	1 600	1 600	1 600	1 600	1 600	1 600	肖鹏	
46		230708197310196716	徐宏	非农业	1 600	1 600	1 600	1 600	1 600	1 600	徐宏	
47		230708197509177161	田军	非农业	1 600	1 600	1 600	1 600	1 600	1 600	田军	
48		350801197708013678	郑华珺	农业	1 600	1 600	1 600	1 600	1 600	1 600	郑华珺	
49		330683197404245965	洪梁	非农业	1 600	1 600	1 600	1 600	1 600	1 600	洪梁	
50		330683198111188015	冯奇	农业	1 600	1 600	1 600	1 600	1 600	1 600	冯奇	
51		330683197609176351	黄聪	农业	1 600	1 600	1 600	1 600	1 600	1 600	黄聪	
52		330683197610069980	薛萍	农业	1 600	1 600	1 600	1 600	1 600	1 600	薛萍	
53		330683197403237336	张世平	非农业	1 600	1 600	1 600	1 600	1 600	1 600	张世平	
54		330683197908219630	李小春	非农业	1 600	1 600	1 600	1 600	1 600	1 600	李小春	
55		370104197309011952	蔡丽娟	非农业	1 600	1 600	1 600	1 600	1 600	1 600	蔡丽娟	

续上表

序号	电脑序号	居身份证号码	姓名	缴费人员类别	上年月均工资	缴费基数					职工签字	备注
						养老	失业	工伤	生育	医疗		
56		330683197904076210	吴新祥	农业	1 600	1 600	1 600	1 600	1 600	1 600	吴新祥	
57		330683197705018350	胡首科	农业	1 600	1 600	1 600	1 600	1 600	1 600	胡首科	
58		330683197806047790	邹建榕	农业	1 600	1 600	1 600	1 600	1 600	1 600	邹建榕	
59		33068319790517892X	张小东	非农业	1 600	1 600	1 600	1 600	1 600	1 600	张小东	
60		120112198912180912	岳亮	非农业	1 600	1 600	1 600	1 600	1 600	1 600	岳亮	
小计		—	—	—							—	—
合计		—	—	—							—	—

单位负责人：梁天　　经办人：社　保　　复核人：

填报人：肖红　　联系电话：010－69706878

录入日期：2011. 7. 25　　填报日期：2011. 7. 25　　复核日期：

说明：1. 序号按自然顺序进行编号，一式两份。

2. 职工上年月均工资由单位按实际数填写。

3. 职工上年月均工资需经职工本人签字确认。

(4) 社会保险缴费月报表。

社会保险缴费月报表中记录企业缴纳五险一金人数、缴费基数、金额等信息，由社保中心每月提供，人力资源助理每月进行申报、缴纳工作后向社保中心索要当月月报，用于核定企业五险一金缴费信息（见表5－34）。

表5－34　社会保险费缴费月报表

结算日期：2011 年 9 月

组织机构代码：745862890　　单位名称（章）：好佳童车厂　　单位：元/人（保留两位小数）

项目		栏号	养老	失业	工伤	生育	医疗	住房公积金	合计
缴费单位个数		1	1	1	1	1	1	1	—
缴费人数	本月合计	2	58	58	58	58	58	58	—
	上月人数	3	58	58	58	58	58	58	—
	本月增加	4	0	0	0	0	0	0	—
	本月减少	5	0	0	0	0	0	0	—
缴费基数合计		6	151 000	151 000	151 000	151 000	151 000	151 000	—
应缴金额	应缴合计	7	42 280	3 020	755	1 208	18 294	30 200	95 757
	单位缴费	8	30 200	2 265	755	1 208	15 100	15 100	64 628
	个人缴费	9	12 080	755	0	0	3 194	15 100	31 129
	其他缴费	10	—	—	—	—	—	—	—

单位负责人：梁天　　填报人：肖红　　联系电话：

填报日期：2011 年 9 月 20 日

说明：

1. 此表由社保经（代）办机构按月生成。
2. 此表也可根据社保经（代）办机构要求按月申报。
3. 如按月申报此表一式二份，单位与社保经（代）办机构核对一致后各留存一份。
4. 2 栏 =3 栏 +4 栏 -5 栏；7 栏 =8 栏 +9 栏 +10 栏。

(5) 委托银行代收社会保险协议。

委托银行代收社会保险协议如图 5－20 所示。

北京市社会保险基金管理局
委托银行代收社会保险费合同书

No：12213

甲方：（参保人）：好佳童车厂

乙方：北京市社会保险基金管理局

为便于甲、乙双方社会保险基金的收付结算，经双方认可，特制订如下合同：

一、甲、乙双方共同遵守中国人民银行北京市分行关于北京市特种委托收款结算办法以及社会保险的有关制度和规定，甲方同意每月由中国工商银行北京市昌平区支行通过电脑将应缴的保险费自动划入乙方账户。

二、甲方应提供在建行、农行、工行、中行四家银行中的任一家开立的缴交保险金专用存折账号。

三、乙方在每月5—15日期间划款，甲方每月5日前应在自己的账户上留有足够的资金，如甲方账户在乙方划款期间的资金不足以支付当月的保险费，乙方将在下月划款时一并划转，并自15日起每日按应划款项的2‰加收滞纳金。如果连续三个月未能划款成功，乙方将停止甲方的所有保险业务，由此造成的损失由甲方负责。

四、甲方在开立账户后，不得随意更改为其他账号。如存折不慎遗失，应及时通知乙方和开户银行，更换新账号。由于甲方未通知或延迟通知乙方和开户银行，使乙方不能按划款而造成的加收滞纳金和其他后果，均由甲方负责。

五、甲方如对划款有疑问，可到乙方查询，乙方应及时给予查对。属于电脑错误等原因而造成错收的，双方协定在下月划款时多退少补，当月一般不作更改。

六、每月由乙方提供划款收据，并定期邮寄到甲方所填通信地址。

七、为保证甲、乙双方能够正常联系，甲方在更改通信地址、联系电话等之后，应立即通知乙方。

八、本协议一式三份，甲、乙双方及甲方开户行各执一份。

甲方（参保人）填写	乙方（市、区社保局）
姓　　名：好佳童车厂	个人电脑号：1102050028291
通信地址：北京市昌平区健翔路115号	参保起始时间：2007.4
邮政编码：	联系电话：010－62322477
联系电话：010－69706878	

甲方账号（银行填写）：0100229999888899988

开户银行：中国工商银行北京分行

签订时间：2011年1月1日

图5－20　委托银行代收社会保险费合同书

（6）社会保险、住房公积金同城委托扣款。

依据《委托银行代扣社会保险协议》有关规定，社保中心将企业应缴、代缴社会保险缴费金额及明细发给银行，银行直接从企业账户中扣除相应款项后通知企业社会保险扣款情况（见图5－21）。

同城委托收款凭证（付款通知）

<table>
<tr><td>特约</td><td colspan="15">委托日期　年　月　日　　第　号</td></tr>
<tr><td rowspan="3">付款人</td><td>全称</td><td colspan="2">好佳童车厂</td><td rowspan="3">收款人</td><td>全称</td><td colspan="10">北京市昌平区人力资源和社会保障局</td></tr>
<tr><td>账号</td><td colspan="2">01002299988889988</td><td>账号</td><td colspan="10">0100204440000101011</td></tr>
<tr><td>开户行</td><td colspan="2">中国工商银行北京分行</td><td>开户行</td><td colspan="10">中国工商银行北京分行昌平支行</td></tr>
<tr><td rowspan="2">委收金额</td><td rowspan="2">人民币（大写）</td><td colspan="3" rowspan="2">陆万伍仟伍佰伍拾柒元整</td><td>千</td><td>百</td><td>十</td><td>万</td><td>千</td><td>百</td><td>十</td><td>元</td><td>角</td><td>分</td></tr>
<tr><td></td><td></td><td>¥</td><td>6</td><td>5</td><td>5</td><td>5</td><td>7</td><td>0</td><td>0</td></tr>
<tr><td>计费周期</td><td colspan="2"></td><td colspan="3">协议（合同）号码</td><td colspan="10"></td></tr>
<tr><td>款项内容</td><td colspan="2">组织机构代码：745862890
住房公积金：42 280.00
失业保险：3 020.00
工伤保险：755.00
生育保险：1 208.00
医疗保险：18 294.00</td><td colspan="13">根据付款人的委托付款授权，上列款项已在付款人账户内支付。
付款人开户行盖章
2011 年 10 月 5 日</td></tr>
</table>

此联付款人开户银行给付款人的付账通知

单位主管　　会计　　复核　　记账

图 5－21　社会保险扣款通知

同城委托收款凭证（付款通知）

<table>
<tr><td>特约</td><td colspan="15">委托日期　年　月　日　　第　号</td></tr>
<tr><td rowspan="3">付款人</td><td>全称</td><td colspan="2">好佳童车厂</td><td rowspan="3">收款人</td><td>全称</td><td colspan="10">北京市昌平区人力资源和社会保障局</td></tr>
<tr><td>账号</td><td colspan="2">01002299988889988</td><td>账号</td><td colspan="10">0100204440000101011</td></tr>
<tr><td>开户行</td><td colspan="2">中国工商银行北京分行</td><td>开户行</td><td colspan="10">中国工商银行北京分行昌平支行</td></tr>
<tr><td rowspan="2">委收金额</td><td rowspan="2">人民币（大写）</td><td colspan="3" rowspan="2">叁万零贰佰元整</td><td>千</td><td>百</td><td>十</td><td>万</td><td>千</td><td>百</td><td>十</td><td>元</td><td>角</td><td>分</td></tr>
<tr><td></td><td></td><td>¥</td><td>3</td><td>0</td><td>2</td><td>0</td><td>0</td><td>0</td><td>0</td></tr>
<tr><td>计费周期</td><td colspan="2"></td><td colspan="3">协议（合同）号码</td><td colspan="10"></td></tr>
<tr><td>款项内容</td><td colspan="2">组织机构代码：745862890
养老保险：30 200.00</td><td colspan="13">根据付款人的委托付款授权，上列款项已在付款人账户内支付。
付款人开户行盖章
2011 年 10 月 5 日</td></tr>
</table>

此联付款人开户银行给付款人的付账通知

单位主管　　会计　　复核　　记账

图 5－22　住房公积金扣款通知

社会保险缴纳完成后，人力资源助理应跟进相关扣款信息，告知出纳去银行领取社保、公积金扣款凭证（见图5－22）。人力资源部留存社会保险、住房公积金同城委托扣款凭证的复印件，财务部留存原件。人力资源助理用此凭证核对当月“五险一金核算表”统计金额是否正确，发现错误时，找到错误细节并于下月改正，多退少补。

7. 财务部经理期初建账

进入财务经理岗位，首先需要检查实习用品，包括总账、期初数据资料、报表及相关办公用品等；然后，根据已经具备的实习装备，开设总账账簿。

（1）认识总账。

总账是指总分类账簿，也称总分类账。总账是根据总分类科目开设的账户，用来登记全部经济业务，进行总分类核算，提供总括核算资料的分类账簿。总分类账所提供的核算资料，是编制会计报表的主要依据，任何单位都必须设置总分类账。

总分类账一般采用订本式账簿。总分类账的账页格式，一般采用“借方”“贷方”“余额”三栏式。总账的样式如图5－23所示。

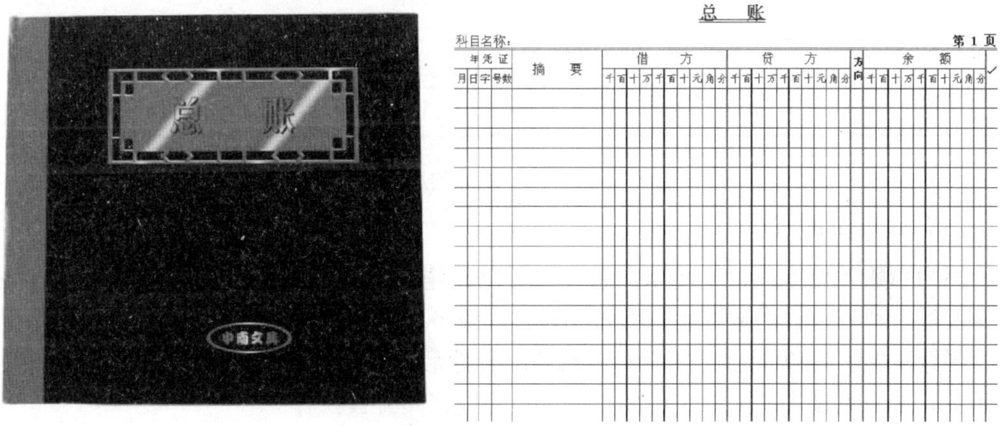

图5－23 总账的样式

（2）总账的启用。

会计账簿是储存数据资料的重要会计档案。在账簿启用时，应在“账簿启用和经管人员一览表”中详细记载：单位名称、账簿页数、启用日期，并加盖单位公章；经管人员（包括企业负责人、主管会计、复核和记账人员等）均应签名盖章，如图5－24所示。

账簿启用和经管人员一览表

单位名称		好佳童车厂			
账簿名称		总账			
账簿页数		100 页			
使用日期		2011. 10. 01			
单位领导签章		梁天	会计主管签章		钱坤
经管人员职别	姓名	经管或接管日期	签章	移交日期	签章
财务经理	钱坤	2011 年 10 月 01 日	钱坤	年 月 日	
		年 月 日		年 月 日	
		年 月 日		年 月 日	
		年 月 日		年 月 日	
		年 月 日		年 月 日	
		年 月 日		年 月 日	
		年 月 日		年 月 日	

好佳童车厂

图 5－24　总账的启用

（3）开设账户。

因为总账是订本式，不能添加账页，所以在建账前应根据总账账页页数和一级科目数量及每个科目估计的业务量，为每个科目的业务预留出足够的记录空间，例如 1～3 页登记现金总账，4～7 页登记银行存款总账等；然后在每页写上账户名称，并在每个账户起始页右边缘粘贴表明账户名称的口取纸，完成账户开设工作。

“库存现金日记账”的开设如图 5－25 所示。

总　账

科目名称：库存现金　　　　　　　　　　　　　　　　　　第 1 页

××年		凭证编号		摘要	借方										贷方										方向	余额										√
月	日	字	号数		千	百	十	万	千	百	十	元	角	分	千	百	十	万	千	百	十	元	角	分		千	百	十	万	千	百	十	元	角	分	

库存现金

图 5－25　账户的开设

(4) 期初余额的录入。

①写上年、月、日。

②摘要写“上月结转”。

③根据科目余额表将一级科目余额登记在总账对应账户的“余额”栏，并写清楚余额方向“借”或“贷”。

④无余额的账户不登记。

例如：“库存现金”的期初余额登记如图 5－26 所示。

总　　账

科目名称：库存现金　　　　第 1 页

2011年		凭证编号		摘要	借方										贷方										方向	余额										库存现金
月	日	字	号数		千	百	十	万	千	百	十	元	角	分	千	百	十	万	千	百	十	元	角	分		千	百	十	万	千	百	十	元	角	分	√
10	1			上月结转																					借				2	0	0	0	0	0	0	

图 5－26　期初余额的登记

同样的方法完成其他总账账户的开设。

注意：在会计人员完成起期建账后，及时督促会计人员进行期初余额的试算平衡。

8. 出纳期初建账

进入出纳岗位，首先需要检查实习装备，包括现金日记账、银行存款日记账、期初文档及相关办公用品等；然后，根据已经具备的实习装备，开设日记账账簿。

(1) 认识日记账。

日记账：亦称序时账，是按经济业务发生时间的先后顺序，逐日逐笔登记的账簿。日记账，应当根据办理完毕的收、付款凭证，随时按顺序逐笔登记，最少每天登记一次。日记账分为现金日记账（见图 5－27）和银行存款日记账（见图 5－28）。

现金日记账是用来登记库存现金每天的收入、支出和结存情况的账簿。企业应按币种设置现金日记账进行明细分类核算。现金日记账的格式一般有“三栏式”“多栏式”和“收付分页式”三种。在实际工作中大多采用的是“三栏式”账页格式。

现金日记账

第 1 页

年		凭证		摘要	对方科目	借方										贷方										余额									
月	日	字	号数			千	百	十	万	千	百	十	元	角	分	千	百	十	万	千	百	十	元	角	分	千	百	十	万	千	百	十	元	角	分

图 5－27 现金日记账的样式

银行存款日记账

第 1 页

年		凭证		摘要	对方科目	借方										贷方										余额									
月	日	字	号数			千	百	十	万	千	百	十	元	角	分	千	百	十	万	千	百	十	元	角	分	千	百	十	万	千	百	十	元	角	分

图 5－28 银行存款日记账的样式

（2）日记账的启用。

会计账簿是储存数据资料的重要会计档案；在账簿启用时，应在“账簿启用和经管人员一览表”中详细记载：单位名称、账簿页数、启用日期，并加盖单位公章；经管人员（包括企业负责人、主管会计、复核和记账人员等）均应签名盖章。记账人员或会计主管人员在本年度调动工作时，应注明交接日期、接办人员和监交人员姓名，并由交接双方签名或盖章，以明确经济责任。

账簿启用和经管人员一览表

单位名称		好佳童车厂			
账簿名称		现金日记账			
账簿页数					
使用日期		2011.10.01			
单位领导签章		梁 天	会计主管签章		钱 坤
经管人员职别	姓名	经管或接管日期	签章	移交日期	签章
出纳	赵丹	2011年10月01日		年 月 日	
		年 月 日		年 月 日	
		年 月 日		年 月 日	
		年 月 日		年 月 日	

图5－29 现金日记账的启用

（3）开设账户并录入期初余额。

①写上年、月、日。

②摘要写“上月结转”。

③根据科目余额表将二级或者三级科目余额登记在明细账对应账户的“余额”栏，并写清楚余额方向“借”或“贷”。

举例：“库存现金”账户的开设及期初余额录入（见图5－30），以同样的方法完成“银行存款”账户的开设及期初余额录入。

现金日记账

第 1 页

年		凭证		摘要	对方科目	借方										贷方										余额									
月	日	字	号数			千	百	十	万	千	百	十	元	角	分	千	百	十	万	千	百	十	元	角	分	千	百	十	万	千	百	十	元	角	分
10	1			上月结转																									2	0	0	0	0	0	0

图5－30 期初余额的录入

9. 财务会计期初建账

进入财务会计岗位，首先需要检查实习装备，包括科目余额表、期初文档及相关办公用品等；然后，根据已经具备的实习装备，开设负责的各个明细账账簿。

（1）认识明细账。

明细账也称明细分类账，是根据总账科目所属的明细科目设置的，用于分类登记某一类经济业务事项，提供有关明细核算资料。

明细账可采用订本式、活页式、三栏式、多栏式、数量金额式。

明细账是按照二级或明细科目设置的账簿，一般采用活页式账簿。各单位应结合自己的经济业务的特点和经营管理的要求，在总分类账的基础上设置若干明细分类账，作为总分类账的补充。明细分类账按账页格式不同可分为三栏式、数量金额式和多栏式。

①三栏式。三栏式明细账的账页只设借方、贷方和余额三个金额栏，不设数量栏。这种格式适用于那些只需要进行金额核算而不需要进行数量核算的明细核算，如“应收账款”“应付账款”等债权债务结算科目的明细分类核算。三栏式明细账样本如图5－31所示。

明细账

二级科目：______________

年		凭证		摘要	日页	借方									贷方									借或贷	余额								
月	日	种类	号数			百	十	万	千	百	十	元	角	分	百	十	万	千	百	十	元	角	分		百	十	万	千	百	十	元	角	分

图5－31　三栏式明细账的样式

②数量金额式。数量金额式明细账的账页按收入、发出和结余再分别设数量和金额栏。这种格式适用于既需要进行金额核算，又需要进行实物数量核算的各种财产物资的明细核算，如“原材料”“产成品”等财产物资科目的明细分类核算。数量金额式样本如图5－32所示。

最高存量：______　　　　**明细账**

最低存量：______

本账页数	
本户页数	

编号：______　　规格______　　单位______　名称______

年		凭证		摘要	借方											贷方											结存										
月	日	种类	号数		数量	单价	金额									数量	单价	金额									数量	单价	金额								
							百	十	万	千	百	十	元	角	分			百	十	万	千	百	十	元	角	分			百	十	万	千	百	十	元	角	分

图 5－32　数量金额式明细账的样式

③多栏式。多栏式明细账的账页按照明细科目或明细项目分设若干专栏，以在同一账页上集中反映各有关明细科目或某明细科目各明细项目的金额。这种格式适用于费用、成本、收入的明细核算，如“制造费用”“管理费用”“营业外收入”和“营业外支出”等科目的明细分类核算。多栏式明细账样本如图 5－33 所示。

生产成本明细账

批号：________ 产品名称：________ 规格型号：________ 计量单位：________ 第1页

年		凭证号	摘要	借方	成本项目					
月	日			百十万千百十元角分	百十万千百十元角分	百十万千百十元角分	百十万千百十元角分	百十万千百十元角分	百十万千百十元角分	百十万千百十元角分

图5-33 多栏式明细账的样式

（2）明细账的启用。

会计账簿是储存数据资料的重要会计档案；在账簿启用时，应在“账簿启用和经管人员一览表”中详细记载：单位名称、账簿页数、启用日期，并加盖单位公章；经管人员（包括企业负责人、主管会计、复核和记账人员等）均应签名盖章，如图 5－34 所示。记账人员或会计主管人员在本年度调动工作时，应注明交接日期、接办人员和监交人员姓名，并由交接双方签名或盖章，以明确经济责任。

账簿启用和经管人员一览表

单位名称		好佳童车厂			
账簿名称		三栏式明细账			
账簿页数					
使用日期		2011.10.01			
单位领导签章		梁天	会计主管签章		钱坤
经管人员职别	姓名	经管或接管日期	签章	移交日期	签章
财务会计	朱中华	2011 年 10 月 01 日		年 月 日	
		年 月 日		年 月 日	
		年 月 日		年 月 日	
		年 月 日		年 月 日	
		年 月 日		年 月 日	

图 5－34　三栏式明细账的启用

（3）开设账户。

按照会计科目表的顺序、名称，在明细账账页上建立二、三级明细账账户；每个明细科目至少建立一个账页，因为明细账是活页式，能添加账页，所以建账后若出现账页页数不够，可以随时添加账页；然后在每页写上二、三级明细账账户名称，并在每个账户起始页右边缘粘贴表明账户名称的口取纸，完成账户开设工作。

举例：“应付账款——北京彩虹耗材厂”明细账期初账户的开设如图 5－35 所示，同样的方法可以完成其他明细账账户的开设。

应付账款明细账

二级科目名称：北京彩虹耗材厂

年		凭证		摘要	借方										贷方										借或贷	余额										记账
月	日	种类	号数		千	百	十	万	千	百	十	元	角	分	千	百	十	万	千	百	十	元	角	分		千	百	十	万	千	百	十	元	角	分	

图5－35　账户的开设

（4）期初余额的录入。

期初余额的登记如图5－36所示。录入期初余额时注意以下问题：

①写上年、月、日。

②摘要写“上月结转”。

③根据科目余额表将二级或者三级科目余额登记在明细账对应账户的“余额”栏，并写清楚余额方向“借”或“贷”。

④无余额的账户只登记年，不登记月、日、摘要和余额，不用在余额处录入0。

应付账款明细账

二级科目名称：北京彩虹耗材厂

××年		凭证		摘要	借方										贷方										借或贷	余额										记账
月	日	种类	号数		千	百	十	万	千	百	十	元	角	分	千	百	十	万	千	百	十	元	角	分		千	百	十	万	千	百	十	元	角	分	
10	1			上月结转																					贷			2	3	4	0	0	0	0	0	

图5－36　期初余额的登记

10. 成本会计期初建账

图 5－37　明细账账皮

进入成本会计岗位，首先需要检查实习装备，包括单据、期初文档、账簿、报表及相关办公用品等；然后，根据已经具备的实习装备，开设数量金额明细账。

（1）认识三栏式明细账、数量金额明细账、多栏式明细账。

①三栏式明细账，三栏式明细账的账页只设借方、贷方和余额三个金额栏，不设数量栏。这种格式适用于那些只需要进行金额核算而不需要进行数量核算的明细核算，如“应付账款”等债权债务结算科目的明细分类核算。明细账账皮如图 5－37 所示。三栏式明细账账页如图 5－38 所示。

明细账

科目名称：　　　　　　　　　　　　　　　　　　　　　　　　　第　　页

年		凭证		摘　要	借　方										贷　方										借或贷	余　额										√
月	日	字	号数		千	百	十	万	千	百	十	元	角	分	千	百	十	万	千	百	十	元	角	分		千	百	十	万	千	百	十	元	角	分	

图 5－38　三栏式明细账账页

②数量金额式明细账，就是在借、贷、余三栏明细分类账的基础上，增设数量和单价栏，这种格式适用于既需要进行金额核算，又需要进行实物数量核算的各种财产物资的明细核算，如“原材料”“产成品”等财产物资科目的明细分类核算。

在这种明细分类账格式的上端，一般应该根据实际需要，设置一些必要的项目，如材料、产品的类别、名称、规格、计量单位、存放地点，有的还要标明最高和最低储备数量等。通过数量金额式明细账的记录，就能了解各种材料、产成品的增加、减少和结存的详细情况，以利于对材料、产成品的管理和日常监督。数量金额式明细账账页如图 5－39 所示。

最高存量：__________

最低存量：__________

明细账

本账页数	
本户页数	

编号：________ 规格________ 单位________ 名称________

年		凭证		摘要	借方											贷方											借或贷	结存										
月	日	种类	号数		数量	单价	金额									数量	单价	金额										数量	单价	金额								
							百	十	万	千	百	十	元	角	分			百	十	万	千	百	十	元	角	分				百	十	万	千	百	十	元	角	分

图 5－39　数量金额式明细账账页

③多栏式明细账，账页按照明细科目或明细项目分设若干专栏，以在同一账页上集中反映各有关明细科目或某明细科目各明细项目的金额。这种格式适用于费用、成本、收入和成果的明细核算，如“生产成本”“制造费用”等科目的明细分类核算。明细账一般采用活页式账簿。其账页格式如图 5－40 所示。

生产成本明细账

批号：________ 产品名称：________ 规格型号：________ 计量单位：________ 第 页

年		凭证号	摘要	借方									成本项目																																																		
月	日			百	十	万	千	百	十	元	角	分	百	十	万	千	百	十	元	角	分	百	十	万	千	百	十	元	角	分	百	十	万	千	百	十	元	角	分	百	十	万	千	百	十	元	角	分	百	十	万	千	百	十	元	角	分	百	十	万	千	百	十	元	角	分

图5-40 多栏式明细账账页

（2）明细账的启用。

会计账簿是储存数据资料的重要会计档案；在账簿启用时，应在“账簿启用和经管人员一览表”中详细记载：单位名称、账簿页数、启用日期，并加盖单位公章；经管人员（包括企业负责人、主管会计、复核和记账人员等）均应签名盖章，如图 5－41 所示。

账簿启用和经管人员一览表

单位名称		好佳童车厂			
账簿名称		数量金额明细账			
账簿页数					
使用日期		2011. 10. 01			
单位领导签章		梁天	会计主管签章		钱坤
经管人员职别	姓名	经管或接管日期	签章	移交日期	签章
成本会计	刘自强	2011 年 10 月 01 日	刘自强	年 月 日	
		年 月 日		年 月 日	
		年 月 日		年 月 日	
		年 月 日		年 月 日	
		年 月 日		年 月 日	
		年 月 日		年 月 日	
		年 月 日		年 月 日	

图 5－41　明细账的启用

说明：由于采用活页式账簿，账簿页数在启用时并不知道是多少，所以此栏内容先不填，等更换账簿时再补填。

（3）开设账户。

①数量金额明细账的开设。

在每页写上账户名称，填写账页上端内容，并在每个账户起始页右边缘粘贴表明账户名称的口取纸，完成账户开设工作。

以“原材料——坐垫”为例来说明数量金额明细账的开设方法，如图 5－42 所示。

最高存量：＿＿＿＿＿＿

最低存量：＿＿＿＿＿＿

原材料明细账

本账页数	
本户页数	

编号：B0003　　规格 HJM500　　单位 个　　名称 坐垫　　坐垫

年 月	日	凭证 种类	凭证 号数	摘要	借方 数量	借方 单价	借方 金额（百十万千百十元角分）	贷方 数量	贷方 单价	贷方 金额（百十万千百十元角分）	借或贷	结存 数量	结存 单价	结存 金额（百十万千百十元角分）

图 5－42　数量金额明细账账户的开设

②多栏式明细账的开设方法。

除按数量金额明细账开设方法填写上述内容外，还要在账页内按照核算要求开设若干成本项目。以“生产成本——经济童车”为例来说明多栏式明细账的开设方法，如图 5－43所示。

生产成本明细账

批号：______　　产品名称：普通童车______　　规格型号：______　　计量单位：辆______　　第　页

<table>
<tr><th colspan="2">年</th><th rowspan="3">凭证号</th><th rowspan="3">摘　要</th><th colspan="9" rowspan="2">借　方</th><th colspan="54">成　本　项　目</th></tr>
<tr><th rowspan="2">月</th><th rowspan="2">日</th><th colspan="9">直接材料</th><th colspan="9">直接人工</th><th colspan="9">制造费用</th><th colspan="9"></th><th colspan="9"></th><th colspan="9"></th></tr>
<tr><th>百</th><th>十</th><th>万</th><th>千</th><th>百</th><th>十</th><th>元</th><th>角</th><th>分</th><th>百</th><th>十</th><th>万</th><th>千</th><th>百</th><th>十</th><th>元</th><th>角</th><th>分</th><th>百</th><th>十</th><th>万</th><th>千</th><th>百</th><th>十</th><th>元</th><th>角</th><th>分</th><th>百</th><th>十</th><th>万</th><th>千</th><th>百</th><th>十</th><th>元</th><th>角</th><th>分</th><th>百</th><th>十</th><th>万</th><th>千</th><th>百</th><th>十</th><th>元</th><th>角</th><th>分</th><th>百</th><th>十</th><th>万</th><th>千</th><th>百</th><th>十</th><th>元</th><th>角</th><th>分</th><th>百</th><th>十</th><th>万</th><th>千</th><th>百</th><th>十</th><th>元</th><th>角</th><th>分</th></tr>
</table>

图5-43　多栏式明细账账户的开设

③三栏式明细账的开设。

同数量金额明细账的开设基本相同。如“应付账款——河北钢铁厂”账户的开设如图 5－44 所示。

应付账款明细账

科目名称：河北钢铁厂　　　　第　　页

年		凭证		摘要	借方										贷方										借或贷	余额										√
月	日	字	号数		千	百	十	万	千	百	十	元	角	分	千	百	十	万	千	百	十	元	角	分		千	百	十	万	千	百	十	元	角	分	

图 5－44　三栏式明细账账户的开设

（4）数量金额明细账期初余额的登记。

以坐垫为例，数量金额明细账期初余额的登记如图 5－45 所示。

①写上年、月、日。

②摘要写“上月结转”。

③根据科目余额表依次将数量、单价、金额登记在数量金额账“结存栏”对应位置，并写清楚余额方向“借”或“贷”。

④无余额的账户不需登记。

原材料明细账

最高存量：

最低存量：

本账页数	
本户页数	

坐垫

编号：B0003　　规格 HJM500　　单位 个　　名称 坐垫

年		凭证		摘要	借方											贷方											借或贷	结存										
					数量	单价	金额									数量	单价	金额										数量	单价	金额								
月	日	种类	号数				百	十	万	千	百	十	元	角	分			百	十	万	千	百	十	元	角	分				百	十	万	千	百	十	元	角	分
10	01			上月结转																							借	5000	50		2	5	0	0	0	0	0	0

图 5－45　数量金额明细账期初余额的登记

（5）多栏式明细账期初余额的登记。

以经济童车为例生产成本明细账的登记如图 5－46 所示。

①写上年、月、日。

②摘要写“上月结转”。

③根据科目余额表依次将余额登记在借方及相应成本项目栏内。

生产成本明细账

批号：______ 产品名称：普通童车 规格型号：______ 计量单位：辆 第 页

年 月	日	凭证号	摘要	借方	成本项目 直接材料	直接人工	制造费用			
				百十万千百十元角分	百十万千百十元角分	百十万千百十元角分	百十万千百十元角分	百十万千百十元角分	百十万千百十元角分	百十万千百十元角分
10	01		上月转结（4000）	1 3 2 0 0 0 0 0 0	1 3 2 0 0 0 0 0 0					

图5-46 多栏式明细账期初余额的登记

(6) 三栏式明细账期初余额的登记。

以河北钢铁厂为例，三栏式明细账期初余额的登记如图 5－47 所示。

应付账款明细账

科目名称：河北钢铁厂　　　　第　　页

年		凭证		摘　要	借　方										贷　方										借或贷	余　额										√
月	日	字	号数		千	百	十	万	千	百	十	元	角	分	千	百	十	万	千	百	十	元	角	分		千	百	十	万	千	百	十	元	角	分	
10	1			上月结转																					贷			3	5	1	0	0	0	0	0	

图 5－47　三栏式明细账期初余额的登记表

注意：期初余额登记完毕后，要和其他会计一起与总账进行账账核对，以确保期初余额的试算平衡。

五、企业工商注册（见第四章）

六、争先创新评比——招聘工作总结

1. 业务概述

招聘工作总结是对过去某段时间或某个招聘项目的招聘准备、实施及招聘效果等工作的概括和提炼，反思错误与不足，总结成果与经验，进而提升招聘工作水平的过程。

本实习开始时就要进行公司的组建工作，人力资源部经理需要负责公司除总经理、人力资源部经理两个岗位外的其他岗位的招聘配置工作。本任务的招聘工作总结即以这次招聘工作过程为背景，各个企业的人力资源经理参与进行同行间的业务交流。

2. 业务流程

招聘工作总结业务流程如表 5－35 所示。

表5-35 招聘工作总结业务流程

序号	操作步骤	角色	操作内容
1	通知开展争先创优评比	服务公司业务员	1. 通知各企业人力资源工作人员开展争先创优评比，告知时间、地点 2. 告知各企业人力资源工作人员招聘工作总结汇报要求 3. 发放招聘工作总结争先创优评分表
2	招聘工作总结汇报	人力资源部经理	1. 回忆、思考本单位招聘的流程、测评方法的选择、面试实施、招聘的效果分析及这一时期招聘工作的经验与不足等各个方面 2. 了解招聘工作总结操作手册中的总结撰写要求 3. 按照招聘工作总结报告的写作要求撰写招聘工作总结报告 4. 准备参加招聘工作总结同行交流会 5. 各企业人力资源部经理集合，商议总结汇报会召开的时间、地点并确定会议组织者 6. 汇报自己公司的招聘工作情况，并给其他汇报单位评分
3	招聘工作总结汇报	客户行政主管	1. 回忆、思考本单位招聘的流程、测评方法的选择、面试实施、招聘的效果分析及这一时期招聘工作的经验与不足等各个方面 2. 了解招聘工作总结操作手册中的总结撰写要求 3. 按照招聘工作总结报告的写作要求撰写招聘工作总结报告 4. 准备参加招聘工作总结同行交流会 5. 各企业人力资源部经理集合，商议总结汇报会召开的时间、地点并确定会议组织者 6. 汇报自己公司的招聘工作情况，并给其他汇报单位评分
4	招聘工作总结汇报	供应商行政主管	1. 回忆、思考本单位招聘的流程、测评方法的选择、面试实施、招聘的效果分析及这一时期招聘工作的经验与不足等各个方面 2. 了解招聘工作总结操作手册中的总结撰写要求 3. 按照招聘工作总结报告的写作要求撰写招聘工作总结报告 4. 准备参加招聘工作总结同行交流会 5. 各企业人力资源部经理集合，商议总结汇报会召开的时间、地点并确定会议组织者 6. 汇报自己公司的招聘工作情况，并给其他汇报单位评分
5	收集招聘工作总结评分表	服务公司业务员	1. 敦促各企业人力资源工作人员进行评分 2. 收集招聘工作总结评分表 3. 统计各项目得分 4. 将最终得分交指导教师

第二节 日常任务

一、组织人员培训（见第八章第二节二）

二、培训费报销

1. 业务概述

本实习中费用报销主要是日常费用报销，人力资源部报销项目主要有办公费、招聘费和培训费。

2. 业务流程

培训费报销业务流程如表5－36所示。

表5－36 培训费报销业务流程

序号	操作步骤	角色	操作内容
1	根据发票填写支出凭单	人力资源助理	1. 人力资源助理根据发票填写支出凭单 2. 将原始凭证作为附件粘贴在支出凭单后面，请部门经理审核
2	审核支出凭单	人力资源部经理	人力资源部经理审核支出凭单，确认是否在预算项目及金额内
3	业务审核	费用会计	费用会计审查业务单据的真实性和合法性
4	业务审核	财务部经理	财务部经理审核业务单据的合理性
5	支付现金	出纳	支付现金给报销人
6	填制记账凭证	费用会计	费用会计填制记账凭证
7	审核记账凭证	财务部经理	财务部经理审核记账凭证
8	登记现金日记账	出纳	出纳登记现金日记账
9	登记科目明细账	费用会计	费用会计登记科目明细账

三、支付水电费

1. 业务概述

费用会计根据水电费发票，每月一次提请出纳开具转账支票，支付水电费并做账务处理。

2. 业务流程

支付水电费业务流程如表5－37所示。

表5－37　支付水电费业务流程

序号	操作步骤	角色	操作内容
1	填写支出凭单	费用会计	1. 填写支出凭单，并将水电费发票粘贴在后面 2. 将支出凭单送交财务部经理审核
2	审核支出凭单	财务部经理	1. 审核支出凭单填写的准确性 2. 审核水电费支出业务的真实性 3. 审批签字
3	办理支付手续	出纳	1. 接到财务经理签批后的费用支出凭单 2. 签发转账支票并盖章
4	登记支票登记簿	出纳	根据支票内容登记支票登记簿
5	填制记账凭证	费用会计	1. 接收出纳传递来的支票存根及支出凭单 2. 填制记账凭证 3. 送财务部经理审核
6	审核记账凭证	财务部经理	1. 接收费用会计交给的记账凭证，进行审核 2. 审核后，交出纳登记银行存款日记账
7	登记日记账	出纳	1. 接收财务部经理交给的审核后的记账凭证 2. 根据记账凭证登记银行存款日记账 3. 将记账凭证交费用会计登记科目明细账
8	登记科目明细账	费用会计	1. 接收出纳交给的记账凭证 2. 根据记账凭证登记费用科目明细账

四、购买增值税发票

1. 业务概述

发票是指一切单位和个人在购销商品、提供劳务或接受劳务、服务以及从事其他经营活动，所提供给对方的收付款的书面证明，是财务收支的法定凭证，是会计核算的原始依据，也是审计机关、税务机关执法检查的重要依据。

2. 业务流程

购买增值税发票业务流程如表5－38所示。

表5－38　购买增值税发票业务流程

序号	操作步骤	角色	操作内容
1	到税务局购买发票	税务会计	携带税务登记证副本、发票存根和财务章到税务局购买发票

续上表

序号	操作步骤	角色	操作内容
2	销售发票	国税局专管员	1. 销售增值税专用发票 2. 登记发票登记簿 3. 将发票交税务会计
3	开具收费凭证	国税局专管员	开具收费凭证
4	填制记账凭证	费用会计	1. 接收税务会计交来的收费凭证 2. 填制记账凭证
5	审核记账凭证	财务部经理	财务经理审核记账凭证
6	付款并登记日记账	出纳	1. 接收财务经理审核过的记账凭证 2. 支付现款并登记日记账
7	登记科目明细账	费用会计	1. 接收出纳交来的记账凭证 2. 登记科目明细账

五、购买支票（制造企业、供应商、客户）

1. 业务概述

支票是出票人签发，委托办理支票存款业务的银行或者其他金融机构在见票时无条件支付确定的金额给收款人或持票人的票据。

开立基本存款账户后便可以在开户行购买现金支票和转账支票，在开户行购买支票时需要带上在银行预留的印鉴（法人章和财务章）。

支票是以银行为付款人的即期汇票，可以看作汇票的特例。支票出票人签发的支票金额，不得超出其在付款人处的存款金额。如果存款低于支票金额，银行将拒付给持票人。这种支票称为空头支票，出票人要负法律上的责任。

开立支票存款账户和领用支票，必须有可靠的资信，并存入一定的资金。支票可分为现金支票和转账支票。支票一经背书即可流通转让，具有通货作用，成为替代货币发挥流通手段和支付手段职能的信用流通工具。运用支票进行货币结算，可以减少现金的流通量，节约货币流通费用。

（1）支票的必要项目。

①“支票”字样。

②无条件支付命令。

③出票日期。

④出票人名称及签字。

⑤付款银行名称及地址（未载明付款地点者，付款银行所在地视为付款地点）。

⑥付款人。

⑦付款金额。

出票地点不是必须填写项（未载明出票地点者，出票人名字旁的地点视为出票地）。

（2）申办条件。

①开立支票存款账户，申请人必须使用其本名，并提交证明其身份的合法证件。

②开立支票存款账户，申请人应当预留其本人的签名式样和印鉴。

③开立支票存款账户和领用支票，应当有可靠的资信，并存入一定的资金。

2. 业务流程

购买支票业务流程如表 5－39 所示。

表 5－39 购买支票业务流程

序号	操作步骤	角色	操作内容
1	到银行购支票	出纳（供应商行政主管、客户行政主管）	携带银行印鉴到银行购买支票
2	验证银行印鉴	银行柜员	验证银行印鉴
3	销售支票	银行柜员	在 VBSE 系统中销售支票
4	打印收费凭证	银行柜员	1. 按支票销售量及价格收取相应现金 2. 打印收费凭证
5	登记支票簿	银行柜员	登记支票簿上记录支票号码
6	将支票及收费凭证交给出纳	银行柜员	将支票及收费凭证交给出纳
7	填制记账凭证——购买支票	财务会计（供应商总经理、客户总经理）	1. 接收出纳交来的收费凭证 2. 编制记账凭证，将原始单据作为附件粘贴
8	审核记账凭证——购买支票	财务部经理	1. 审核财务会计编制的记账凭证 2. 签字
9	登记现金日记账	出纳（供应商行政主管、客户行政主管）	1. 根据记账凭证登记现金日记账 2. 将垫付的支票购买款支出 3. 登记支票登记簿 4. 将记账凭证交财务会计
10	登记科目明细账	财务会计	1. 接收出纳交来的经审核的记账凭证 2. 登记科目明细账

六、与供应商签订采购合同

1. 业务概述

签订采购合同是企业与选择的供应商针对商品的品种、规格、技术标准、质量保证、订购数量、包装要求、售后服务、价格、交货日期与地点、运输方式、付款条件等进行反复磋商、双方无异议后，为建立双方满意的购销关系而办理的法律手续。

2. 业务流程

与供应商签订采购合同业务流程如表5-40所示。

表5-40 与供应商签订采购合同业务流程

序号	操作步骤	角色	操作内容
1	起草采购合同	采购员	1. 根据采购计划选择合适的供应商，沟通采购细节内容 2. 起草采购合同，一式两份
2	合同会签	采购员	1. 填写合同会签单 2. 将采购合同和合同会签单送交采购部经理审核
3	审核采购合同	采购部经理	1. 接收采购员交来的采购合同及合同会签单 2. 审核采购合同内容填写的准确性和合理性 3. 在合同会签单上签字确认
4	审核采购合同	财务部经理	1. 收到采购员交给的采购合同及合同会签单 2. 审核采购合同的准确性和合理性 3. 在合同会签单上签字
5	审批采购合同	总经理	1. 接收采购员送来的采购合同及合同会签单 2. 审核采购部经理和财务部经理是否审核签字 3. 审核采购合同的准确性和合理性 4. 在合同会签单上签字 5. 在采购合同上签字 6. 签完交给采购部经理
6	合同盖章	行政助理	1. 采购部经理把采购合同和合同会签单交给采购员去盖章 2. 采购员拿采购合同和合同会签单找行政助理盖章 3. 行政助理检查合同会签单是否签字 4. 行政助理给合同盖章 5. 行政助理将盖完章的采购合同交采购员
7	采购合同存档	行政助理	1. 收到采购合同 2. 更新合同管理表——采购合同 3. 登记完，把采购合同留存备案

七、录入材料采购订单

1. 业务概述

制造业与供应商经过磋商签订了采购合同后，制造业的采购员将采购订单的基本信息录入VBSE系统，系统将根据录入的信息执行未来的采购收货及付款等业务。

2. 业务流程

录入材料采购订单业务流程如表5－41所示。

表5－41 录入材料采购订单业务流程

操作步骤	角色	操作内容
在VBSE系统中录入采购订单	采购员	根据制造业与供应商签订好的采购合同，将采购订单信息录入VBSE系统

八、确认制造企业采购订单（见第六章第二节十二）

九、采购入库

1. 业务概述

采购入库是指供应商发出的货物抵达企业，同时开具了该张采购订单所对应的发票。采购员协助仓管员办理采购入库手续，仓管员填写入库单确认货物入库，仓储部经理登记库存台账，材料会计登记存货明细账，成本会计凭发票确认应付账款。

2. 业务流程

采购入库业务流程如表5－42所示。

表5－42 采购入库业务流程

序号	操作步骤	角色	操作内容
1	核对发货单、发票及实物	采购员	1. 采购员接收供应商发来的材料，附有发货单、发票和实物 2. 根据采购订单核对发货单和发票及实物 3. 协助仓管员进行原料验收
2	物料验收	仓管员	1. 根据发货单和检验标准进行质量、数量、包装检测 2. 根据检验结果填写物料检验单，并签字确认 3. 检验无误，在发货单上签字
3	填写采购入库单	仓管员	1. 根据物料检验单填写采购入库单（一式三联） 2. 然后送交仓储部经理审核 3. 将审核后的入库单自留一份，另外两联交采购部和财务部
4	审核采购入库单	仓储部经理	审核原材料入库单的准确性和合理性，在入库单上签字
5	登记采购合同执行情况表	采购员	1. 采购员接收到仓库员送来的采购入库单 2. 采购员登记采购合同执行情况表 3. 采购员将发票（发票联和抵扣联）和对应的采购入库单的财务联送交财务
6	在VBSE系统中处理采购到货	仓储部经理	在VBSE系统中确定采购物料到货

续上表

序号	操作步骤	角色	操作内容
7	填写物料卡	仓管员	1. 仓管员将货物摆放到货位，根据入库单数量填写物料卡 2. 将入库单交仓储部经理登记台账
8	登记库存台账	仓储部经理	仓储部经理根据入库单登记库存台账
9	填制记账凭证	成本会计	1. 接收到采购员交给的发票和入库单 2. 填制记账凭证 3. 送财务部经理审核
10	审核记账凭证	财务部经理	1. 接收财务会计交给的记账凭证，进行审核 2. 审核后，交成本会计登记科目明细账
11	登记明细账	成本会计	1. 根据入库单登记存货明细账 2. 根据记账凭证登记科目明细账（应付账款）
12	登记明细账	财务会计	根据记账凭证登记科目明细账（应交税费）

十、材料款支付

1. 业务概述

采购员查看采购合同执行情况表，确认应付款情况，找到相应的采购订单和采购入库单，并据此填写支出凭单，经财务部门审核通过，向供应商支付上期已到货材料款。

2. 业务流程

材料款支付业务流程如表 5－43 所示。

表 5－43　材料款支付业务流程

序号	操作步骤	角色	操作内容
1	填写支出凭单	采购员	1. 填写支出凭单（把对应的采购订单的单号和入库单的单号写上） 2. 将填写的支出凭单交给采购部经理审核 3. 将采购部经理审核后的支出凭单交给应付会计审核 4. 将支出凭单交给财务部经理审核 5. 拿支出凭单去财务部出纳处办理付款手续
2	业务审核	采购部经理	1. 接收采购员送来的支出凭单 2. 根据采购合同执行情况表及订单、入库单、发票等资料审核支出凭单内容填写的准确性和合理性 3. 审核无误，签字
3	审核支出凭单	应付会计	1. 审核支出凭单填写的准确性 2. 审核支出凭单附件的合法性和真实性 3. 审核无误，签字

续上表

序号	操作步骤	角色	操作内容
4	业务审核	财务部经理	1. 审核支出凭单填写的准确性 2. 审核支出凭单附件的合法性和真实性 3. 审核资金使用的合理性 4. 审核无误，签字
5	填写支票	出纳	1. 根据审核的支出凭单填写转账支票 2. 将支出凭单及支票根交应付会计
6	登记支票登记簿	出纳	1. 登记支票登记簿 2. 将支票交采购员
7	接收转账支票并送交给卖方	采购员	1. 接收出纳签发的支票 2. 将转账支票送交给卖方以支付货款
8	填制记账凭证	应付会计	1. 接收到出纳交给的支票根和支出凭单 2. 填制记账凭证 3. 送财务部经理审核
9	审核记账凭证	财务部经理	1. 接收应付会计交给的记账凭证 2. 审核记账凭证填写的准确性 3. 审核无误签字，交出纳登记银行日记账
10	登记银行存款日记账	出纳	1. 接收财务部经理交给的审核后的记账凭证 2. 根据记账凭证登记银行日记账 3. 将记账凭证交应付会计登记科目明细账
11	登记科目明细账	应付会计	1. 接收出纳交给的记账凭证 2. 根据记账凭证登记科目明细账

十一、货款回收（见第六章第二节十五）

十二、客户谈判

1. 业务概述

制造企业的销售专员，收集客户的需求，并与客户就合同主要条款（品种规格、数量、价格、交货期等）进行磋商。

2. 业务流程

客户谈判业务流程如表 5－44 所示。

表5－44 客户谈判业务流程

操作步骤	角色	操作内容
确定客户并谈判	销售专员	1. 走访客户或以其他方式与客户保持联系，获得潜在客户的采购信息 2. 与客户进行沟通，落实意向客户 3. 与意向客户就供货时间、数量、价格、结算条件、运输方式等进行磋商，为签订购销合同做准备

十三、与客户签订合同

1．业务概述

签订购销合同是企业与客户针对商品的品种、规格、技术标准、质量保证、订购数量、包装要求、售后服务、价格、交货日期与地点、运输方式、付款条件等进行反复磋商、双方无异议后，为建立双方满意的购销关系而办理的法律手续。

2．业务流程

与客户签订合同业务流程如表5－45所示。

表5－45 与客户签订合同业务流程

序号	操作步骤	角色	操作内容
1	拟订购销合同	销售专员	1. 销售专员根据销售计划与客户沟通销售合同细节内容 2. 起草购销合同，一式两份
2	填写合同会签单	销售专员	1. 填写合同会签单 2. 将购销合同和合同会签单送交营销部经理审核
3	审核购销合同	营销部经理	1. 接收销售专员交给的购销合同及合同会签单 2. 审核购销合同内容填写的准确性和合理性 3. 在合同会签单上签字确认
4	审批购销合同	总经理	1. 接收销售专员送来的购销合同及合同会签单 2. 审核营销部经理是否审核签字 3. 审核购销合同的准确性和合理性 4. 在合同会签单上签字 5. 在购销合同上签字 6. 总经理签完交给营销部经理
5	合同盖章	行政助理	1. 营销部经理把购销合同和合同会签单交给销售专员去盖章 2. 销售专员拿购销合同和合同会签单找行政助理盖章 3. 行政助理检查合同会签单是否签字 4. 行政助理给合同盖章 5. 行政助理将盖完章的购销合同交还销售专员

续上表

序号	操作步骤	角色	操作内容
6	登记销售订单明细表	销售专员	销售专员根据购销合同内容将销售订单信息登记在销售订单明细表中
7	汇总销售订单	营销部经理	营销部经理将订单信息的主要内容登记在“汇总销售订单”中，并将其中一联交生产计划部经理，以便生产计划部安排生产
8	购销合同存档	行政助理	1. 收到购销合同 2. 更新合同管理表——购销合同 3. 登记完，把购销合同留存备案

十四、制造业销售专员录入销售订单

1. 业务概述

制造业与客户经过磋商签订了销售合同后，制造业的销售专员将销售订单的基本信息录入 VBSE 系统，系统将根据录入的信息执行未来的销售发货及收款等业务。

2. 业务流程

制造业销售专员录入销售订单业务流程如表 5－46 所示。

表 5－46　制造业销售专员录入销售订单业务流程

操作步骤	角色	操作内容
在 VBSE 系统中录入销售订单	销售专员	根据制造业与客户签订好的销售合同，将销售订单信息录入 VBSE 系统

十五、确认制造业销售订单

（见第七章第二节七）

十六、销售发货

1. 业务概述

销售发货是指销售员依据销售订单交货日期填写产品发货单，仓管员填写出库单由销售员发货给客户，财务部根据发货出库单开具销售发票，当客户收货确认后销售员需登记销售发货明细。

2. 业务流程

销售发货业务流程如表 5－47 所示。

表5-47 销售发货业务流程

序号	操作步骤	角色	操作内容
1	填制发货单	销售专员	1. 根据销售订单明细表和发货计划填制发货单 2. 报部门经理和财务部经理审核
2	审核发货单	营销部经理	1. 根据销售订单明细表审核发货单，确认客户名称、产品名称、型号等重要项的填写 2. 发货单签字，将审核完的发货单交还销售专员 3. 销售专员留存发货单第一联，将第二联送仓储部，第三联送财务部
3	审核发货单	财务部经理	审核发货单并签字
4	填制销售出库单	仓管员	1. 根据发货单填制销售出库单 2. 请销售专员签字 3. 提交至部门经理审批
5	审核销售出库单	仓储部经理	1. 仓储部经理审核销售出库单 2. 办理出库手续
6	开具增值税专用发票	税务会计	1. 从销售专员处获取卖给该客户的销售价格 2. 根据销售出库单，结合销售价格，开具销售发票
7	填制收入记账凭证	应收会计	1. 根据开具的发票填制记账凭证 2. 将记账凭证交给财务经理审核
8	审核记账凭证	财务部经理	1. 接收财务会计交给的记账凭证，进行审核 2. 审核后，交成本会计登记科目明细账
9	登记数量金额明细账	成本会计	1. 根据出库单填写存货明细账 2. 只填写数量，月末计算成本
10	填写物料卡	仓管员	1. 办理出库手续，更新物料卡 2. 把出库单给销售专员一联 3. 把仓库联送给仓储部经理登记台账 4. 把出库单送成本会计一联
11	登记库存台账	仓储部经理	根据出库单填写库存台账，登记完交仓管员留存备案
12	在 VBSE 系统中处理销售发货	销售专员	在 VBSE 系统中选择发货的订单，并确认
13	登记销售发货明细表	销售专员	1. 根据发货单进行销售发运，并将发货单第四联送交客户 2. 登记销售发货明细表

十七、采购入库（见第七章第二节九）

十八、支付货款（见第七章第二节十）

十九、货款回收

1. 业务概述

销售实现之后，销售专员需要按照销售合同的约定期限跟踪催促货款的收回。客户通过转账支票的方式进行付款，企业出纳人员前往银行送存转账支票，财务部做账务处理。

2. 业务流程说明

货款回收业务流程如表 5－48 所示。

表 5－48 货款回收业务流程

序号	操作步骤	角色	操作内容
1	接收客户签发的支票	销售专员	接收客户采购员工交付的转账支票
2	填写进账单	出纳	填写银行进账单
3	银行转账（支票）	银行柜员	1. 银行柜员接收进账单和转账支票 2. 银行柜员在 VBSE 系统中进行转账操作 3. 银行柜员在进账单上盖开户行的印章
4	把进账单交应付会计	出纳	将银行进账单回单交应付会计作为记账凭证
5	填制记账凭证	应付会计	1. 接收出纳送来的银行进账单回单 2. 填制记账凭证 3. 将附件粘贴到记账凭证后面 4. 将记账凭证交财务部经理审核
6	审核记账凭证	财务部经理	1. 接收应付会计送来的记账凭证 2. 审核记账凭证的附件是否齐全、正确 3. 审核记账凭证的编制是否正确 4. 审核完毕，交出纳登记银行存款日记账
7	登记银行日记账	出纳	1. 根据审核后的记账凭证登记银行日记账 2. 登记完毕后，交应付会计登记明细账
8	登记明细账	应付会计	1. 接收出纳送来的记账凭证 2. 核对财务部经理是否已审核 3. 根据审核后的记账凭证登记科目明细账 4. 通知销售专员，货款已回收
9	更新销售订单明细表	销售专员	接到应付会计的通知后，更新销售订单明细表中回款项目

二十、申请抵押贷款

1. 业务概述

抵押贷款指借款者以一定的抵押品作为物品保证向银行取得的贷款。它是商业银行的一种放款形式，抵押品通常包括有价证券、国债券、各种股票、房地产以及货物的提单、栈单或其他各种证明物品所有权的单据。贷款到期，借款者必须如数归还，否则银行有权处理抵押品，作为一种补偿。在 VBSE 系统中，银行放贷具体方式如表 5－49 所示。

表 5－49 银行放贷方式

筹资方式	融资手段	贷款利率	贷款限额	贷款期限	还款约定
银行抵押贷款	长期贷款	8%	按抵押物评估价值的 30%～70%	按年，最长 5 年，最短 2 年	每季付息，到期还本

2. 业务流程

申请抵押贷款业务流程如表 5－50 所示。

表 5－50 申请抵押贷款业务流程

序号	操作步骤	角色	操作内容
1	确定贷款额度	财务部经理	根据企业资金需要量确定贷款额度
2	写贷款申请书	财务部经理	1. 实训中不使用格式化贷款申请书，由财务经理写贷款申请书，主要条款是：发放贷款银行名称、贷款期限、贷款金额、抵押物名称及价值、贷款企业名称等 2. 向总经理提交贷款申请书
3	审批贷款	总经理	根据财务经理提出的贷款额度与企业的资金需求计划审核贷款额度的合理性并签批
4	发放贷款	银行柜员	1. 接收企业财务经理的贷款申请 2. 在 VBSE 系统中为企业发放贷款
5	打印借款回执	银行柜员	1. 打印借款回单 2. 将回单交财务经理
6	编制记账凭证	财务会计	1. 接收财务经理交来的银行借款回单 2. 根据借款回单编制记账凭证
7	审核记账凭证	财务部经理	审核财务会计编制的记账凭证
8	登记银行存款明细账	出纳	1. 接受财务经理审核过的记账凭证 2. 登记银行存款明细账
9	登记科目明细账	财务会计	登记银行借款科目明细账

二十一、支付贷款利息

1. 业务概述

贷款利息，是指贷款人因为发出货币资金而从借款人手中获得的报酬，也是借款人使用资金必须支付的代价。

贷款利息 = 贷款金额 × 贷款利率 × 贷款期限

2. 业务流程

支付贷款利息业务流程如表 5－51 所示。

表 5－51　支付贷款利息业务流程

序号	操作步骤	角色	操作内容
1	签发支票偿还利息	出纳	1. 根据企业贷款额度以及贷款利率计算企业应该归还的利息金额，签发转账支票 2. 将转账支票送到银行
2	银行转账	银行柜员	从企业贷款户头扣划应该归还的借款利息
3	打印回执	银行柜员	1. 打印借款利息扣划凭条 2. 在回执联盖“转讫”印章
4	给财务会计送单据	出纳	将利息凭条及支票存根送交财务会计做账务处理
5	填制记账凭证	财务会计	1. 根据利息凭条及支票存根编制记账凭证 2. 将记账凭证交财务部经理审核
6	审核记账凭证	财务部经理	审核财务会计的记账凭证
7	登记银行存款日记账	出纳	1. 接收财务经理审核过的记账凭证 2. 登记银行存款日记账
8	登记科目明细账	财务会计	登记多栏式财务费用科目明细账

二十二、机加车间生产派工

1. 业务概述

生产计划部经理依据之前编制的生产加工计划查看车间产能状况，对车间进行派工。对各个工作岗位的生产任务进行具体安排，并检查各项生产准备工作，保证现场按生产作业计划进行生产。

2. 业务流程

机加车间生产派工业务流程如表 5－52 所示。

表 5－52 机加车间生产派工业务流程

序号	操作步骤	角色	操作内容
1	填写派工单	生产计划部经理	1. 根据主生产计划表编制车架派工单 2. 车架派工单一式两份 3. 下达一份车架派工单给车间管理员 4. 另一份车架派工单自己留存
2	机加车间生产派工	车间管理员	1. 接收派工单 2. 安排车架生产 3. 根据派工单登记车架的生产执行情况表
3	在 VBSE 系统中进行机加车间派工	车间管理员	选择有空余产能的设备进行派工，派工成功后会占用资源产能，占用工人，直至完工入库时才能释放产能，释放人力

二十三、组装车间生产派工

1. 业务概述

生产计划部经理依据之前编制的生产加工计划查看车间产能状况，对车间进行派工。对各个工作岗位的生产任务进行具体安排，并检查各项生产准备工作，保证现场按生产作业计划进行生产。

2. 业务流程

组装车间生产派工业务流程如表 5－53 所示。

表 5－53 组装车间生产派工业务流程

序号	操作步骤	角色	操作内容
1	填写派工单	生产计划部经理	1. 根据主生产计划表编制童车派工单 2. 童车派工单一式两份 3. 下达一份童车派工单给车间管理员 4. 另一份童车派工单自己留存
2	组装车间生产派工	车间管理员	1. 接收派工单 2. 安排童车组装生产 3. 根据派工单登记童车组装的生产执行情况表
3	在 VBSE 系统中进行组装车间派工	车间管理员	选择有空余产能的组装流水线进行派工，派工成功后会占用资源产能，占用工人，直至完工入库时才能释放产能，释放人力

二十四、生产领料和车架开工

1. 业务概述

车间管理员根据生产计划部经理下达的半成品车架派工单，查看物料结构，填写领料单，进行生产领料。仓管员检查生产用料，办理材料出库，填写材料出库单和物料卡，生产工人开始这个月的车架生产。

2. 业务流程

生产领料、车架开工业务流程如表 5－54 所示。

表 5－54　生产领料和车架开工业务流程

序号	操作步骤	角色	操作内容
1	填写车架领料单	车间管理员	1. 根据派工单和 BOM 填写一式三联领料单 2. 送生产计划部经理审核
2	审核车架领料单	生产计划部经理	1. 接收领料单 2. 根据派工单和 BOM 审核领料单填写的准确性 3. 审核无误签字 4. 将审核完毕的领料单交车间管理员到仓库领料
3	检查车架生产用料	仓管员	1. 仓库员接到领料单 2. 根据库存和 BOM 核对物料库存情况 3. 确认无误后在领料单上签字
4	填写车架材料出库单	仓管员	1. 根据领料单填写车架出库单 2. 将领料单附在出库单后送仓储部经理审核
5	审核车架材料出库单	仓储部经理	1. 接收仓管员送来的附有领料单的出库单 2. 审核出库单填写的准确性 3. 审核无误，签字
6	办理车架材料出库并更新物料卡	仓管员	1. 办理材料出库，车间管理员在材料出库单上签字确认 2. 材料出库单的生产计划部联交车间管理员随材料一起拿走 3. 更新物料卡 4. 材料出库单财务部联交财务部 5. 材料出库单仓储部联交仓储部经理登记库存台账
7	在 VBSE 系统中进行生产领料	车间管理员	根据领料单在 VBSE 系统中记录生产领料情况
8	登记库存台账	仓储部经理	1. 接收仓管员送来的车架材料出库单 2. 根据材料出库单登记库存台账 3. 登记完交仓管员留存备案
9	登记存货明细账	成本会计	1. 接收仓管员送来的车架材料出库单 2. 根据出库单登记存货明细账（注意：只填写数量，月末进行成本核算，出库单作月末成本计算依据）

二十五、生产领料和童车组装

1. 业务概述

车间管理员根据生产计划部经理下达的成品组装派工单，查看产品组装结构明细，填写领料单，仓管员检查整车组装所需的齐套料，办理出库手续，生产管理员领料生产，并进行整车组装。

2. 业务流程

生产领料、童车组装业务流程如表5－55所示。

表5－55 生产领料和童车组装业务流程

序号	操作步骤	角色	操作内容
1	填写整车领料单	车间管理员	1. 根据派工单和BOM填写一式两联的领料单 2. 送生产计划部经理审批
2	审核整车领料单	生产计划部经理	1. 接收车间管理员送来的童车领料单 2. 根据派工单和BOM审核童车领料单填写的准确性 3. 审核无误，签字
3	齐套检查	仓管员	1. 接收车间管理员送来的童车领料单 2. 根据库存和BOM核对童车领料单上物料的库存情况 3. 确认库存物料满足领料单要求，在领料单“仓储部”位置后签字确认
4	填写材料出库单	仓管员	1. 核对完毕，根据领料单填写材料出库单（一式三联） 2. 填完送仓储部经理审核
5	审核材料出库单	仓储部经理	1. 接收仓管员送来的附有领料单的材料出库单 2. 审核材料出库单填写的准确性 3. 审核无误，签字
6	填写物料卡	仓管员	1. 办理材料出库，出完料让车间管理员在材料出库单上签字确认 2. 材料出库单的生产计划部联交车间管理员随材料一起拿走 3. 材料出库单财务部联交财务部 4. 更新各种材料物料卡 5. 材料出库单仓储部联交仓储部经理登记库存台账
7	在VBSE系统中进行生产领料	车间管理员	在VBSE系统中记录生产领料情况

续上表

序号	操作步骤	角色	操作内容
8	登记整车材料库存台账	仓储部经理	1. 接收仓管员送来的童车材料出库单 2. 根据入库单的仓库联材料出库单登记库存台账 3. 登记完交仓管员留存备案
9	登记整车材料存货明细账	成本会计	1. 接收仓管员送来的童车材料出库单 2. 根据材料出库单登记存货明细账。（注意：只填写数量，月末加权平均计算材料成本，出库单作月末成本计算依据）

二十六、车架完工入库

1. 业务概述

车架完工入库业务是指车间管理员对上月开工生产的半成品车架进行生产更新处理，产品完工后填写车架完工单。仓管员办理车架入库手续并填写物料卡，仓储部经理登记存货台账，成本会计对入库车架登记明细账。

2. 业务流程

车架完工入库业务流程如表5－56所示。

表5－56　车架完工入库业务流程

序号	操作步骤	角色	操作内容
1	填写车架完工单	车间管理员	1. 机加车间车架生产完工，车间管理员根据派工单填写车架完工单 2. 将派工单及填写的车架完工单交给生产计划部经理审核
2	审核车架完工单	生产计划部经理	1. 接收车间管理员送来派工单和填写的车架完工单 2. 根据派工单审核完工单填写的产品是否已经派工 3. 审核无误签字 4. 将完工单第一联留存车间管理员，并由车间管理员将车架完工单第二联和车架交给仓管员
3	填写生产入库单	仓管员	1. 接到车间管理员送来的车架和车架完工单 2. 核对车架的单据和实物是否相符 3. 填写生产入库单，然后送部门经理审核 4. 仓管员把审核完的生产入库单自留一联，另外两联交给财务部和生产计划部
4	审核生产入库单	仓储部经理	1. 收到仓管员交给的生产入库单 2. 审核生产入库单的准确性和合理性，在生产入库单上签字

续上表

序号	操作步骤	角色	操作内容
5	填写生产执行情况表	车间管理员	1. 根据车架完工单登记生产计划部生产执行情况表 2. 将生产执行情况表交生产计划部经理审核
6	审核生产执行情况表	生产计划部经理	审核生产执行情况表是否完整填写
7	在 VBSE 系统中处理完工入库	生产计划部经理	选择已完工的生产订单，确定生产完工情况已录入 VBSE 系统中
8	填写车架物料卡	仓管员	1. 将货物摆放到货位，根据半成品入库单更新物料卡 2. 将半成品入库单送仓储部经理登记台账
9	登记车架库存台账	仓储部经理	根据入库单登记库存台账
10	登记车架明细账	成本会计	1. 接到仓管员交给的入库单 2. 根据入库单登记科目明细账

二十七、整车完工入库

1. 业务概述

整车组装、完工质检入库是指车间管理员对上月开始组装的产品进行完工处理，填写产成品完工单。质检员（生产计划员兼）对成品进行质检，到仓储部办理入库手续，填写入库单和物料单。仓储部经理登记存货台账，成本会计登记存货明细账。

2. 业务流程

整车完工入库业务流程如表 5－57 所示。

表 5－57　整车完工入库业务流程

序号	操作步骤	角色	操作内容
1	填写完工单	车间管理员	根据派工单填写完工单
2	审核完工单并签字	生产计划部经理	1. 收到完工单 2. 审核完工单，在完工单上签字
3	填写完工送检单	车间管理员	1. 填写完工送检单（一式两联） 2. 送生产计划员处进行检验
4	填写检验结果	生产计划员	1. 接到车间管理员送来的完工送检单 2. 进行检验 3. 将检验结果填入完工送检单
5	填写生产执行情况表	车间管理员	1. 根据完工单和完工送检单填写生产执行情况表 2. 登记完后带完工单第二联及送检单到仓库入库 3. 将完工单第一联自行留存

续上表

序号	操作步骤	角色	操作内容
6	在 VBSE 系统中处理完工入库	生产计划部经理	根据完工送检单在 VBSE 系统中选择相应订单，并确认
7	填写生产入库单	仓管员	1. 核对完工单和完工送检单及实物 2. 填写一式三联的生产入库单 3. 车间管理员在生产入库单上签字确认 4. 送仓库部经理审核生产入库单
8	审核生产入库单	仓储部经理	1. 收到生产入库单 2. 审核生产入库单的准确性和合理性，在生产入库单上签字后返还仓管员 3. 仓管员把审核完的生产入库单的财务部联交给财务部，生产计划部联交给生产计划部，仓库联自留
9	填写物料卡	仓管员	1. 将货物摆放到货位，根据生产入库单更新物料卡仓管员 2. 将生产入库单送仓储部经理登记台账
10	登记库存台账	仓储部经理	根据生产入库单登记库存台账
11	登记存货明细账	成本会计	1. 接到仓管员交给的生产入库单 2. 根据生产入库单登记科目明细账

二十八、解聘工人

1. 业务概述

企业与职工签订的劳动合同未到期之前，由于种种原因需要提前终止劳动合同而辞退员工。实训中只模拟生产工人的解聘业务。

2. 业务流程

解聘工人业务流程如表 5－58 所示。

表 5－58　解聘工人业务流程

序号	操作步骤	角色	操作内容
1	人才解聘决策	人力资源部经理	1. 询问生产计划部经理是否需要裁减生产工人 2. 登录 VBSE 系统查询生产工人信息，辞退不需要的工人 3. 依照规则结算工人工资
2	解聘人员入库	服务公司业务员	因企业招聘录用而被锁定的原有人才信息，当企业解聘时，将其重新激活进入人才库

二十九、招聘生产工人

1. 业务概述

员工招聘就是企业采取一些科学的方法寻找、吸引应聘者，并从中选出企业需要的人员并予以录用的过程，是指按照企业经营战略规划的要求把优秀、合适的人员招聘进企业，把合适的人员放在合适的岗位。包括征招、甄选和录用三个阶段。

本任务是企业通过人才服务招聘生产工人。

2. 业务流程

招聘生产工人业务流程如表 5－59 所示。

表 5－59 招聘生产工人业务流程

序号	操作步骤	角色	操作内容
1	人才招聘	人力资源部经理	1. 要求生产计划部经理依照生产计划安排统计生产工人缺口，并告知人力资源部 2. 与生产计划部经理沟通人才素质要求及职称等 3. 登录 VBSE 系统进行简历筛选 4. 结合招聘需求确定录用名单 5. 与服务公司沟通确定录用人员
2	查询已聘人员、开具发票	服务公司业务员	1. 依据确定的人员录用名单在 VBSE 系统中查询已聘人员 2. 根据协定的人才推介服务费用金额开具服务业发票，并将发票交给招聘企业，要求其尽快支付费用
3	申请借款	人力资源部经理	1. 依据发票显示内容和金额填写支出凭单 2. 将发票粘贴在支出凭单后面 3. 将填写完成的支出凭单交财务部经理审核
4	审核借款	财务部经理	1. 审核支出凭单填写是否完整 2. 判断经济业务是否真实 3. 在支出凭单上签字 4. 将支出凭单交给出纳并告知人力资源部经理到出纳处领取支票
5	开具支票	出纳	1. 依据支出凭单开具转账支票，收款单位名称及账号信息要求人力资源部经理提供 2. 将开具好的转账支票交财务部经理审核、盖章
6	审核支票	财务部经理	1. 检查支票填写是否规范 2. 在支票上盖财务章 3. 将支票交还出纳

续上表

序号	操作步骤	角色	操作内容
7	支付支票	出纳	1. 将支票交给人力资源部经理 2. 要求人力资源部经理在支票使用登记簿上签字
8	填制记账凭证	费用会计	1. 依据支出凭单填制记账凭证 2. 将填写完成的记账凭证交财务部经理审核签字
9	审核记账凭证	财务部经理	1. 审核记账凭证是否填写规范 2. 在记账凭证上签字
10	登记银行存款日记账	出纳	1. 依照记账凭证登记日记账 2. 将记账凭证交还财务会计
11	登记明细账	费用会计	依据记账凭证登记多栏式明细账

三十、收取人才招聘费（见第八章第二节八）

三十一、查询工人信息

1. 业务概述

实训中人力资源部在进行五险一金申报、薪资核算等工作任务时，需要查看在职人员信息。

2. 业务流程

查询工人信息业务流程如表 5-60 所示。

表 5-60　查询工人信息业务流程

操作步骤	角色	操作内容
查询在职人员信息	人力资源助理	点击查询工人信息任务，查看本企业所有在职人员信息

三十二、社会保险增员申报

1. 业务概述

用人单位应当自用工之日起 30 日内为职工向社会保险经办机构办理社会保险申请和办理社会保险登记，当发生以下情况时需要做社会保险增员申报。

情形一：企业招聘员工且有新员工入职时。

情形二：企业内部人员调整，外地职工调岗至本市工作时。

实训中社会保险缴纳采用委托银行收款方式。

根据《社会保险法》相关规定，社会保险征收范围如下：职工应当参加基本养老保险、失业保险、工伤保险、生育保险、医疗保险，其中养老保险、失业保险和医疗保险由用人单位和职工共同缴纳，工伤保险和生育保险由用人单位依照法定比例为员工缴纳。

职工个人以本人上年度工资收入总额的月平均数作为本年度月缴费基数，其中：新进本单位的人员以职工本人起薪当月的足月工资收入作为缴费基数；参保单位以本单位全部参保职工月缴费基数之和作为单位的月缴费基数。

2. 业务流程

社会保险增员申报业务流程如表5-61所示。

表5-61 社会保险增员申报业务流程

序号	操作步骤	角色	操作内容
1	查询新进职员信息	人力资源助理	登录VBSE系统界面，查询当月新入职人员信息
2	填写社会保险参保人员增加表	人力资源助理	根据新增人员实际情况填写社会保险参保人员增加表，“××市社会保险参保人员增加表”一式两份
3	填写公章、印鉴使用申请表	人力资源助理	1. 到行政助理处领取“公章、印鉴使用申请表”，并依照要求填写 2. 将填写完成的“公章、印鉴使用申请表”交给部门经理审批
4	公章、印鉴使用审批	人力资源部经理	1. 审核盖章申请事项是否必要，待盖章资料准备是否齐全 2. 审核完成后在“公章、印鉴使用申请表”上签字，并将签字完成后的申请表交还给人力资源助理
5	盖章	行政助理	1. 核对“公章、印鉴使用申请表”是否填写完整，是否经过审批签字 2. 核对需要盖章的资料与申请表上所列示的内容是否一致 3. 按照使用申请表上列示的章、证的类型及盖章位置等要求为其盖章 4. 将“公章、印鉴使用申请表”留存备查，盖章完成的资料交还给人力资源助理
6	到社会保险中心办理增员	人力资源助理	带齐资料到社会保险中心办理社会保险增员业务
7	社保增员资料审核	社保局专管员	1. 依照“××市社会保险参保人员增加表”列示的增员原因核对经办业务所需的资料是否齐备，填写是否规范 2. 退还准备不齐、不规范的资料，并告知企业经办人员原因，方便其做后续的准备

续上表

序号	操作步骤	角色	操作内容
8	社保增员业务处理	社保局专管员	1. 读取企业交来的社会保险增员录盘信息，核对录盘信息与交来的文件内容是否一致（本步骤在 VBSE 实习系统中省略） 2. 在社保中心 VBSE 系统内做企业人员增加 3. 在“××市社会保险参保人员增加表”上加盖业务章，并将其中的一份交还企业经办人，另一份自己保管
9	资料归档	人力资源助理	将增员业务退还已盖章的“××市社会保险参保人员增加表”归档，方便核算相关费用

三十三、社会保险减员申报

1. 业务概述

当发生以下情况时需要做社会保险减员申报：

情形一：企业员工离职、办理退休时。

情形二：企业内部人员调整，本地职工调岗至外地工作时。

实训中社会保险缴纳采用委托银行收款方式。

社会保险一般指养老保险、失业保险、医疗保险、工伤保险和生育保险。

养老保险是国家依法强制实施、专门面向劳动者并通过向企业、个人征收养老基金，用以解决劳动者退休后的生活保障问题的一项社会保险制度。其基本待遇是养老保险金的支付，它是各国社会保险制度中的主体项目，也是各国社会保障制度中的保障项目。

失业保险是国家依法强制实施、专门面向劳动者并通过筹集失业保险基金，用以解决符合规定条件的失业者的生活保障问题的一项社会保险制度。其基本待遇是支付失业保险金及失业医疗救助等，它是市场经济条件下适应劳动力市场化发展需要，并缓和失业现象可能带来严重社会问题的不可或缺的稳定保障机制。

医疗保险是国家依法强制实施、专门面向劳动者并通过向企业及个人征收医疗保险费形成医疗保险基金，用以解决劳动者及其家属医疗保障问题的一项社会保险制度。其基本待遇是提供医疗保障及医疗补助。

工伤保险是国家依法强制实施、面向企业或用人单位筹集工商保险基金，用以补偿职工因工伤事故而导致的收入丧失和医疗保障待遇的一种社会保险制度，其实质是建立在民法基础上的一种用工单位对本单位职工工伤事故进行赔偿的制度。其基本待遇包括工伤期间的收入保障、工伤抚恤、工伤医疗保障等。

生育保险是国家依法强制实施、面向用工单位及个人筹集生育保险基金，用以解决生育妇女孕产哺乳期间的收入和生活保障问题的一种社会保险制度。其基本待遇是提供生育医疗保障、产假及产假工资等。

2. 业务流程

社会保险减员申报业务流程如表 5－62 所示。

表5－62 社会保险减员申报业务流程

序号	操作步骤	角色	操作内容
1	填写社会保险参保人员减少表	人力资源助理	1. 查询人员信息表，汇总当月离职、退休、调岗至外地等可能导致减员的人员信息 2. 汇总整理当月需要社会保险减少的所有员工信息 3. 填写（或打印）社会保险参保人员减少表，一式两份
2	填写公章、印鉴使用申请表	人力资源助理	1. 到行政助理处领取“公章、印鉴使用申请表”并依照要求填写 2. 将填写完成的“公章、印鉴使用申请表”交给部门经理审批
3	公章、印鉴使用审批	人力资源部经理	1. 审核盖章申请事项是否必要，待盖章资料准备是否齐全 2. 审核完成后在“公章、印鉴使用申请表”上签字，并将签字完成后的申请表交还给人力资源助理
4	盖章	行政助理	1. 核对“公章、印鉴使用申请表”是否填写完整，是否经过审批签字 2. 核对需要盖章的资料与申请表上所列示的内容是否一致 3. 按照使用申请表上列示的章、证的类型及盖章位置等要求为其盖章 4. 将“公章、印鉴使用申请表”留存备查，盖章完成的资料交还给人力资源助理
5	到社会保险中心办理减员	人力资源助理	带齐资料到社会保险中心办理社会保险减员业务
6	社保减员资料审核	社保局专管员	1. 依照“社会保险参保人员减少表”列示的减员原因核对经办业务所需的资料是否齐备，填写是否规范 2. 退还准备不齐、不规范的资料，并告知企业经办人员原因，方便其做后续的准备
7	社保减员业务处理	社保局专管员	1. 在社保中心 VBSE 系统内做企业人员减少 2. 在“社会保险参保人员减少表”上加盖业务章，并将其中的一份交还企业经办人，另一份自己保管
8	资料归档	人力资源助理	将减员业务退还已盖章的“社会保险参保人员减少表”归档，方便核算相关费用

三十四、住房公积金汇缴

1. 业务概述

下列情形需要进行住房公积金汇缴变更，填写汇缴变更清册：

情形一：企业新进人员时。

情形二：企业有员工离职时。

情形三：企业有人员调往外地，且调入为以后常驻地。

实训中住房公积金汇缴采用委托银行收款方式。

根据《住房公积金管理条例》规定，住房公积金是指国家机关、国有企业、城镇集体企业、外商投资企业、城镇私营企业及其他城镇企业、事业单位及其在职职工缴存的长期住房储金。

单位进行住房公积金汇缴有以下几种方式：

①直接交存转账支票、现金（须填制“现金送款簿”）方式。

②通过银行汇款方式。

③委托银行收款方式。

④支取住房基金方式。

职工个人以本人上年度工资收入总额的月平均数作为本年度月缴费基数，其中：新进本单位的人员以职工本人起薪当月的足月工资收入作为缴费基数；参保单位以本单位全部参保职工月缴费基数之和作为单位的月缴费基数。

2. 业务流程

住房公积金汇缴业务流程如表 5－63 所示。

表 5－63 住房公积金汇缴业务流程

序号	操作步骤	角色	操作内容
1	填写申报表	人力资源助理	1. 查询企业在职人员信息，汇总当月新参加住房公积金、转入本单位人员信息；查询离职人员信息表，汇总当月离职、退休的人员信息 2. 收集需要办理住房公积金员工的身份证复印件（本步骤实训中省略） 3. 在住房公积金系统企业管理子系统录入新增人员信息，并将信息导出存盘（本步骤在 VBSE 实训中省略） 4. 单位有人员变动时，即有新增、转入、离职、退休，封存时填写《住房公积金变更汇缴清册》，报表一式两份
2	填写公章、印鉴使用申请表	人力资源助理	1. 去行政助理处领取“公章、印鉴使用申请表”并依照要求填写 2. 将填写完成的“公章、印鉴使用申请表”交给部门经理审批

续上表

序号	操作步骤	角色	操作内容
3	公章、印鉴使用审批	人力资源部经理	1. 审核盖章申请事项是否必要，待盖章资料准备是否齐全 2. 审核完成后在“公章、印鉴使用申请表”上签字，并将签字完成后的申请表交还给人力资源助理
4	盖章	行政助理	1. 核对“公章、印鉴使用申请表”是否填写完整，是否经过审批签字 2. 核对需要盖章的资料与申请表上所列示的内容是否一致 3. 按照使用申请表上列示的章、证的类型及盖章位置等要求为其盖章 4. 将“公章、印鉴使用申请表”留存备查，盖章完成的资料交还给人力资源助理
5	到住房公积金管理中心办理缴存	人力资源助理	带齐资料到住房公积金管理中心办理社会保险增员业务
6	住房公积金缴存资料审核	住房公积金专管员	1. 依照《住房公积金变更汇缴清册》列示的人员变动信息核对经办业务所需的资料是否齐备，填写是否规范 2. 退还准备不齐、不规范的资料，并告知企业经办人员原因，方便其做后续的准备
7	住房公积金缴存业务处理	住房公积金专管员	1. 读取企业交来的社会保险增员录盘信息，核对录盘信息与交来的文件内容是否一致（本步骤在 VBSE 实习中省略） 2. 在住房公积金中心 VBSE 系统内做企业人员信息变更 3. 在《住房公积金变更汇缴清册》上加盖业务章，并将其中的一份交还企业经办人，另一份自己保管
8	资料归档	人力资源助理	将增员业务退还已盖章的《住房公积金变更汇缴清册》归档，方便核算相关费用

三十五、出售设备

1. 业务概述

处置设备业务是指企业根据设备利用率情况或资金短缺状况而将部分生产设备进行出售。生产计划部经理进行生产设备的出售合同拟定。

2. 业务流程

出售设备业务流程如表 5 - 64 所示。

表 5－64　出售设备业务流程

序号	操作步骤	角色	操作内容
1	与服务公司签订设备处置合同	生产计划部经理	1. 使用通用的“购销合同”，线下找服务公司签署设备出售合同 2. 线下完成合同的盖章
2	开具增值税专用发票	税务会计	1. 因为设备都是 2009 年以后购入，因此可开具增值税专用发票 2. 将发票交给生产计划部经理 3. 生产计划部经理将发票交给服务公司业务员
3	在 VBSE 系统中进行设备出售	生产计划部经理	1. 通过 VBSE 系统操作界面，实现物理设备的交付 2. 若该设备存在固定资产卡片，则对固定资产卡片进行注销
4	填写记账凭证	资产会计	1. 根据银行回单、发票记账联等，填写记账凭证 2. 线下让财务部经理审核记账凭证
5	登记明细账	资产会计	登记各相关科目的明细账

三十六、支付设备回购款

1. 业务概述

制造企业为了融资的需要，将从服务公司购买的设备再卖给服务公司，解决资金问题，服务公司支付给制造企业设备回购款。

2. 业务流程

支付设备回购款业务流程如表 5－65 所示。

表 5－65　支付设备回购款业务流程

步骤	操作步骤	角色	操作内容
1	将增值税专用发票送至服务公司业务员	生产计划部经理	将发票送至服务公司换取支票
2	开具设备回购款支票	服务公司业务员	1. 根据发票金额开具转账支票 2. 将转账支票送交销货方生产计划部经理 3. 生产计划部经理将支票送交给出纳
3	将支票送存银行	出纳	携带服务公司转账支票到银行办理入账
4	在 VBSE 系统中将支票入账	银行柜员	通过 VBSE 系统操作界面，将款项从服务公司转到持票人的企业账户

续上表

步骤	操作步骤	角色	操作内容
5	打印回单	银行柜员	打印支票入账回单交出纳
6	登记日记账	出纳	根据回单进行日记账登记，登记完毕后将银行回单交财务会计
7	填写记账凭证	财务会计	根据银行回单填写记账凭证

三十七、购买设备

1. 业务概述

企业根据中长期生产计划及资金状况，确定购买新设备来扩大产能。生产计划部提起设备需求计划，生产计划员发起设备购买流程。

2. 业务流程

购买设备业务流程如表5－66所示。

表5－66 购买设备业务流程

序号	操作步骤	角色	操作内容
1	拟订设备购买合同，填写合同会签单	生产计划员	用通用的购销合同拟订设备购买合同主体结构和主要内容，同时填写合同会签单，将合同和会签单送生产计划部经理进行审批
2	审批合同会签单	生产计划部经理	审核合同和会签单并签字。将合同和会签单交生产计划员，计划员送交财务部经理审核
3	审批合同会签单	财务部经理	审核合同和会签单并签字。将合同和会签单交生产计划员，计划员将设备购买合同以及合同会签单送交总经理审核
4	审批合同	总经理	1. 审核合同内容，审核生产计划部经理和财务部经理是否已经在合同会签单上签字 2. 审核完成后，签字
5	合同盖章	行政助理	在设备购买合同上盖章
6	签订合同，开具发票	服务公司业务员	1. 确认合同内容，签字 2. 根据合同金额开具增值税专用发票，发票交生产计划员保管
7	在VBSE系统中进行设备购买	生产计划员	在VBSE系统中记录设备购买信息

三十八、支付设备购买款

1. 业务概述

前期已经收到购买固定资产的发票，现在开支票付款给服务公司。

2. 业务流程

支付设备购买款业务流程如表5-67所示。

表5-67 支付设备购买款业务流程

序号	操作步骤	角色	操作内容
1	填写支出凭单	生产计划部经理	1. 生产计划部经理查看购买固定资产合同执行情况表，确认应付款情况 2. 填写支出凭单（把对应的采购合同号写上） 3. 将填写的支出凭单交给财务部经理审核
2	审核支出凭单	财务部经理	审核生产计划部经理填写的支出凭单
3	签发支票并登记支票登记簿	出纳	1. 出纳根据审核的支出凭单填写转账支票 2. 登记支票登记簿 3. 将支票交生产计划部经理 4. 将支出凭单及支票根交应付会计
4	将支票交给销货方	生产计划部经理	1. 接收出纳签发的支票 2. 将转账支票送给卖方以支付固定资产购买款
5	编制记账凭证	应付会计	1. 接收出纳交给的支票根和支出凭单 2. 填制记账凭证 3. 将记账凭证送财务部经理审核
6	审核记账凭证	财务部经理	1. 接收应付会计交来的记账凭证 2. 审核记账凭证填写的准确性 3. 审核无误签字，交出纳登记银行日记账
7	登记日记账	出纳	1. 接收财务部经理交给的审核后的记账凭证 2. 根据记账凭证登记银行存款日记账 3. 将记账凭证交应付会计登记科目明细账
8	登记明细账	应付会计	1. 接收出纳交给的记账凭证 2. 根据记账凭证登记科目明细账

三十九、设备验收建卡入账

1. 业务概述

设备采购到货后，资产会计要根据购买发票对设备进行固定资产建卡及登账业务。

2. 业务流程

设备验收建卡入账业务流程如表 5－68 所示。

表 5－68　设备验收建卡入账业务流程

序号	操作步骤	角色	操作内容
1	将设备购置发票送交资产会计	生产计划员	采购的设备到货后，生产计划员进行设备验收，并将购置设备的增值税专用发票送交资产会计以便建卡及登账
2	建立固定资产卡片	资产会计	为新购买的设备建立固定资产卡片
3	填写记账凭证	资产会计	填写新增设备的记账凭证
4	登记明细账	资产会计	根据记账凭证登记科目明细账

四十、收取设备销售款（见第八章第二节十四）

四十一、支付设备维护费

1. 业务概述

服务公司定期对出售的设备进行维护，企业按月支付设备维护费。

2. 业务流程

支付设备维护费业务流程如表 5－69 所示。

表 5－69　支付设备维护费业务流程

序号	操作步骤	角色	操作内容
1	填写支出凭单	生产计划部经理	1. 按应付设备维修费金额填写支出凭单 2. 将填写的支出凭单交给财务部经理审核
2	审核支出凭单	财务部经理	1. 审核支出凭单填写的准确性 2. 审核资金使用的合理性 3. 审核无误，签字
3	签发转账支票	出纳	出纳根据审核的支出凭单填写转账支票
4	登记支票登记簿	出纳	1. 登记支票登记簿 2. 将支票交采购员 3. 将支出凭单及支票存根交给费用会计
5	接收支票并送交卖方	生产计划部经理	1. 接收出纳签发的支票 2. 将转账支票送交给卖方以支付设备维护费 3. 接收收款方开具的服务业发票
6	将发票交费用会计	生产计划部经理	将发票交费用会计

续上表

序号	操作步骤	角色	操作内容
7	填制记账凭证	费用会计	1. 接收出纳交来的支票存根和支出凭单 2. 审核生产计划部经理交来的发票 3. 填制记账凭证 4. 送财务部经理审核
8	审核记账凭证	财务部经理	1. 接收费用会计交给的记账凭证 2. 审核记账凭证填写的准确性 3. 审核无误签字，交出纳登记银行存款日记账
9	登记银行存款日记账	出纳	1. 接收财务部经理交给的审核后的记账凭证 2. 根据记账凭证登记银行存款日记账 3. 在记账凭证上签字或盖章 4. 将记账凭证交费用会计登记科目明细账
10	登记明细账	费用会计	1. 接收出纳交给的记账凭证 2. 根据记账凭证登记科目明细账

四十二、收取设备维护费（见第八章第二节十六）

四十三、购买产品生产许可

1. 业务概述

新产品开发是指从研究选择适应市场需要的产品开始到产品设计、工艺制造设计，直到投入正常生产的一系列决策过程。从广义而言，新产品开发既包括新产品的研制也包括原有的老产品改进与换代。新产品开发是企业研究与开发的重点内容，本实习中采用购买生产许可证来模拟新产品研发的过程。

2. 业务流程

购买产品生产许可业务流程如表 5－70 所示。

表 5－70　购买产品生产许可业务流程

序号	操作步骤	角色	操作内容
1	确定购买生产技术成果的产品种类	生产计划部经理	根据市场需求确定新产品类型
2	填写支出凭单	生产计划部经理	查看实习规则，了解该生产许可的购买费用，并填写支出凭单
3	审核支出凭单	财务部经理	审核支出凭单内容
4	在 VBSE 系统中处理生产技术成果销售	服务公司业务员	在 VBSE 系统中完成生产许可证的销售

续上表

序号	操作步骤	角色	操作内容
5	开发票	服务公司业务员	根据金额开具企业购买生产许可证的费用发票，并将发票送交企业出纳员
6	开具支票	出纳	根据发票开具购买生产许可证所需支票，并将支票送交服务公司业务员
7	填写记账凭证	资产会计	将开具的支票登入记账凭证
8	审核记账凭证	财务部经理	审核记账凭证的内容
9	登记银行日记账	出纳	根据记账凭证填写银行日记账记录支出信息
10	登记科目明细账	资产会计	将支出信息登入无形资产科目明细账
11	支票送存银行	银行柜员	收到服务公司业务员送来的支票，将支票入账

四十四、提现

1．业务概述

企业需要现金时，签发现金支票，到银行提取现金。

2．业务流程

提现业务流程如表5－71所示。

表5－71　提现业务流程

序号	操作步骤	角色	操作内容
1	填写支出凭单	出纳	1．根据现金需要量填写支出凭单 2．将支出凭单提交财务部经理审核
2	审核支出凭单	财务部经理	审核支出凭单的准确性、合理性并签字
3	签发现金支票	出纳	1．接收经审核的支出凭单 2．签发现金支票
4	加盖印章	财务部经理	在现金支票上加盖印章
5	登记支票簿	出纳	1．按签发的支票登记支票登记簿 2．到银行提取现金
6	办理取现业务	银行柜员	1．接收现金支票 2．办理提取现金业务 3．将现金交给取款人
7	现金入库	出纳	1．取现回来及时将现金入库 2．将支票根交财务会计记账
8	编制记账凭证	财务会计	1．根据支票根编制记账凭证 2．将记账凭证交财务部经理审核

续上表

序号	操作步骤	角色	操作内容
9	审核记账凭证	财务部经理	审核财务会计编制的记账凭证的合理性
10	登记日记账	出纳	1. 根据经审核的记账凭证登记现金日记账和银行存款日记账 2. 将记账凭证交财务会计
11	接收记账凭证	财务会计	接收出纳交来的记账凭证

四十五、存款

1. 业务概述

企业每天营业终了，在满足自身需要的前提下将超额库存现金及时送存银行。

2. 业务流程

存款业务流程如表5－72所示。

表5－72 存款业务流程

序号	操作步骤	角色	操作内容
1	填写进账单	出纳	1. 填写进账单（按提供的进账单，填写持票人方信息，出票人信息不填写，并在下方空白处注明“现金进账”） 2. 将进账单与现金一同送存银行
2	办理现金存款业务	银行柜员	1. 接收出纳送存的现金及进账单 2. 清点现金数量与进账单金额无误后办理存款业务 3. 在进账单上盖“现金收讫”章并将进账单回单退还给出纳
3	编制记账凭证	财务会计	1. 接收出纳拿回的进账单回单 2. 编制记账凭证
4	审核记账凭证	财务部经理	1. 接收财务会计交给的记账凭证，进行审核 2. 审核后，交出纳登记银行存款日记账及现金日记账
5	登记日记账	出纳	1. 接收财务部经理交给的审核后的记账凭证 2. 根据记账凭证登记银行存款日记账及现金日记账 3. 将记账凭证交财务会计
6	接收记账凭证	财务会计	接收出纳交来的记账凭证

四十六、市场调研

1. 业务概述

市场调研，是指为了提高产品的销售决策质量、解决存在于产品销售中的问题或寻找机会等而系统、客观地识别、搜集、分析和传播营销信息的工作。

2. 业务流程

市场调研业务流程如表 5－73 所示。

表 5－73 市场调研业务流程

序号	操作步骤	角色	操作内容
1	搜集市场信息	营销部经理	通过走访等方式了解各家客户的童车需求
2	在 VBSE 系统中查看市场预测信息	营销部经理	在 VBSE 系统中查看市场预测信息
3	编制市场分析报告	营销部经理	1. 根据市场需求及预测信息编制本企业的市场分析报告 2. 该报告可作为制订销售计划的参考依据

四十七、制造业签订厂房/仓库租赁合同

1. 业务概述

因业务规模扩大，企业需要增加厂房、仓库的数量、容量，此时企业可通过自建、租赁、购买等方式满足需求。实训中服务公司作为房产供应商为企业客户提供仓库、厂房的出租、出售信息，企业通过与服务公司洽谈、合作，获得相应资产的使用权或所有权。

2. 业务流程

制造业签订厂房/仓库租赁合同如表 5－74 所示。

表 5－74 制造业签订厂房/仓库租赁合同业务流程

序号	操作步骤	角色	操作内容
1	提出厂房/仓库租赁需求	财务部经理	1. 向生产部、仓储部了解企业厂房/仓库使用及缺口情况 2. 向服务公司了解厂房/仓库租赁价格 3. 向总经理汇报企业厂房/仓库使用及缺口情况，并告知市场上厂房/仓库的租赁价格，并给出租赁费用支出预算
2	审批厂房/仓库租赁需求	总经理	根据财务部经理提供的情况进行审批决策，告知财务部经理是否需要进行厂房/仓库的租赁

续上表

序号	操作步骤	角色	操作内容
3	厂房/仓库租赁谈判、签订合同	服务公司业务员	1. 与客户就厂房/仓库的位置、价格、用途、付款期限等进行谈判 2. 双方商谈无异议后，签订书面合同 3. 在合同对应位置加盖公章或合同章 4. 将盖章后合同文件交客户方盖章
4	合同会签单	财务部经理	1. 填写合同会签单 2. 将合同会签单与合同一起交总经理审批 3. 将总经理审批过的合同会签单、合同文件交行政助理盖章
5	厂房/仓库租赁合同	总经理	1. 审核合同内容，明确权利与义务，衡量合同风险 2. 对合同内容无异议后在合同会签单上签字
6	厂房/仓库租赁合同盖章	行政助理	1. 检查合同会签单是否填写完整、总经理是否签字审批 2. 在合同文件对应位置盖章 3. 将合同中的一份交还财务部经理，一份自己进行保管
7	厂房/仓库租赁合同文件送交	财务部经理	将盖章完成的合同文本送交给服务公司业务员
8	在 VBSE 系统中出租厂房/仓库	服务公司业务员	登录 VBSE 系统，依照租赁合同标记已出租标的物

四十八、服务公司收取厂房/仓库租金（见第八章第二节二十六）

四十九、制造业支付厂房/仓库租金

1. 业务概述

企业与房屋供应商签订厂房/仓库购销合同后，企业已收到服务公司开具的发票，现在开支票付款给服务公司。

2. 业务流程

制造业支付厂房/仓库租金业务流程如表 5－75 所示。

表 5－75　制造业支付厂房/仓库租金业务流程

序号	操作步骤	角色	操作内容
1	填写支出凭单	资产会计	1. 查看厂房/仓库购销合同 2. 填写支出凭单（把对应的采购合同号写上） 3. 将填写的支出凭单交给财务部经理审核

续上表

序号	操作步骤	角色	操作内容
2	审核支出凭单	财务部经理	1. 审核支出凭单 2. 确认无误后，签字
3	签发支票并登记支票登记簿	出纳	1. 出纳根据审核的支出凭单填写转账支票 2. 登记支票登记簿 3. 将支票交生产计划部经理 4. 将支出凭单及支票根交应付会计
4	将支票交给销货方	资产会计	1. 接收出纳签发的支票 2. 将转账支票送给卖方以支付设备购买款
5	编制记账凭证	应付会计	1. 接收出纳交给的支票根和支出凭单 2. 填制记账凭证 3. 将记账凭证送财务部经理审核
6	审核记账凭证	财务部经理	1. 接收应付会计交来的记账凭证 2. 审核记账凭证填写的准确性 3. 审核无误签字，交出纳登记银行日记账
7	登记日记账	出纳	1. 接收财务部经理交给的审核后的记账凭证 2. 根据记账凭证登记银行存款日记账 3. 将记账凭证交应付会计登记科目明细账
8	登记明细账	应付会计	1. 接收出纳交给的记账凭证 2. 根据记账凭证登记科目明细账

五十、支付广告费

1. 业务概述

制造企业销售专员根据收到的服务公司业务员开具的广告费发票金额填制支出凭单，申请对广告费用进行支付。

2. 业务流程

支付广告费业务流程如表 5－76 所示。

表 5－76　支付广告费业务流程

序号	操作步骤	角色	操作内容
1	填写支出凭单	销售专员	1. 根据广告费发票金额填写支出凭单 2. 将发票粘贴在支出凭单后面
2	审核支出凭单	营销部经理	审核支出凭单
3	审核支出凭单	费用会计	审核支出凭单

续上表

序号	操作步骤	角色	操作内容
4	审核支出凭单	财务部经理	审核支出凭单
5	签发转账支票	出纳	1. 将教具里的票据号码补充填写完成，空缺号码是八位，从00000001号起按自然顺序编号，同类票据（目前有现金支票、转账支票）不得重复编号 2. 填写转账支票
6	登记支票登记簿	出纳	1. 登记支票簿 2. 将支票正联交给销售专员 3. 将支票根粘贴在支出凭单后面
7	将支票交给收款方	销售专员	1. 在支票登记簿上签收 2. 将支票交给收款方即服务公司
8	填制记账凭证	费用会计	1. 接收出纳交来的支出凭单 2. 根据支出凭单金额编制记账凭证
9	审核记账凭证	财务部经理	1. 审核费用会计编制的记账凭证 2. 审核无误在凭证上加盖印章或者签名确认
10	登记银行存款日记账	出纳	1. 根据记账凭证登记银行存款日记账 2. 在记账凭证上签字或盖章 3. 将记账凭证交费用会计登账
11	登记科目明细账	费用会计	根据记账凭证登记“销售费用—广告费用”明细账

五十一、服务公司收取制造业广告费（见第八章第二节三十一）

五十二、签订广告合同

1. 业务概述

广告合同是指广告客户与经营者之间、广告经营者与广告经营者之间确立、变更、终止广告承办或代理关系的协议。签订广告合同是双方订立协议的过程。

2. 业务流程

签订广告合同业务流程如表5－77所示。

表5－77　签订广告合同业务流程

序号	操作步骤	角色	操作内容
1	起草广告合同	市场专员	确定广告合同的主题结构及主要内容
2	签订合同	服务公司业务员	1. 与企业代表商谈合同细节 2. 对广告合同内容确认无误后在合同上签字、盖章

续上表

序号	操作步骤	角色	操作内容
3	填写合同会签单	市场专员	1. 填写合同会签单 2. 将广告合同及合同会签单交部门经理、财务部经理、总经理审核 3. 合同审核完毕后交行政助理盖章
4	审核广告合同	营销部经理	1. 审核广告合同的合理性 2. 在合同会签单上签字
5	审核广告合同	财务部经理	1. 审核广告合同的合理性 2. 在合同会签单上签字
6	审核广告合同	总经理	1. 审核广告合同的合理性 2. 在合同会签单上签字
7	广告合同盖章	行政助理	1. 确认合同会签单填写是否完整 2. 在广告合同上加盖公章
8	开具广告费发票	服务公司业务员	依据合同上确定的广告费金额开具发票并送交市场专员

五十三、下发商品交易会通知（见第八章第二节三十四）

五十四、参加商品交易会

1. 业务概述

制造企业通过参加广告投放取得参加商品交易会资格，服务公司组织开展商品交易会，在商品交易会上各企业集中选单。

2. 业务流程

参加商品交易会业务流程如表 5－78 所示。

表 5－78 参加商品交易会业务流程

序号	操作步骤	角色	操作内容
1	到公告区查看是否有召开商品交易会公告	市场专员	1. 到公告区查看服务公司是否张贴最新参加商品交易会公告 2. 若有新公告，准备参加商品交易会
2	参加商品交易会、选订单	市场专员	1. 准时参加商品交易会 2. 服从主办方安排，按照竞单规则在 VBSE 系统中选择企业所需商品订单 3. 记录订单具体信息，填写商品订单卡

续上表

序号	操作步骤	角色	操作内容
3	商品订单确认	服务公司业务员	1. 组织各企业在 VBSE 系统中选取订单 2. 在 VBSE 系统中查询各企业选单情况及具体订单信息 3. 核对市场专员订单信息是否填写完整、准确 4. 在商品订单卡上盖章，并将订单交还给市场专员
4	汇总销售订单、登记销售订单明细表	市场专员	1. 汇总取回的订单 2. 填写销售订单明细表 3. 将销售订单明细表副本交生产计划员，由其组织生产

五十五、服务公司查询维护商品交易会订单（见第八章第二节三十六）

五十六、制造企业发货给虚拟企业

1. 业务概述

制造企业参加商品交易会后获得虚拟企业订单，制造企业完成订单的生产后，在规定的交货期内办理发货事宜。

2. 业务流程

制造企业发货给虚拟企业业务流程如表 5－79 所示。

表 5－79　制造企业发货给虚拟企业业务流程

序号	操作步骤	角色	操作内容
1	填制发货单	销售专员	1. 销售专员根据销售订单填写发货单 2. 将发货单的财务联送交财务部的应收会计 3. 将发货单的客户联自留（因为对方是虚拟企业，无实体） 4. 携带发货单的仓储部联前往仓储部办理发货
2	填制销售出库单	仓管员	根据发货单填写销售出库单
3	办理出库并更新物料卡	仓管员	根据销售出库单更新物料卡状态
4	在 VBSE 系统中处理销售发货	销售专员	在 VBSE 系统中记录销售发货情况
5	登记销售发货明细表	销售专员	在销售发货明细表中记录发货的详细信息
6	登记库存台账	仓储部经理	根据销售出库单登记库存台账
7	填制记账凭证	应收会计	根据发货单填制记账凭证
8	登记存货明细账	成本会计	在数量金额明细账中登记存货变化情况

五十七、制造企业收取虚拟企业货款

1. 业务概述

销售实现之后，销售专员需要按照销售合同的约定期限跟踪催促货款的收回。在VBSE系统里销售货物给虚拟企业，只要根据销售订单执行货款回收即可。

2. 业务流程

制造企业收取虚拟企业货款业务流程如表5-80所示。

表5-80 制造企业收取虚拟企业货款业务流程

序号	操作步骤	角色	操作内容
1	查询销售订单	销售专员	1. 在VBSE系统中查询交易信息，确定销售实现后的应收账款金额 2. 告知税务会计开具增值税专用发票
2	开具增值税专用发票	税务会计	税务会计根据销售专员提供的信息开具增值税专用发票，但因为购货方是由学生参与的实训组织，发票不用传递给购货方（外部虚拟商业社会环境）
3	销售回款	出纳	1. 根据税务会计开具的发票金额在VBSE系统中做“销售回款” 2. 将发票记账联交给财务会计并告知货款已经回收
4	填制记账凭证	财务会计	1. 根据销售发票和销售回款结果，填制记账凭证 2. 将发票粘贴到记账凭证后面 3. 将记账凭证交财务部经理审核
5	审核记账凭证	财务部经理	1. 审核记账凭证的附件是否齐全、正确 2. 审核记账凭证的编制是否正确 3. 审核完毕，交出纳登记银行存款日记账
6	登记银行存款日记账	出纳	1. 根据审核后的记账凭证登记银行存款日记账 2. 登记完毕后，交税务会计登记明细账
7	登记应交税费科目明细账	税务会计	1. 接收出纳送来的记账凭证 2. 核对财务部经理是否已审核 3. 根据审核后的记账凭证登记应交税费科目明细账
8	登记主营业务收入科目明细账	财务会计	1. 接收税务会计送来的记账凭证 2. 核对财务部经理是否已审核 3. 根据审核后的记账凭证登记主营业务收入科目明细账

五十八、购买办公用品

1. 业务概述

企业日常采购办公用品由行政助理携带少量现金购买即可。

2. 业务流程

购买办公用品业务流程如表5-81所示。

表5-81 购买办公用品业务流程

序号	操作步骤	角色	操作内容
1	填写办公用品采购需求申请表	行政助理	根据需要采购的办公用品填写办公用品采购需求申请表
2	填写借款单	行政助理	1. 根据现金需要量填写借款单 2. 将借款单提交企管部经理审核
3	审核借款单	企管部经理	审核借款单的准确性、合理性并签字
4	支付现金	出纳	1. 接收经审核的借款单 2. 按借款单金额支付现金给行政助理 3. 在借款单上加盖“现金付讫”印章
5	编制记账凭证	费用会计	1. 根据经审核的借款单编制记账凭证 2. 将记账凭证交财务部经理审核
6	审核记账凭证	财务部经理	审核费用会计编制的记账凭证的合理性
7	登记日记账	出纳	1. 根据经审核的记账凭证登记现金日记账 2. 将记账凭证交费用会计
8	登记科目明细账	费用会计	登记科目明细账
9	到服务中心采购	行政助理	带好“办公用品采购需求汇总表”、现金到服务中心购买办公用品
10	结算费用并开具发票	服务公司业务员	1. 依照服务公司办公用品定价有关规则，计算费用，收取现金 2. 依照实际出售办公用品数量及单价开具办公用品发票
11	填写支出凭单	行政助理	1. 根据发票金额填写支出凭单 2. 将支出凭单提交财务部经理审核
12	编制记账凭证	费用会计	1. 根据支出凭单编制记账凭证 2. 将记账凭证交财务部经理审核
13	审核支出凭单	财务部经理	审核记账凭证的准确性、合理性并签字
14	登记科目明细账	费用会计	登记科目明细账

五十九、企业文化建设

1. 业务概述

企业内刊是企业文化承载的载体，是企业文化的外化表现形式，也是企业信息上通下达的沟通渠道和舆论宣传阵地，现在很多企业都出版自己的内刊。

企业内刊，顾名思义，就是一个企业的内部刊物，不具有正式刊号的内部交流刊物，或为报纸，或为杂志，或为周报，或为月刊、半月刊、双月刊等不一而足。有的企业内刊重于对外宣传，有的则重于对内教化，但始终一点是明确的，那就是为企业文化服务。

企业电子报刊制作流程描述从报刊创刊框架设计至第一期刊物发刊各岗位具体工作任务及操作步骤。

2. 业务流程

企业文化建设业务流程如表5－82所示。

表5－82 企业文化建设业务流程

序号	操作步骤	角色	操作内容
1	企业电子报刊方案构思	总经理	1. 构思本企业文化读物名称、版面、内容 2. 告知行政助理拟定会议通知，准备召开企业文化刊物方案讨论会
2	确定会议时间、通知开会	行政助理	1. 与总经理商议讨论会召开的时间、地点，填写会议通知 2. 通知各部门经理参加讨论会，并取得所有与会人员参会回执 3. 组织会议并做好会议记录，认真填写《会议纪要》
3	准备参会	营销、采购、仓储、人力资源、生产计划、财务等部门经理	1. 明确能否准时参加会议，不能参会的请转告行政助理，方便其做会议议程调整 2. 明确会议主题，准备有关企业电子报刊方案的材料
4	企业文化设计方案讨论	总经理	1. 整体介绍企业刊物设计方案 2. 组织各部门经理讨论企业文化刊物方案是否可行，并进行方案调整 3. 编制企业刊物制作计划，明确工作量、负责人及提交工作成果时间节点
5	明确各部门职责分工	总经理	确定各部门在电子报刊制作过程中的分工，协作关系
6	编写、发布会议纪要	行政助理	1. 会议中详细记录各项主要决议、工作计划及工作部署安排 2. 整理会议记录内容，整理成会议纪要，并将会议纪要发给与会人员

续上表

序号	操作步骤	角色	操作内容
7	企业电子报刊素材提供	营销、采购、仓储、人力资源、生产计划、财务等部门经理	依照会议中的工作部署与分工情况准备电子报刊所需素材，并将素材交给行政助理
8	企业电子报刊素材收集	行政助理	收集各部门的素材，对材料进行整合，对不符合制作要求的素材退还给提供人，并说明再次提供时的具体要求
9	企业电子报刊组稿、版面设计	行政助理	1. 将素材依照报刊设计主题进行编排、组稿 2. 电子报刊最后以 PDF、JPG 等格式定版
10	企业电子报刊发刊	行政助理	1. 将制作完成的电子报刊在企业内部共享 2. 收集员工对报刊的改进意见，并在第二次发刊时进行调整
11	企业电子报刊改善意见反馈	营销、采购、仓储、人力资源、生产计划、财务等部门经理	将报刊的内容、样式等各方面的改善意见反馈给行政助理

六十、编制采购合同草案

1. 业务概述

编制采购合同草案是根据采购物料的品类、供应市场状况，针对采购物品的规格、技术标准、质量保证、订购数量、包装要求、售后服务、价格、交货日期与地点、运输方式、付款条件等与供应商沟通后，按照采购合同的规定格式制定规范文本，为签订合同打下基础。

2. 业务流程

编制采购合同草案业务流程如表 5－83 所示。

表 5－83 编制采购合同草案业务流程

序号	操作步骤	角色	操作内容
1	编制采购合同草案工作部署并确定合同结构	采购部经理	1. 查看现有供应商的考评档案及原采购合同的到期日期 2. 采购部内部开会，启动采购合同草案的编写 3. 采购合同草案的编制由采购部经理主导，采购员协助完成 4. 制订工作计划，指定采购合同编写工作的人员分工 5. 确定采购合同的结构

续上表

序号	操作步骤	角色	操作内容
2	确定合同条款	采购员	确定采购合同需要强化的条款：数量、价格、品质、支付、检验、包装、装运、保险、仲裁、不可抗力
3	确定合同样本	采购部经理	1. 接收采购员送来的采购合同条款，审核采购合同条款的合理性 2. 形成采购合同草案 3. 与采购员一起讨论，共同确定采购合同样本

六十一、编制主生产计划

1. 业务概述

主生产计划（master production schedule，MPS）是闭环计划系统的一个部分。MPS的实质是保证销售规划和生产规划对规定的需求（需求什么，需求多少和什么时候需求）与所使用的资源取得一致。MPS考虑了经营规划和销售规划，使生产规划同它们相协调。它着眼于销售什么和能够制造什么，这就能为车间制定一个合适的“主生产进度计划”，并且以进行粗能力运算得到的数据调整这个计划（以粗略的方式计算是否可能完成主生产计划），直到负荷平衡。

2. 业务流程

编制主生产计划业务流程如表5－84所示。

表5－84　编制主生产计划业务流程

序号	操作步骤	角色	操作内容
1	编制主生产计划	生产计划部经理	1. 到营销部索要销售预测表和销售订单汇总表 2. 根据销售预测和销售订单汇总表，结合各车间的生产能力状况编制主生产计划计算表 3. 根据主生产计划计算表填写主生产计划表 4. 根据车间产能检查主生产计划是否可行
2	将主生产计划送交相应部门	生产计划部经理	此表一式两联，一联送交计划员做物料净需求计划用；一联生产计划部经理留存

六十二、编制物料净需求计划

1. 业务概述

总需求计划就是在一段时间内整个生产计划所需要的量，而净需求计划则是通过计算得来的，即是在总需求量上扣除现有库存量、已订购量、在途量，最后得出净需求，其实就是还需要的订购量。

2. 业务流程

编制物料净需求计划业务流程如表 5-85 所示。

表 5-85 编制物料净需求计划业务流程

序号	操作步骤	角色	操作内容
1	编制物料净需求计划	生产计划员	通过填制物料需求计算表进行物料净需求计算，并将结果填写到物料净需求计划表中
2	审核物料净需求计划	生产计划部经理	审核物料净需求计划中物料需求时间与数量是否同主生产计划一致
3	送交物料净需求计划	生产计划员	计划员留存一份物料净需求计划用来安排生产，第二联送采购部经理以便安排采购

六十三、编制采购计划

1. 业务概述

编制采购计划是在合理利用供应环境机会、并综合考虑运输成本、存货成本、每次订货成本等因素，将物料需求计划转变为采购计划，确定发出订单的时机和订购数量的过程。

2. 业务流程

编制采购计划业务流程如表 5-86 所示。

表 5-86 编制采购计划业务流程

序号	操作步骤	角色	操作内容
1	编制采购计划	采购部经理	1. 收到生产部的物料净需求计划表 2. 核对库存及在途信息编制采购计划 3. 初步填制采购计划表 4. 根据供应商的折扣等相关信息调整计划 5. 采购计划交采购员下发
2	分发采购计划	采购员	1. 采购计划表一式三份 2. 分发采购计划表（仓储部、生产计划部和采购部各一份）

六十四、编制销售发货计划

1. 业务概述

编制销售发货计划是营销部根据客户订单的交货期、企业库存及车间产能情况制订的未来一段时间的发货清单。销售发货计划由销售专员编制，营销部经理进行审核，并将销售发货计划送交一份至仓储部以便及时发货。

2. 业务流程

编制销售发货计划业务流程如表5－87所示。

表5－87 编制销售发货计划业务流程

序号	操作步骤	角色	操作内容
1	编写销售发货计划	销售专员	根据客户订单、企业现有库存及车间产能制订销售发货计划
2	审核销售发货计划	营销部经理	审核销售发货计划的发货订单时间及数量
3	传递销售发货计划	销售专员	送交一份发货计划至仓储部以便安排及时发货

六十五、编制设备需求计划

1. 业务概述

每个季度的季初生产计划部经理应根据销售订单汇总表、库存报表、车间产能报表、主生产计划表，计算并填写生产计划部生产设备需求计划表。将填制完成后的生产设备需求计划表送交财务部经理及总经理审核，然后传递给生产计划员。

2. 业务流程

编制设备需求计划业务流程如表5－88所示。

表5－88 编制设备需求计划业务流程

序号	操作步骤	角色	操作内容
1	编制设备需求计划	生产计划部经理	参照年度销售预测和主生产计划编制设备需求计划
2	财务部审核	财务部经理	将设备需求计划表提交财务部审核
3	提交设备需求计划	总经理	将设备需求计划提交总经理审核，审核完成后传递给生产计划员

六十六、社会保险缴纳

1. 业务概述

同城特约委托收款是指收款人按照合同约定，在特定期间内委托开户行向同城的付款人收取特定款项，付款人开户行根据付款人的授权，直接从付款人账户支付款项。

实训中银行、企业与社会保险中心签订同城特约委托收款协议，由银行在指定日期内为社会保险中心收取社保费。实训中不提供纸质“各企业社会保险缴费表”，学生依据教学资源中相关表的样式制作后填写。

2. 业务流程

社会保险缴纳业务流程如表5－89所示。

表 5－89　社会保险缴纳业务流程

序号	操作步骤	角色	操作内容
1	核定企业社会保险费用	社保局专管员	1. 告知企业将当月应缴纳的社会保险费计算汇总，并送至社会保险中心 2. 结合该企业过往社会保险信息及当月变动数据核定该企业当月应缴费金额
2	社会保险缴费金额告知	社保局专管员	1. 制作辖区内各企事业单位月度社会保险缴费表 2. 告知银行应缴费的企业名称、缴费金额、付款账号及社保中心收款账号
3	划转社会保险	银行柜员	1. 依据社保局专管员提供的数据将社会保险费用由企业账户划转至社会保险中心账户 2. 在 VBSE 系统内填写社会保险同城特约委托收款凭证
4	单据分拣	银行柜员	1. 打印同城特约委托收款凭证，并在第一、二联加盖银行业务章 2. 将第一联放在企业回单箱，第二联放在社会保险中心回单箱内，银行留存第三联

六十七、公积金缴纳

1. 业务概述

实训中银行、企业与住房公积金管理中心签订同城特约委托收款协议，由银行在指定日期内为住房公积金管理中心收取住房公积金费用。实训中不提供纸质“住房公积金缴费表”，学生依据教学资源中相关表的样式制作后填写。

2. 业务流程

公积金缴纳业务流程如表 5－90 所示。

表 5－90　公积金缴纳业务流程

序号	操作步骤	角色	操作内容
1	核定企业住房公积金费用	公积金专管员	1. 告知企业将当月应缴纳的住房公积金计算汇总，并送至住房公积金管理中心 2. 结合该企业过往住房公积金信息及当月变动数据核定该企业当月应缴费金额
2	住房公积金缴费金额告知	公积金专管员	1. 制作辖区内各企事业单位月度住房公积金缴费表 2. 告知银行应缴费的企业名称、缴费金额、付款账号及住房公积金管理中心收款账号

续上表

序号	操作步骤	角色	操作内容
3	划转住房公积金	银行柜员	1. 依据住房公积金专管员提供的数据将住房公积金由企业账户划转至住房公积金账户 2. 在 VBSE 系统内填写住房公积金同城特约委托收款凭证
4	单据分拣	银行柜员	1. 打印同城特约委托收款凭证，并在第一、二联加盖银行业务章 2. 将第一联放在企业回单箱，第二联放在住房公积金中心回单箱内，银行留存第三联

六十八、查询企业银行存款余额（见第九章第一节十四）

六十九、供应商评价

1. 业务概述

供应商评价是采购方从价格、品质、交期交量及服务等多方面来考核供应商的过程，通过供应商评价企业可开拓潜在的供应商并对现有的供应商进行激励。

2. 业务流程

供应商评价业务流程如表 5 -91 所示。

表 5 -91　供应商评价业务流程

操作步骤	角色	操作内容
编制供应商评价表并对供应商进行评价	采购部经理	查找供应商评价的相关指标，并据此对本企业的供应商表现进行量化评价

七十、经营秩序监管与行政处罚（见第九章第一节十七）

七十一、支付行政罚款

1. 业务概述

总经理收到行政罚款决定书后，指派出纳通过电汇转账方式，将行政罚款（及可能包括的滞纳金）转入行政罚款决定书上指定的银行账户，然后完成制造企业的记账凭证编制和账簿登记工作。

2. 业务流程

支付行政罚款业务流程如表 5 -92 所示。

表5-92　支付行政罚款业务流程

序号	操作步骤	角色	操作内容
1	将处罚决定书交给出纳	总经理	总经理将工商局送达的行政处罚决定书交给出纳办理付款业务
2	到银行缴纳罚款	出纳	到银行办理电汇业务，收款方账户信息参见处罚决定书
3	银行付款（电汇）	银行柜员	银行柜员在VBSE系统中进行电汇划转
4	打印回单	银行柜员	1. 银行柜员在VBSE系统中查询待打印的回单 2. 打印此笔电汇业务的回单，并交付给出纳 3. 出纳将银行回单和处罚决定书交给财务会计
5	填制记账凭证	财务会计	财务会计根据处罚决定书和银行回单，编制记账凭证
6	审核记账凭证	财务部经理	审核财务会计编制的记账凭证
7	登记银行存款日记账	出纳	根据记账凭证和银行回单，登记银行存款日记账
8	登记科目明细账	财务会计	财务会计登记三栏式明细账，行政罚款应计入营业外支出账户

七十二、个人银行卡批量开卡（见第九章第一节二十一）

七十三、考勤汇总查询

1．业务概述

实训中开始新一天的任务后，学生需要进行上班签到，每月经营完成后人力资源助理（供应商行政主管、客户行政主管）进行考勤统计，制作考勤统计表，以便计算工资。

2．业务流程

考勤汇总查询业务流程如表5-93所示。

表5-93　考勤汇总查询业务流程

操作步骤	角色	操作内容
考勤信息查询	人力资源助理（供应商、客户行政主管）	1. 点击考勤统计查询，获取公司员工考勤明细信息 2. 依照明细信息制作考勤统计表（考勤统计表自制，样式可参照样例） 3. 将制作完成的考勤统计表交人力资源部经理计算工资用

七十四、制造企业投诉其他组织

1．业务概述

在实训中各组之间因业务往来而发生的纠纷、冲突、不公的待遇、不当竞争等情况，双方不能经过协商解决的，利益受损害方可以向工商局提出申诉，由工商局专管员调查实际情况，并给出最后处理批复。

经营中遇到以下情形的可进行投诉：

情形一：经营者给对方折扣、给中间人佣金的，没有如实入账。接受折扣、佣金的经营者没有如实入账。

情形二：经营者采用不当手段侵犯商业秘密的，如以盗窃、利诱、胁迫等手段获取商业秘密。

情形三：经营者为获利而以低于成本的价格销售商品排挤竞争对手的。

工商局对投诉案件核实后可酌情处责令停止违法行为、没收违法所得、罚款、吊销营业执照等行政处罚。

2. 业务流程

制造企业投诉其他组织业务流程如表 5－94 所示。

表 5－94 制造企业投诉其他组织业务流程

序号	操作步骤	角色	操作内容
1	在 VBSE 系统中投诉其他组织	行政助理（供应商、客户行政主管）	在 VBSE 系统中选择需要投诉的组织名称，填写投诉的原因
2	在 VBSE 系统中查询并处理投诉	工商局专管员	1. 查询投诉、被投诉组织，查明投诉缘由 2. 在 VBSE 系统中进行投诉处理结果批复

七十五、填写工作日志

1. 业务概述

为使整个学习过程有的放矢，增强学习效果，VBSE 实习中要求填写“岗位工作日志”“任务流程学习表”，此类表格属自制表格，没有固定格式。“岗位工作日志”用于记录工作内容、落实工作过程中遇到的问题、解决及优化建议；“任务流程学习表”用于强化学员对任务流程、资料与数据传递过程的理解。

2. 业务流程

填写工作日志业务流程如表 5－59 所示。

表 5－95 填写工作日志业务流程

操作步骤	角色	操作内容
填写岗位工作日志	学生	学习“岗位工作日志”课件，将岗位工作日志提交给实习指导教师

七十六、领取作业

1. 业务概述

学生收到“领取作业”任务后，需将系统中预置的作业文档下载到本地，线下完成后提交至系统中，以备指导教师阅读与批改。

作业内容及完成要求文档不是所有学生都能下载，其中担任制造业各部门经理岗位、商贸企业总经理岗位、银行柜员岗位、工商局专管员岗位、服务公司业务员岗位的学生均有下载权限。

2. 业务流程

第一步：点击“领取作业”进入 VBSE 系统任务操作界面（见图 5－48）。

图 5－48 领取作业任务界面

第二步：点击“下载”按钮，将作业文档下载到本地，作业下载完成后点击“完成任务”（见图 5－49）。依照作业要求，与本部门或本企业人员共同完成作业。

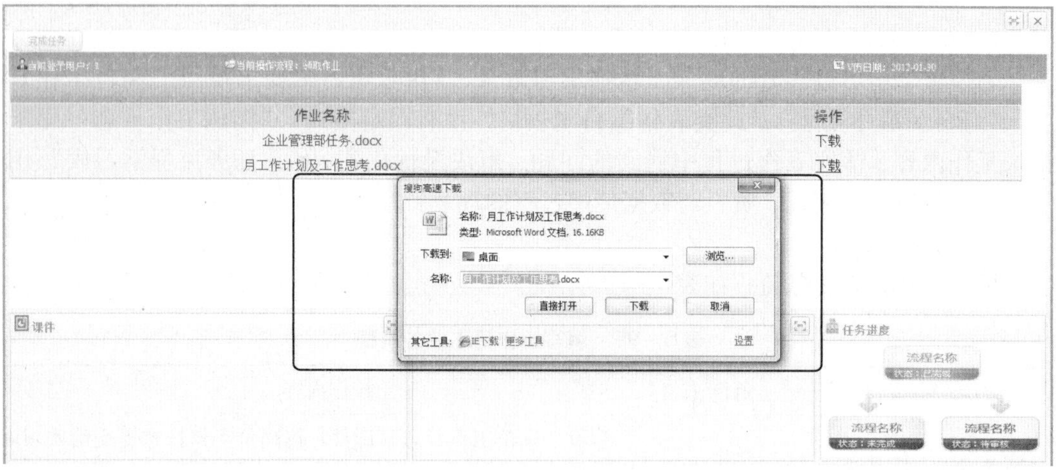

图 5－49 下载作业界面

七十七、上交作业

1. 业务概述

作业也并非只由作业领取人单独完成，需要组织内其他成员共同协作，如制造业中营销部经理领取作业须由营销部经理、市场专员、销售专员协同完成；商贸公司总经理的任务需要与行政主管、业务主管共同完成；社会资源服务的各个岗位的学生则需要自己完成任务。

2. 业务流程

第一步：点击“上交作业”进入 VBSE 系统任务操作界面（见图 5－50）。

图 5－50　上交作业任务界面

第二步：点击“浏览”按钮将已完成的作业文档上传至 VBSE 系统中，上传完成后点击“完成任务”（见图 5－51）。

图 5－51　上交作业完成任务界面

第三节　自主经营——月初工作

一、预算审核与签发

1. 业务概述

预算经财务经理初审确认后，交总经理审核并签发，各部门遵照执行。

2. 业务流程

预算审核与签发业务流程如表 5－96 所示。

表 5－96　预算审核与签发业务流程

序号	操作步骤	角色	操作内容
1	初审并签字	财务部经理	1. 审核各部门上交预算表相互之间的钩稽关系及数量金额的准确合理性 2. 确认无误后签字
2	审核并签字	总经理	1. 审核财务经理上交的各部门预算表 2. 确认无误后签字

二、市场营销策划

1. 业务概述

营销策划是在对企业内部环境予以准确地分析，并有效运用经营资源的基础上，对一定时间内的企业营销活动的行为方针、目标、战略以及实施方案与具体措施进行设计和计划。企业通过对市场、社会环境、法律环境等各种因素的分析，形成一套针对本企业的营销策划方案来指导销售工作，以达到利润的最大化。

2. 业务流程

市场营销策划业务流程如表 5－97 所示。

表 5－97　市场营销策划业务流程

操作步骤	角色	操作内容
编制市场营销报告	市场专员	自行查找营销方案的编写案例，制定本企业的市场营销报告

三、住房公积金汇缴（见第五章第二节三十四）

四、社会保险增员申报（见第五章第二节三十二）

五、增值税计算

1. 业务概述

增值税是以生产和流通各环节的增值额（也称附加值）为征税对象征收的一种税。从实际操作上看，是采用间接计算办法，即从事货物销售以及提供应税劳务的纳税人，要根据货物或应税劳务的销售额和适用税率计算税款，然后从中扣除上一环节已纳增值税款，其余额为纳税人本环节应纳增值税税款。

2. 业务流程

增值税计算业务流程如表5－98所示。

表5－98 增值税计算业务流程

序号	操作步骤	角色	操作内容
1	计算填写纳税申报表	税务会计	1. 根据科目余额表填写增值税纳税申报表，应纳增值税＝销项税额－进项税额 2. 将纳税申报表送财务部经理、总经理审核
2	审核纳税申报表	财务部经理	1. 接收税务会计送来的纳税申报表 2. 审核纳税申报表，审查数据计算及填写的正确性 3. 审核无误，签字
3	审批纳税申报表	总经理	1. 接收税务会计送来的增值税纳税申报表 2. 在审核无误的增值税纳税申报表上签字

六、编制营销策划方案

1. 业务概述

营销策划是在对企业内部环境予以准确地分析，并有效运用经营资源的基础上，对一定时间内的企业营销活动的行为方针、目标、战略以及实施方案与具体措施进行设计和计划。企业通过对市场、社会环境、法律环境等各种因素的分析，形成一套针对本企业的营销策划方案来指导销售工作，以达到利润的最大化。

2. 业务流程

编制营销策划方案业务流程如表5－99所示。

表5－99 编制营销策划方案业务流程

序号	操作步骤	角色	操作内容
1	营销策划方案工作部署	营销部经理	1. 营销部内部开会，启动营销策划方案的编写 2. 营销策划方案由营销部经理主导，市场专员和销售专员协助完成 3. 制订工作计划，指定市场专员和销售专员具体负责哪些信息的搜集和整理

续上表

序号	操作步骤	角色	操作内容
2	竞争对手分析	市场专员	1. 搜集竞争对手信息，从产品情况、营销策略、技术信息进行重点分析。以一家企业为主要目标分析 2. 形成行业信息分析报告，报告层次要明晰，重点突出 3. 提交行业信息分析报告，交营销部经理
3	企业自身分析（SWOT 分析）	市场专员	1. 进行优势分析 2. 进行劣势分析 3. 进行机会分析 4. 进行威胁分析 5. 形成 SWOT 分析报告，交营销部经理
4	确定营销目标	营销部经理	1. 根据 SWOT 分析、行业信息分析报告和上一期销售情况，确定销售总目标和利润目标 2. 确定市场占有率、销售目标和利润目标等
5	制定营销策略	营销部经理	1. 制定营销总体策略 2. 制定产品策略 3. 制定价格策略 4. 制定渠道策略 5. 制定促销策略
6	制订营销计划	营销部经理	1. 制订工作计划，将营销目标和策略落实到人 2. 工作计划用 Excel 表格制作，包括：工作、开始时间、结束时间、负责人 3. 将工作计划发给部门内部所有员工，并召开部门内部会议，落实工作
7	审核营销方案	总经理	1. 对营销策划方案进行审核 2. 营销策划方案审核时需把握 （1）方案是否符合企业实际情况 （2）方案中的营销策略是否重点突出，要有至少一个重点营销策划 （3）方案中对行业信息和 SWOT 分析是否到位 3. 在营销策划方案上签字确认，交由营销部经理

七、薪酬发放

1. 业务概述

薪酬是指员工向其所在单位提供所需要的劳动而获得的各种形式的补偿，薪酬包括经济性薪酬和非经济性薪酬两大类，经济性薪酬分为直接经济性薪酬和间接经济性薪酬。

直接经济性薪酬是单位按照一定的标准以货币形式向员工支付的薪酬。

间接经济性薪酬不直接以货币形式发放给员工，但通常可以给员工带来生活上的便利，减少员工额外开支或者免除员工后顾之忧。

非经济性薪酬是指无法用货币等手段来衡量，但会给员工带来心理愉悦效用的一些因素。

薪酬发放是单位向员工支付直接性经济薪酬的途径、操作流程，企业中一般由人力资源部门和财务部门协同配合完成的一项基础性工作。

2. 业务流程

薪酬发放业务流程如表5－100所示。

表5－100 薪酬发放业务流程

序号	操作步骤	角色	操作内容
1	薪资录盘	人力资源部经理	1. 在VBSE系统中打开“查询工人信息”界面 2. 点击“导出”按钮：导出“薪酬发放表”，然后依据“职工薪酬发放表”数据将实训参与角色的薪资详细信息补充填写进导出的“薪酬发放表”中，具体银行卡号根据从银行领回的卡面所示信息填写，生产工人的薪资具体金额有些已经预制在导出的表中，如果导出的表中没有金额，也要根据“职工薪酬发放表”将其填写完整 3. 将导出填写完毕的“薪酬发放表”导入U盘，交给出纳
2	填写支出凭单	出纳	1. 依据“职工薪酬发放表”数据填写支出凭单 2. 将填好的“支出凭单”“职工薪酬发放表”交财务部经理审核签字
3	审核支出凭单	财务部经理	1. 审核支出人是否是该部门的职工 2. 审核支出日期是否正确 3. 审核支出用途及金额是否符合规定 4. 金额大小写是否正确 5. 审核支出方式是否正确 6. 审核完成后在支出凭单上签字
4	签发支票	出纳	1. 依据支出凭单信息签发转账支票，加盖法人章 2. 将开具完成的支票交给财务部经理审核、盖章
5	审核支票、盖章	财务部经理	1. 核对支票及相关业务单据，判断是否为真实业务所需而签发的支票 2. 核查支票是否填写规范、有无涂改 3. 在转账支票上加盖财务专用章
6	登记支票登记簿	出纳	登记“支票使用登记簿”
7	办理薪资发放	出纳	带齐职工薪酬发放表、转账支票、薪资U盘到银行办理工资发放

续上表

序号	操作步骤	角色	操作内容
8	代发工资	银行柜员	1. 向客户问好，询问客户需要办理什么业务 2. 收到企业交来的职工薪酬发放表、转账支票、薪资U盘，将信息导入银行VBSE系统，并将U盘交还给企业经办人 3. 将薪资U盘信息与职工薪酬发放表的信息进行核对，核对无误后进行划款 4. 核对客户递交材料是否齐全 5. 核对支票所在信息与代发合计内容是否一致 6. 核对支票是否为真伪 7. 支票是否仍在提示付款期限内 8. 核对支票所记载的事项是否齐全，出票金额、日期、收款名称是否有更改 9. 核对出票人签章是否符合规定 10. 支票大小写金额是否一致 注：实训中此处无须再在VBSE系统中做支票转账处理
9	传递原始凭证	出纳	薪资发放完成后将支票存根及支出凭单交给薪资会计进行后续账务处理
10	制作、发放工资条	人力资源部经理	1. 依据职工薪酬统计表数据，制作工资条 2. 将对应的工资条交给员工
11	填制记账凭证	薪资会计	1. 填制记账凭证，将原始单据作为附件粘贴 2. 送财务部经理审核
12	审核记账凭证	财务部经理	1. 接收薪资会计交来的记账凭证 2. 审核凭证附件的准确性、记账凭证填制的准确性 3. 在纸质凭证上签字审核
13	登记银行存款日记账	出纳	1. 依照审核签字的记账凭证登记银行存款日记账 2. 在记账凭证上签字或盖章 3. 将记账凭证交薪资会计登账
14	登记明细账	薪资会计	1. 依照审核签字的记账凭证登记明细账 2. 保存记账凭证

八、编制年度预算培训

年度预算是企业对于未来年度内企业经营、资本、财务等各方面的收入、支出、现金流的总体计划。它将各种经济活动用货币的形式表现出来。每一个责任中心都有一个预算。

一个预算就是一种定量计划，用来帮助协调和控制给定时期内资源的获得、配置和使用。

预算特征：

①预算必须与企业的战略或目标保持一致。

②预算作为一种数量化的详细计划，它是对未来活动的细致、周密安排，是未来经营活动的依据，数量化和可执行性是预算最主要的特征，因此，预算是一种可以据以执行和控制经济活动的、最为具体的计划，是对目标的具体化，是将企业活动导向预定目标的有力工具。

各部门结合本部门年度工作目标、任务，本着精打细算、勤俭节约的原则，对本部门的预算支出做出合理安排，预算通常由财务部进行牵头组织。

进入第四季度，企业通常就开始着手进行未来一年预算的编制。

各种预算具体编制方法见：编制各部门财务预算、编制各部门人力资源预算。

在 VBSE 系统中各种预算的编制部门及其种类如表 5－101 所示。

表 5－101　编制预算的部门及其种类

序号	编制部门	预算种类
1	采购部	采购计划表
2	各部门	支出预算表
3	营销部	收入预算表
4	财务部	资金计划
5	财务部	支出预算汇总表
6	人力资源部	培训计划表
7	人力资源部	人员需求表
8	人力资源部	招聘计划表
9	各部门	资产需求计划表
10	生产计划部	产品开发计划
11	营销部	市场开发计划

九、编制各部门财务预算

1. 业务概述

预算是对企业未来一定时期内，全部经济活动各项目标的行动计划相应措施的预期数值说明，其实质是一套以货币及其他数量形式反映的预计财务报表和其他附表，主要用来规划预算期内企业的全部经济活动及其成果。

财务预算是一系列专门反映企业未来一定期限内预计财务状况和经营成果，以及现金收支等价值指标的各种预算的总称。

财务预算是反映某一方面财务活动的预算，如反映现金收支活动的现金预算；反映销售收入的销售预算；反映成本、费用支出的生产费用预算（又包括直接材料预算、直接人工预算、制造费用预算）、期间费用预算；反映资本支出活动的资本预算等。

2. 业务流程

编制各部门财务预算业务流程如表5－102所示。

表5－102 编制各部门财务预算业务流程

序号	操作步骤	角色	操作内容
1	下发收入/支出预算表	财务部经理	1. 绘制收入/支出预算表模板 2. 向各部门下发收入/支出预算表
2	填写支出预算表	总经理、各部门经理	1. 收到财务部下发的支出预算表，根据需要填写表格中各自相关的内容 2. 将填写好的支出预算表交给财务部经理
3	填写收入预算表	营销部经理	1. 收到财务部下发的收入预算表，根据需要填写表格中相关内容 2. 将填写好的收入预算表交给财务经理
4	收集收入/支出预算表	财务部经理	收集各部门交回的收入/支出预算表
5	编制支出预算汇总表	财务部经理	根据各部门交回的支出预算表编制支出预算汇总表
6	编制资金计划表	财务部经理	编制资金计划表
7	编制市场开发计划	营销部经理	编制市场开发计划
8	编制产品开发计划	生产计划部经理	编制产品开发计划
9	编制资产需求计划	生产计划部经理	编制资产需求计划

十、编制各部门人力资源预算

1. 业务流程概述

人力资源预算是人力资源部门根据企业的发展战略以及企业前一年度的人员及成本费用统计情况，对下一年度人员需求及成本费用的情况进行预测，并使之成为下一年度企业人力资源管理活动的指南。人力资源预算完成以后并不是静态不变的，而是根据企业的实际情况可以变更、修改和完善，使之具有现实可行性，因此一般采用滚动预算方式以适用企业发展的需要。

本任务由人力资源部主导相关需求和费用的统计和预估，包含招聘需求、培训需求、招聘费用、培训费用、人员薪酬等。

2. 业务流程

编制各部门人力资源预算业务流程如表5－103所示。

表 5－103 编制各部门人力资源预算业务流程

序号	操作步骤	角色	操作内容
1	下发岗位空缺申请表	人力资源部经理	1. 绘制岗位空缺申请表模板 2. 将岗位空缺申请表下发给各个部门
2	填写岗位空缺表	总经理及各部门经理	1. 填写人力资源部下发的岗位空缺申请表 2. 将填写好的岗位空缺申请表上交给人力资源部
3	收集岗位空缺表	人力资源部经理	收到并留存各个部门上交的岗位空缺申请表
4	编制人员需求汇总表	人力资源部经理	根据各部门填写的岗位空缺申请表编制人员需求汇总表
5	编制招聘计划	人力资源部经理	根据人员需求汇总表编制招聘计划
6	编制培训计划	人力资源部经理	根据招聘计划编制培训计划
7	预估人力资源费用	人力资源部经理	根据培训计划、招聘计划预估招聘、培训及人员薪酬费用

十一、编制年度经营计划

1. 业务概述

经营计划是企业围绕市场，为实现自身经营目标而进行的具体规划、安排和组织实施的一系列管理活动。企业经营计划是企业经营活动的先导，并始终贯穿于企业经营活动的全过程。

本任务要求各企业编制一年的经营计划，明确企业经营目标、市场策略、销售策略、组织人员策略、生产策略、财务资源策略及具体工作安排。

2. 业务流程

编制年度经营计划业务流程如表 5－104 所示。

表 5－104 编制年度经营计划业务流程

序号	操作步骤	角色	操作内容
1	召集各企业总经理编制年度经营计划	服务公司业务员	1. 召集各制造企业总经理、各供应商总经理、各客户总经理，开始编写年度经营计划 2. 告知其编写时间 3. 告知其汇报时间 4. 待场地确认后告知其汇报地点
2	组织各企业汇报	服务公司业务员	1. 协调年度经营计划汇报场地并告知各企业总经理汇报时间、汇报地点 2. 组织各企业总经理参会，做好签到

第四节　自主经营——月中工作

一、支付水电费

1．业务概述

费用会计根据水电费发票，每月一次提请出纳开具转账支票，支付水电费并做账务处理。

2．业务流程

支付水电费业务流程如表 5 – 105 所示。

表 5 – 105　支付水电费业务流程

序号	操作步骤	角色	操作内容
1	填写支出凭单	费用会计	1．填写支出凭单，并将水电费发票粘贴在后面 2．将支出凭单送交财务部经理审核
2	审核支出凭单	财务部经理	1．审核支出凭单填写的准确性 2．审核水电费支出业务的真实性 3．审批签字
3	办理支付手续	出纳	1．接到财务经理签批后的费用支出凭单 2．签发转账支票并盖章
4	登记支票登记簿	出纳	根据支票内容登记支票登记簿
5	填制记账凭证	费用会计	1．接收出纳传递来的支票存根及支出凭单 2．填制记账凭证 3．送财务部经理审核
6	审核记账凭证	财务部经理	1．接收费用会计交给的记账凭证，进行审核 2．审核后，交出纳登记银行存款日记账
7	登记日记账	出纳	1．接收财务部经理交给的审核后的记账凭证 2．根据记账凭证登记银行存款日记账 3．将记账凭证交费用会计登记科目明细账
8	登记科目明细账	费用会计	1．接收出纳交给的记账凭证 2．根据记账凭证登记费用科目明细账

二、增值税申报

1. 业务概述

增值税是以商品（含应税劳务）在流转过程中产生的增值额作为计税依据而征收的一种流转税。从计税原理上说，增值税是对商品生产、流通、劳务服务中多个环节的新增价值或商品的附加值征收的一种流转税。实行价外税，也就是由消费者负担，有增值才征税没增值不征税。缴纳税款是指纳税人依照国家法律、行政法规的规定，将实现的税款依法通过不同的方式缴纳入库的过程。纳税人应按照税法规定的期限及时足额缴纳应纳税款，以完全彻底地履行应尽的纳税义务。

2. 业务流程

增值税申报业务流程如表5－106所示。

表5－106　增值税申报业务流程

序号	操作步骤	角色	操作内容
1	填写“公章、印鉴使用申请表”	税务会计	1. 到行政助理处领取“公章、印鉴使用申请表” 2. 填写“公章、印鉴使用申请表” 3. 带“公章、印鉴使用申请表”、增值税纳税申报表送财务部经理、总经理审批 4. 带审核并签字完毕的“公章、印鉴使用申请表”、增值税纳税申报表去行政助理处盖章
2	纳税申报表审核	财务部经理	1. 接收财务会计送来的“公章、印鉴使用申请表”、增值税纳税申报表 2. 根据增值税纳税申报表审核“公章、印鉴使用申请表” 3. 审核无误，签字
3	纳税申报表审批	总经理	1. 接收财务会计送来的“公章、印鉴使用申请表”、增值税纳税申报表 2. 审核财务部经理是否审核签字 3. 审核无误，签字
4	纳税申报表盖章	行政助理	1. 收到财务会计送来的“公章、印鉴使用申请表” 2. 核对相关领导是否已审核签字 3. 核对无误，在增值税纳税申报表上加盖公章 4. 盖章完毕，“公章、印鉴使用申请表”留存，其他表单税务会计带走
5	登记“公章、印鉴使用登记表”	行政助理	登记“公章、印鉴使用登记表”
6	纳税申报	税务会计	1. 到税务局进行纳税申报 2. 领取税务申报完成后税务人员签字盖章的“税收缴款书” 3. 将“税收缴款书”送交出纳

续上表

序号	操作步骤	角色	操作内容
7	审核纳税申报表	国税局专管员	1. 接收财务会计交来的缴税申报表并审核 2. 签发税收通用缴款书
8	缴纳税款	出纳	1. 接收税务会计送来的“税收缴款书” 2. 持税务局开具的“税收缴款书”到银行缴纳税款 3. 领取银行划款完毕盖章后的“税收缴款书” 4. 将“税收缴款书”完税证明送交税务会计
9	税款入国库	银行柜员	1. 接收税款缴款书，办理税款转入国库手续 2. 在税款缴款书回单上盖转讫章，并退还给出纳
10	打印回单	银行柜员	在 VBSE 系统中打印
11	填制记账凭证	税务会计	1. 接收出纳送来的“税收缴款书” 2. 编制记账凭证，将“税收缴款书”作为附件粘贴在记账凭证后面 3. 将记账凭证送交财务部经理审核
12	审核记账凭证	财务部经理	1. 接收财务会计送来的记账凭证 2. 审核记账凭证附件的合法性、准确性 3. 审核记账凭证填制的准确性 4. 审核无误，交出纳
13	登记银行日记账	出纳	1. 接收财务部经理交给的审核后的记账凭证 2. 根据记账凭证登记银行存款日记账 3. 将记账凭证交财务会计登记科目明细账
14	登记科目明细账	税务会计	1. 接收出纳交给的记账凭证 2. 根据记账凭证登记科目明细账

第五节　自主经营——月末工作

一、库存统计与分析

1. 业务概述

库存统计与分析是通过多种库存管理状况指标来衡量一个企业的库存绩效的过程。分析时应考虑有关的货物销售量和库存周转量等因素。

2. 业务流程

库存统计与分析业务流程如表 5－107 所示。

表 5－107　库存统计与分析业务流程

操作步骤	角色	操作内容
编制库存统计与分析表并对当前库存进行分析	仓储部经理	查找库存统计分析相关资料，制订库存统计分析表

二、整理会计资料

会计资料即会计档案，是指会计凭证、会计账簿、财务会计报告等会计核算专业资料。它是记录和反映经济业务的重要史料和证据。会计档案是国家档案的重要组成部分，也是各单位的重要档案，它是对一个单位经济活动的记录和反映。通过会计档案，可以了解每项经济业务的来龙去脉；可以检查一个单位是否遵守财经纪律，在会计资料中有无弄虚作假、违法乱纪等行为；会计档案还可以为国家、单位提供详尽的经济资料，为国家制定宏观经济政策及单位制定经营决策提供参考。

会计档案的重要程度不同，其保管期限也有所不同。

会计档案的保管期限，根据其特点，分为永久、定期两类。永久档案即长期保管，不可以销毁的档案；定期档案根据保管期限分为 3 年、5 年、10 年、15 年、25 年 5 种。会计档案的保管期限，从会计年度终了后的第一天算起。

会计档案的整理原则上要按照其自然形成规律和档案自身特点进行整理，保持会计资料间的历史联系，区别不同的保存价值和类型，便于保管和利用。会计档案的整理包括分类、立卷、排列、编号、质量检查与调整。

本实训中，商贸公司会计资料有日记账、记账凭证、报表等，按照业务发生时间将记账凭证归整，日记账因只有现金和银行存款两种，也可附在记账凭证后归整在一起，各类报表附在最后装订成册归档。

三、制造费用分配

1. 业务概述

制造费用包括产品生产成本中除直接材料和直接工资以外的其余一切费用，主要包括企业各个生产单位（车间、分厂）为组织和管理生产所发生的一切费用。制造费用一般是间接计入成本，当制造费用发生时一般无法直接判定它所归属的成本计算对象，因而不能直接计入所生产的产品成本中去，而须按费用发生的地点先行归集，月终时再采用一定的方法在各成本计算对象间进行分配，计入各成本计算对象的成本中。

成本会计首先结出制造费用明细账余额，然后编制制造费用分配表，最后编制制造费用分配凭证，经财务部经理审核后登记科目明细账。

2. 业务流程

制造费用分配业务流程如表 5－108 所示。

表 5 - 108　制造费用分配业务流程

序号	操作步骤	角色	操作内容
1	制造费用计算	成本会计	1. 找到制造费用明细账，结出余额 2. 根据制造费用明细账的余额，编制制造费用分配表 3. 编制记账凭证
2	审核记账凭证	财务部经理	1. 接收成本会计交给的记账凭证，进行审核 2. 审核后，交成本会计登记科目明细账
3	登记科目明细账	成本会计	1. 接收财务部经理审核完的记账凭证 2. 根据记账凭证登记科目明细账

四、车架成本核算

1. 业务概述

成本会计根据车架生产成本明细账统计生产车架领用原材料、直接人工和制造费用，编制车架的产品成本计算表。成本计算完成后编制记账凭证，经财务部经理审核后登记科目明细账。

2. 业务流程

车架成本核算业务流程如表 5 - 109 所示。

表 5 - 109　车架成本核算业务流程

序号	操作步骤	角色	操作内容
1	车架成本计算	成本会计	1. 根据车架生产成本明细账——直接材料统计生产车架领用原材料 2. 根据车架生产成本明细账——直接人工统计生产车架所用人工成本 3. 根据车架生产成本明细账——制造费用统计生产车架所用制造费用 4. 编制车架的产品成本计算表 5. 编制记账凭证
2	审核记账凭证	财务部经理	1. 接收成本会计交来的记账凭证，进行审核 2. 审核后，交成本会计登记科目明细账
3	登记科目明细账	成本会计	1. 接收财务部经理审核完的记账凭证 2. 根据记账凭证登记科目明细账

五、童车成本核算

1. 业务概述

成本会计首先根据出库单统计组装童车领用车架的数量，根据自制半成品明细账按照全月平均法计算车架出库成本；根据出库单统计组装童车领用原材料的数量，根据原材料明细账按照全月平均法计算材料出库成本，并填制记账凭证，待财务部经理审核后登记科目明细账。

然后编制童车的成本计算表。成本计算完成后编制记账凭证，经财务部经理审核后登记科目明细账。

2. 业务流程

童车成本核算业务流程如表 5－110 所示。

表 5－110　童车成本核算业务流程

序号	操作步骤	角色	操作内容
1	童车直接材料核算	成本会计	1. 根据出库单数据统计组装童车领用车架的数量，根据自制半成品明细账按照全月平均法计算车架出库成本 2. 根据出库单数据统计组装童车领用原材料的数量，根据原材料明细账按照全月平均法计算材料出库成本 3. 填制记账凭证
2	审核记账凭证	财务部经理	1. 接收财务会计交给的记账凭证，进行审核 2. 审核后，交成本会计登记科目明细账
3	登记科目明细账	成本会计	1. 接收财务部经理审核完的记账凭证 2. 根据记账凭证登记科目明细账
4	童车成本计算	成本会计	1. 编制童车的产品成本计算表 2. 编制记账凭证
5	审核记账凭证	财务部经理	1. 接收财务会计交给的记账凭证，进行审核 2. 审核后，交成本会计登记科目明细账
6	登记科目明细账	成本会计	1. 接收财务部经理审核完的记账凭证 2. 根据记账凭证登记科目明细账

六、期末结转销售成本

1. 业务概述

销售成本是指已销售产品的生产成本或已提供劳务的劳务成本以及其他销售的业务成本。月末，按照销售商品的名称及数量，分别根据库存商品中结出的平均成本价，算出总成本进行主营业务成本的计算结转，其计算公式为：

主营业务成本 = 产品销售数量或提供劳务数量 × 产品单位生产成本或单位劳务成本

就销售产品而言，产品销售数量可直接在“库存商品明细账”上取得；产品单位生产成本可采用多种方法进行计算确定，如先进先出法、移动加权平均法、全月一次加权平均法等，但企业一经选定某一种方法后，不得随意变动，这是会计核算一贯性原则的要求。

2. 业务流程

期末结转销售成本业务流程如表 5－111 所示。

表 5－111　期末结转销售成本业务流程

序号	操作步骤	角色	操作内容
1	汇总产成品出库数量	成本会计	根据产成品出库单汇总出库数量
2	编制销售成本结转表	成本会计	根据出库数量和库存商品成本金额计算平均单价，编制销售成本结转表
3	填制记账凭证	成本会计	1. 根据原始凭证及产成品出库单和生产成本结转表、销售成本结转表反映的业务内容，编制记账凭证 2. 在记账凭证“制单”处签字或加盖名单
4	审核记账凭证	财务经理	1. 审核记账凭证的附件、记账科目、金额、手续是否正确与齐全 2. 审计无误的记账凭证，财务经理在“复核”和“财务主管”处签字或盖章
5	登记明细账	成本会计	1. 根据记账凭证登记科目明细账 2. 每一笔分录登记后，在凭证的该科目过账符号处画“√”，表示已登过账簿

七、期末结账

1. 业务概述

期末结账包括科目汇总、期末结转和确认本期财务成果几项工作。

（1）科目汇总。

出纳、财务会计和成本会计分别根据科目明细账进行科目汇总。

（2）期末结转。

财务会计将本期发生的“收入”和“费用”类科目结转；计算并结转所得税。成本会计结转产成品及主营业务成本。

（3）结账。

为了正确反映一定时期内在账簿中记录的经济业务，总结有关经济业务活动和财务状况，各单位必须在每一个会计期末结账。

结账是在将本期内所发生的经济业务全部登记入账并对账无误的基础上，按照规定的方法对该期内的账簿记录进行小结，结算出本期发生额合计数和余额，并将其余额结转下期或者转入新账。

（4）编制财务报告。

财务部经理编制企业资产负债表和利润表并对外发布。

2. 业务流程

期末结账业务流程如表 5－112 所示。

表 5－112　期末结账业务流程

序号	操作步骤	角色	操作内容
1	组织科目汇总	财务部经理	根据各职能会计所记科目明细账进行科目汇总
2	期末结转	财务会计	1. 结转收入 2. 结转主营业务税金及附加 3. 结转管理费用、销售费用、财务费用 4. 结转所得税 5. 结转产成品 6. 结转主营业务成本
3	出具报表	财务部经理	1. 根据科目汇总表出具资产负债表 2. 根据科目汇总表出具利润表

八、五险一金财务记账

1. 业务概述

每月，出纳到银行领取社会保险、住房公积金委托扣款凭证即付款通知单，并交财务会计记账处理。同时告知人力资源助理本月社会保险、住房公积金扣款金额。

2. 业务流程

五险一金财务记账业务流程如表 5－113 所示。

表 5－113　五险一金财务记账业务流程

序号	操作步骤	角色	操作内容
1	到银行领取五险一金扣款回单	出纳（供应商、客户行政主管）	1. 到银行领取五险一金扣款回单 2. 告知人力资源助理五险一金扣款金额，以备其核对相关报表 3. 将从银行领取的社会保险、住房公积金委托扣款凭证——付款通知单交给财务会计填制记账凭证
2	填制缴纳五险一金记账凭证	财务会计（供应商、客户总经理）	1. 接收出纳送来的社会保险、住房公积金委托扣款凭证——付款通知单 2. 填制记账凭证，并将附件粘贴在记账凭证后 3. 将记账凭证交给财务部经理审核
3	审核记账凭证	财务部经理	1. 接收财务会计送来的记账凭证 2. 审核记账凭证 3. 审核无误，将记账凭证交给出纳登记明细账
4	登记银行日记账	出纳	1. 接收财务部经理交给的审核后的记账凭证 2. 根据记账凭证登记银行存款日记账 3. 将记账凭证交财务会计登记科目明细账
5	登记科明细目账	财务会计	1. 接收出纳交给的记账凭证 2. 根据记账凭证登记科目明细账

九、五险一金计算

1. 业务概述

五险一金是指养老保险、失业保险、工伤保险、生育保险、医疗保险、住房公积金。现行制度中"五险"的各项缴费比例如表 5－114 所示。

表 5－114 "五险"的金缴费比例

保险项目		养老保险/%	失业保险/%	工伤保险/%	生育保险/%	基本医疗保险	
						基本医疗/%	大额互助/%
本市城镇职工	单位	20	1.5	0.5	0.8	9	1
	个人	8	0	0	0	2	3 元
外埠城镇职工	单位	20	1.5	0.5	0.8	9	1
	个人	8	0	0	0	2	3 元
本市农村劳动力	单位	20	0	0.5	0.8	9	1
	个人	8	0	0	0	2	3 元
外埠农村劳动力	单位	20	1.5	0.5	0.8	9	1
	个人	8	0	0	0	2	3 元

公积金缴费比例：根据企业的实际情况，选择住房公积金缴费比例。现行制度中住房公积金的缴费比例单位、个人均为 12%。

实训五险一金缴费比例请参见相关的设计规则。

2. 业务流程

五险一金计算业务流程如表 5－115 所示。

表 5－115 五险一金计算业务流程

序号	操作步骤	角色	操作内容
1	五险一金缴纳信息核对	人力资源助理（供应商、客户行政主管）	1. 统计当月五险一金增减员信息 2. 与上月五险一金缴费统计表进行核对，修订缴费人员信息
2	五险一金计算	人力资源助理（供应商、客户行政主管）	依照各项目核定的缴费基数、缴费比例计算单位、个人应承担的缴费金额
3	五险一金缴费统计表制作	人力资源助理（供应商、客户行政主管）	设计五险一金缴费表样式、制作缴费表，并将缴费数据录入表中
4	审核五险一金计算	人力资源部经理（供应商、客户总经理）	1. 审核人力资源助理计算的五险一金缴费是否正确 2. 确定没有错误之后在对应栏内签字，并将签字完成的表格交还给人力资源助理
5	五险一金资料归档	人力资源助理（供应商、客户行政主管）	将各种资料妥善保管，以备查用

十、薪酬核算

1. 业务概述

薪酬是指员工向其所在单位提供所需要的劳动而获得各种形式的补偿，薪酬包括经济性薪酬和非经济性薪酬两大类，经济性薪酬分为直接经济性薪酬和间接经济性薪酬。

直接经济性薪酬是单位按照一定的标准以货币形式向员工支付的薪酬。

间接经济性薪酬不直接以货币形式发放给员工，但通常可以给员工带来生活上的便利，减少员工额外开支或者免除员工后顾之忧。

非经济性薪酬是指无法用货币等手段来衡量，但会给员工带来心理愉悦效用的一些因素。

薪酬核算主要是对员工货币性薪酬的计算，现行制度中货币性薪酬包括基本薪酬、奖励薪酬（奖金）、附加薪酬（津贴）、补贴薪酬、红利、酬金和福利等。

实训中薪酬由基本工资、绩效工资、辞退福利、五险一金构成。因实训不提供薪酬核算的纸质表格，故需要学生在进入本工作任务后下载电子表格，并保存。

2. 业务流程

薪酬核算业务流程如表 5－116 所示。

表 5－116　薪酬核算业务流程

序号	操作步骤	角色	操作内容
1	收集薪资数据	人力资源助理	1. 依据期初数据查找当月入职人员记录，收集整理新增数据 2. 依据期初数据查找当月离职人员记录，收集整理减少数据 3. 依据期初数据查找当月晋升、调动及薪资调整记录，收集整理变更数据 4. 依据期初数据查找当月考勤信息，整理汇总当月考勤数据 5. 依据期初数据查找当期绩效考核评价评分资料，整理汇总绩效考核结果 6. 依据期初数据查找当月奖励、处罚记录，并做汇总整理 7. 依据期初数据查找当月五险一金增减、缴费数据，计算五险一金
2	计算薪资	人力资源助理	1. 下载企业员工花名册信息 2. 依照薪酬规则，参照的期初发放各类职工薪酬表格，制作职工薪酬计算表格，包含：“职工薪酬统计表”“职工薪酬统计表——部门汇总”“五险一金缴费统计表” 3. 按照薪酬体系中每个项目的计算规则进行薪资核算 4. 调整、打印“职工薪酬统计表”“职工薪酬发放表” 5. 将打印出的表格送交人力资源部经理审核

续上表

序号	操作步骤	角色	操作内容
3	薪资计算审核	人力资源部经理	1. 根据薪酬规则审核工资构成是否正确 2. 根据企业人员花名册、考勤数据核对工资表中列示的人员、考勤是否准确 3. 通过审阅、复核工资结算表和工资结算汇总表，逐级审查工资计算及汇总的正确性 4. 根据薪酬规则审核代扣代缴款项的正确性 5. 审查应付工资和实发工资的正确性 6. 审核完成后在表单对应位置签字，并将表格交还给人力资源助理，由其交财务部经理审核
4	审核薪资	财务部经理	1. 查阅花名册、考勤表资料，查明在册员工总数的真实性 2. 根据薪酬规则审核工资总额各组成项目的真实性 3. 通过审阅、复核工资结算表和工资结算汇总表，逐级审查工资计算及汇总的正确性 4. 根据薪酬规则审核奖金、津贴和补贴 5. 根据薪酬规则审核奖金、津贴和补贴的发放范围和标准 6. 根据薪酬规则审核代扣代缴款项的正确性 7. 审查应付工资和实发工资的正确性 8. 根据财务部资金状况审核资金的充足性，确认能够足额、准时进行工资发放 9. 审核完成后在表单对应位置签字 10. 将签字完成后的表单交还人力资源助理，由其送交总经理审批
5	审批薪资	总经理	1. 审核工资结算总金额，了解总人工成本及波动幅度，并就变动的合理性进行核查 2. 审核工资结算的部门分配方式及比例，并就分配的合理性做出判断 3. 审核完成后在表单对应位置签字 4. 将签字完成的表单交还人力资源助理
6	原始凭证传递	人力资源助理	将所有职工薪酬部门汇总、“职工薪酬统计表”“五险一金缴费统计表”交给薪资会计
7	填制记账凭证	薪资会计	依照“职工薪酬统计表”、职工薪酬部门汇总、“五险一金缴费统计表”数据信息填制记账凭证
8	审核记账凭证	财务部经理	1. 依照原始凭证列示内容审核记账凭证 2. 审核完成后在记账凭证对应栏目内签字 3. 将签字完成的记账凭证交还给薪资会计
9	登记明细账	薪资会计	依照记账凭证登记三栏式总分类账（明细账）

十一、计提折旧

1. 业务概述

财务会计和成本会计在每个会计期末按照会计制度中确定的固定资产折旧方法计提折旧，并登记科目明细账。生产部门固定资产的折旧计入制造费用，其他部门的折旧计入期间费用。固定资产购买当月不计提折旧，从次月开始计提折旧，出售当期照提折旧。在实训中固定资产折旧按照直线法计提折旧。

2. 业务流程

计提折旧业务流程如表 5－117 所示。

表 5－117 计提折旧业务流程

序号	操作步骤	角色	操作内容
1	计算折旧	财务会计	1. 根据固定资产政策及固定资产明细账计提折旧 2. 填写管理部门固定资产折旧计算表、生产部门固定资产折旧计算表
2	编制管理部门折旧记账凭证	财务会计	1. 根据管理部门固定资产折旧计算表填写管理部门折旧记账凭证 2. 将生产部门固定资产折旧计算表交成本会计填制凭证 3. 交财务部经理审核记账凭证
3	编制生产部门记账凭证	成本会计	1. 接收财务会计提供的生产部门固定资产折旧计算表，并据以填写生产部门折旧记账凭证 2. 交财务部经理审核记账凭证
4	审核记账凭证	财务部经理	1. 接收财务会计、成本会计交给的记账凭证，进行审核 2. 审核后，将记账凭证分别返还财务会计和成本会计登记科目明细账
5	登记制造费用明细账	成本会计	1. 接收财务部经理已审核的记账凭证 2. 登记制造费用明细账 3. 登记完明细账后，将记账凭证交财务会计登记累计折旧明细账
6	登记管理费用及累计折旧明细账	财务会计	1. 接收财务部经理已审核的记账凭证 2. 登记管理费用明细账 3. 根据管理部门折旧记账凭证和生产部门折旧记账凭证登记累计折旧明细账 4. 登记完明细账后，与其他记账凭证放一起

十二、库存盘点

1. 业务概述

企业存货因为数量较多、收发频繁、计量误差、自然损耗等原因，可能导致库存数量与账面数量不符。为了避免账物不符的现象发生，需要定期进行库存盘点，查明原因并调整账面数，使账物相符。每个季度末，仓储部库管员需要进行实物盘点，确保与仓储部经理记录的存货出入库台账相符，并对盘盈、盘亏情况进行记录。

2. 业务流程

库存盘点业务流程如表 5－118 所示。

表 5－118　库存盘点业务流程

序号	操作步骤	角色	操作内容
1	盘点通知	成本会计	1. 制定盘点通知 2. 通知仓库及其他相关部门
2	进行盘点	仓管员	1. 收到成本会计的盘点通知 2. 进行实际盘点工作
3	审核盘点表	仓储部经理	1. 收到仓管员交给的盘点表 2. 抽盘审核盘点表，并在盘点表上签字
4	财务抽查、复核	成本会计	1. 收到仓管员交给的盘点表 2. 抽盘复核盘点表，并在“复盘人”处签字
5	填写盘盈、盘亏报告表	仓管员	根据账存数和实存数，写盘盈、盘亏报告表
6	分析盘盈、盘亏报告表	仓管员	针对盘盈、盘亏报告表中账实不符的原因分析盘盈、盘亏报告表
7	审核盘盈、盘亏报告表	仓储部经理	1. 收到盘盈、盘亏报告表 2. 审核盘盈、盘亏报告表，签字确认
8	审批盘盈、盘亏报告表	财务部经理	1. 收到盘盈、盘亏报告表 2. 审批盘盈、盘亏报告表，签字确认

十三、现金盘点

1. 业务概述

现金盘点制度是企业货币资金管理的核心制度。出纳每月均要进行现金盘点。现金盘点是指将现金的账存数与出纳手上实际的现钞进行核对，如果现金实存数大于账存数，就是现金溢余；如果现金实存数小于现金账存数，就是现金短缺。

2. 业务流程

现金盘点业务流程如表 5－119 所示。

表 5－119 现金盘点业务流程

序号	操作步骤	角色	操作内容
1	查询现金日记账余额	出纳	1. 查询现金日记账账面余额 2. 确定现金盘点时点，通知财务部经理监督盘点
2	盘点库存现金	出纳	1. 清点现金，填写现金盘点表 2. 出纳在现金盘点表上签字确认
3	监督盘点	财务部经理	1. 现金盘点时，财务部经理在场监督盘点 2. 财务部经理在现金盘点表上签字确认
4	填写现金盘点报告单	出纳	根据盘点结果，填写现金盘点报告单
5	审核现金盘点报告单	财务部经理	审核出纳编制的现金盘点报告单

第六章
供　应　商

第一节　经营前准备工作

一、组织内部会议

1. 业务概述

新公司刚刚组建，由来自不同专业的学生组成新公司的管理团队，总经理是团队建设的领航人，必须引领公司成员以优异的表现完成所有工作内容。总经理必须时刻关注团队建设，以更好地完成组织目标。

2. 业务流程

组织内部会议业务流程如表6－1所示。

表6－1　组织内部会议业务流程

操作步骤	角色	操作内容
组织开展企业内部会议	供应商总经理	1. 欢迎各位成员的加入 2. 阐述企业经营口号 3. 提出实训期间的员工成长目标、工作期望 4. 总经理要求团队中的每个人做1～2分钟的自我介绍 5. 在成员做好自我介绍后，再次欢迎各位成员的加入

二、领取并发放办公用品（见第五章第一节二）

三、了解新公司注册流程（见第四章）

四、供应商总经理财务期初建账

1. 业务概述

商贸公司期初建账直接填制科目余额表即可，不用记账簿。

2. 业务流程

供应商总经理财务期初建账业务流程如表6－2所示。

表6－2 供应商总经理财务期初建账业务流程

操作步骤	角色	操作内容
财务期初建账	供应商总经理	1. 查询业务数据 2. 根据业务数据填制科目余额表即可

五、供应商行政主管期初建账

1. 业务概述

仓储期初建账业务是指仓管员（实训中为行政主管）将本企业的期初库存数据填写到库存台账上，在后期业务数据发生时，在期初库存台账上进行更新。

商贸公司行政主管还要负责出纳的期初建账。

2. 业务流程

供应商行政主管期初建账业务流程如表6－3所示。

表6－3 供应商行政主管期初建账业务流程

操作步骤	角色	操作内容
仓储、出纳期初建账	供应商行政主管	1. 根据仓储部的期初数据，分别为料品建立期初的库存台账 2. 根据现金、银行存款期初数额建立现金及银行存款日记账

六、争先创新评比——招聘工作总结（见第五章第一节六）

第二节 日常任务

一、组织人员培训（见第八章第二节二）

二、培训费报销

1. 业务概述

本实习中费用报销主要是日常费用报销，报销项目主要有办公费、招聘费、培训费。

费用报销的一般流程：

报销人整理报销单据并填写对应费用报销单→部门经理审核签字→财务部门复核→总经理审批→到出纳处报销。

日常费用主要包括差旅费、电话费、交通费、办公费、低值易耗品及备品备件、业务招待费、会务费、培训费、资料费等。

2. 业务流程

培训费报销业务流程如表6－4所示。

表6－4 培训费报销业务流程

序号	操作步骤	角色	操作内容
1	填写支出凭单	供应商业务主管	供应商业务主管填写支出凭单，将原始凭证作为附件粘贴在支出凭单后面
2	审核支出凭单	供应商总经理	供应商总经理审核支出凭单，确认是否在预算项目及金额内
3	报销	供应商行政主管	1. 支付现金抵冲借款单 2. 在支付凭证上盖“现金付讫”章
4	填制记账凭证	供应商总经理	根据行政主管交来的支付凭证编制记账凭证

三、支付水电费

1. 业务概述

供应商总经理根据水电费耗用，每月一次提请供应商行政主管开具转账支票，支付水电费并做账务处理。

2. 业务流程

支付水电费业务流程如表6－5所示。

表6－5 支付水电费业务流程

序号	操作步骤	角色	操作内容
1	填写支出凭单	供应商总经理	填写支出凭单
2	办理支付手续	供应商行政主管	1. 接收供应商总经理交来的支出凭单 2. 签发转账支票并盖章
3	开具发票	服务公司业务员	1. 接收供应商总经理送来的转账支票 2. 开具水电费发票 3. 将发票交给供应商总经理
4	填制记账凭证	供应商总经理	1. 接收服务公司业务员交给的发票 2. 填制记账凭证

四、购买增值税发票

1. 业务概述

发票是指一切单位和个人在购销商品、提供劳务或接受劳务、服务以及从事其他经营活动，所提供给对方的收付款的书面证明，是财务收支的法定凭证，是会计核算的原始依据，也是审计机关、税务机关执法检查的重要依据。

2. 业务流程

购买增值税发票业务流程如表6－6所示。

表6－6 购买增值税发票业务流程

序号	操作步骤	角色	操作内容
1	到税务局购买发票	供应商总经理	到税务局购买发票（相关资料：税务登记证副本、发票存根和财务章可以不用携带，对商贸公司的实训是简略化的）
2	销售发票	国税局专管员	在系统中做“销售增值税专用发票”业务
3	开具收费凭证	国税局专管员	开具收费凭证
4	填制记账凭证	供应商总经理	填制记账凭证

五、购买支票（供应商）（见第五章第二节五）

六、签订采购订单

1. 业务概述

采购主管按照生产的需求与经济采购的原则，决定采购原料的品种、数量及供应商，向供应商下达采购订单，同时仓管员对采购订单备案。订单上的单价采用之前采购合同上约定的价格。

2. 业务流程

签订采购订单业务流程如表6－7所示。

表6－7 签订采购订单业务流程

序号	操作步骤	角色	操作内容
1	准备填制采购订单	供应商业务主管	查看流程图，做好记录系统选单的准备
2	在VBSE系统中进行选单	供应商业务主管	供应商从虚拟市场上选择自己的采购料品，并下达采购订单
3	填写采购订单	供应商业务主管	填写纸质采购订单，并送交总经理审核
4	审核采购订单	供应商总经理	接收业务主管送交的采购订单，审核无误后在“采购部经理”位置签字确认

续上表

序号	操作步骤	角色	操作内容
5	登记采购合同执行情况表	供应商业务主管	业务主管将采购订单的采购部留存联和供应商留存联保管，并在“采购合同执行情况表”上记录此次采购的明细
6	接收采购订单财务联	供应商总经理	在供应商企业担任财务职能的供应商总经理接收采购订单的财务联，以便采购到货进行记账时核对
7	接收采购订单仓储联	供应商行政主管	担任仓储职能的供应商行政主管接收采购订单仓储联，以便采购到货仓库收货时核对

七、供应商采购入库

1．业务概述

采购入库是指供应商采购的货物抵达企业，同时开具了该张采购订单所对应的发票。仓储部负责填写入库单确认货物入库，登记库存台账，财务部负责登记记账凭证。

2．业务流程

供应商采购入库业务流程如表6－8所示。

表6－8　供应商采购入库业务流程

序号	操作步骤	角色	操作内容
1	物料验收	供应商行政主管	1．根据物料的检验标准进行质量、数量、包装检测 2．根据检验结果填写物料检验单，并签字确认 3．检验无误，在发货单上签字
2	填写采购入库单	供应商行政主管	1．根据物料检验单填写入库单（一式三联） 2．将入库单自留一份，另外两联交业务主管及总经理
3	登记采购合同执行情况表	供应商业务主管	1．接收到仓库员送来的入库单 2．登记采购合同执行情况表 3．将发票（发票联和抵扣联）和对应的入库单的财务联送交总经理
4	在系统中处理采购到货	供应商行政主管	在VBSE系统中确定采购物料到货
5	填写物料卡	供应商行政主管	将货物摆放到货位，根据入库单数量填写物料卡
6	登记库存台账	供应商行政主管	根据入库单登记库存台账
7	填制记账凭证	供应商总经理	1．接收到发票和入库单 2．填制记账凭证

八、支付货款

1. 业务概述

供应商业务主管查看采购订单、确认应付款金额，然后由供应商行政主管支付应付账款，再由供应商总经理到国税局申请代开增值税专用发票。

2. 业务流程

支付货款业务流程如表 6－9 所示。

表 6－9 支付货款业务流程

序号	操作步骤	角色	操作内容
1	查询未付款采购订单	供应商业务主管	在 VBSE 系统中查询销售未付款采购订单，确定需要支付的款项和销货方
2	支付材料款	供应商行政主管	在 VBSE 系统中在线支付材料款
3	到国税局申请代开发票	供应商总经理	因为销货方是外部虚拟商业社会环境，供应商为了能够抵扣进项税，需要向国税局提出申请：由国税局为虚拟销货方开具增值税专用发票
4	查询已付款未开票采购订单	国税局专管员	1. 在 VBSE 系统中查询：提出申请的供应商已付款未开票采购订单 2. 确定为哪张采购订单代开发票
5	根据采购订单开具发票	国税局专管员	1. 填写增值税专用发票 2. 在“销货单位（章）”处，盖国税局章 3. 将发票交给供应商总经理
6	填写记账凭证	供应商总经理	根据增值税专用发票，填写记账凭证
7	登记银行存款日记账	供应商行政主管	根据记账凭证登记银行存款日记账

九、销售发货

1. 业务概述

销售发货是指销售人员依据销售订单交货日期填写产品发货单，仓管员填写出库单由销售人员发货给客户，财务部根据发货出库单开具销售发票，当客户收货确认后销售人员需登记销售发货明细。

2. 业务流程

销售发货业务流程如表 6－10 所示。

表6-10　销售发货业务流程

序号	操作步骤	角色	操作内容
1	填制发货单	供应商业务主管	1. 根据销售订单明细表和发货计划填制发货单 2. 审核发货单并签字
2	审核发货单	供应商总经理	1. 审核该企业的应收账款额度是否高，如高，则限制发货 2. 审核发货单，确认数量和金额 3. 发货单签字 4. 将签字后的发货单交给客户行政主管
3	填制销售出库单	供应商行政主管	1. 根据发货单填制销售出库单 2. 请业务主管签字 3. 本部门进行审批
4	填写物料卡	供应商行政主管	1. 办理出库手续，更新物料卡 2. 把出库单给业务主管一联 3. 把出库单送总经理一联
5	开具增值税专用发票	供应商总经理	1. 从业务主管处获取卖给该客户的销售价格 2. 根据销售出库单，结合销售价格，开具销售发票（增值税专用发票）
6	填制收入记账凭证	供应商总经理	根据开具的收入发票填制记账凭证
7	登记库存台账	供应商行政主管	根据出库单填写库存台账
8	在系统中处理销售发货	供应商业务主管	在VBSE系统中选择发货的订单，并确认
9	登记销售发货明细表	供应商业务主管	1. 根据发货单进行销售发运 2. 登记销售发货明细表

十、制造企业与供应商签订采购合同（见第五章第二节六）

十一、制造企业录入材料采购订单（见第五章第二节七）

十二、确认制造企业采购订单

1. 业务概述

制造业采购员根据制造业与供应商签订的采购合同录入采购订单后，供应商在VBSE系统中对录入的订单进行确认操作。

2. 业务流程

确认制造企业采购订单业务流程如表6-11所示。

表6－11 确认制造企业采购订单业务流程

操作步骤	角色	操作内容
在 VBSE 系统中进行订单确认	供应商业务主管	供应商业务主管根据双方之前签订的采购合同审核采购订单的内容，无误后确认订单

十三、采购入库（制造企业）（见第五章第二节九）

十四、材料款支付（制造企业）（见第五章第二节十）

十五、货款回收

1. 业务概述

销售实现之后，销售人员（实训中为业务主管）需要按照销售合同的约定期限跟踪催促货款的收回。客户通过支票方式进行付款，企业出纳员（实训中为行政主管）前往银行取回电汇单，财务部做记账处理。

2. 业务流程

货款回收业务流程如表6－12所示。

表6－12 货款回收业务流程

序号	操作步骤	角色	操作内容
1	接收制造企业签发的支票	供应商业务主管	1. 接收制造企业签发的转账支票 2. 将转账支票提交给行政主管
2	填写进账单	供应商行政主管	1. 接收供应商业务主管提交的转账支票 2. 按照支票上填写的金额填写进账单 3. 到银行送存转账支票
3	办理支票进账业务	银行柜员	1. 接收转账支票 2. 在系统中办理“付款业务（支票）” 3. 在进账单上盖“转讫”章 4. 将进账单回单退还给供应商行政主管
4	回单交供应商总经理	供应商行政主管	将经银行盖章后的进账单回单交供应商总经理
5	编制记账凭证	供应商总经理	1. 接收供应商行政主管送来的进账单回单 2. 编制记账凭证

十六、提现（供应商）

1. 业务概述

企业需要现金的时候，签发现金支票，到银行提取现金。

2. 业务流程

提现业务流程如表 6－13 所示。

表 6－13　提现业务流程

序号	操作步骤	角色	操作内容
1	填写支出凭单	供应商行政主管	1. 根据现金需要量填写支出凭单 2. 将支出凭单提交总经理审核
2	审核支出凭单	供应商总经理	审核支出凭单的准确、合理性并签字
3	签发现金支票	供应商行政主管	1. 接收经审核的支出凭单 2. 签发现金支票
4	加盖印章	供应商总经理	在现金支票上加盖印章
5	登记支票簿	供应商行政主管	1. 按签发的支票登记支票登记簿 2. 到银行提取现金
6	办理取现业务	银行柜员	1. 接收银行支票 2. 办理提取现金业务 3. 将现金交给取款人
7	现金入库	供应商行政主管	取现回来及时将现金入库
8	编制记账凭证	供应商总经理	根据支票根编制记账凭证

十七、存款

1. 业务概述

企业每天营业终了，在满足自身需要的前提下将超额库存现金及时送存银行。

2. 业务流程

存款业务流程如表 6－14 所示。

表 6－14　存款业务流程

序号	操作步骤	角色	操作内容
1	填写进账单	供应商行政主管	1. 填写进账单（按提供的进账单，填写持票人方信息，出票人信息不填写，并在下方空白处注明“现金进账”） 2. 将进账单与现金一并送存银行
2	办理存款业务	银行柜员	1. 接收现金及进账单 2. 清点现金数量是否与进账单数据一致 3. 在系统中办理“存款业务” 4. 在进账单回执联加盖“现金收讫”章后退还给供应商行政主管
3	编制记账凭证	供应商总经理	1. 接收供应商行政主管拿回的进账单回执 2. 编制记账凭证

十八、供应商签订厂房/仓库租赁合同

1. 业务概述

因业务规模扩大，供应商需要增加厂房、仓库数量、容量，此时可通过自建、租赁、购买等方式满足需求。实训中服务公司作为房产供应商为客户提供仓库、厂房的出租、出售信息，供应商通过与服务公司洽谈、合作，获得相应资产的使用权或所有权。

2. 业务流程

供应商签订厂房/仓库租赁合同业务流程如表 6－15 所示。

表 6－15 供应商签订厂房/仓库租赁合同业务流程

序号	操作步骤	角色	操作内容
1	提出厂房/仓库租赁需求	供应商业务主管	1. 了解企业厂房/仓库使用及缺口情况 2. 向服务公司了解厂房/仓库租赁价格 3. 向总经理汇报企业厂房/仓库使用及缺口情况，并告知市场上厂房/仓库的租赁价格，并给出租赁费用支出预算
2	审批厂房/仓库租赁需求	供应商总经理	根据业务主管提供的情况进行审批决策，告知业务主管是否需要进行厂房/仓库的租赁
3	厂房/仓库租赁谈判	服务公司业务员	与客户就厂房/仓库的位置、价格、用途、付款期限等进行谈判
4	签订厂房/仓库租赁合同	服务公司业务员	1. 双方商谈无异议后，签订书面合同 2. 在合同对应位置加盖公章或合同章 3. 将盖章后合同文件交客户方盖章
5	厂房/仓库租赁合同	供应商总经理	1. 审核合同内容，明确权利与义务，衡量合同风险 2. 对合同内容无异议后在合同会签单上签字
6	厂房/仓库租赁合同盖章	供应商行政主管	1. 在合同文件对应位置盖章 2. 将合同中的一份交还业务主管，一份自己进行保管
7	厂房/仓库租赁合同文件送交	供应商业务主管	将盖章完成的合同文本送交给服务公司业务员
8	在 VBSE 系统中出租厂房/仓库	服务公司业务员	登录 VBSE 系统，依照租赁合同标记已出租标的物

十九、服务公司收取厂房/仓库租金（见第八章服务公司第二节二十六）

二十、供应商支付厂房/仓库租金

1. 业务概述

企业与房屋供应商签订厂房/仓库租赁合同后，供应商依据合同约定金额及付款时间内开具支票，支付款项。

2. 业务流程

供应商支付厂房/仓库租金业务流程如表6－16所示。

表6－16 供应商支付厂房/仓库租金业务流程

序号	操作步骤	角色	操作内容
1	填写支出凭单	供应商业务主管	1. 查看厂房/仓库购销合同 2. 填写支出凭单 3. 将填写的支出凭单交给供应商总经理审核
2	审核支出凭单	供应商总经理	1. 审核支出凭单 2. 确定无误后，签字
3	签发支票并登记支票登记簿	供应商行政主管	1. 出纳根据审核的支出凭单填写转账支票 2. 登记支票登记簿 3. 将支票交供应商业务主管 4. 将支出凭单及支票根交供应商总经理
4	将支票交给出租方	供应商业务主管	1. 接收出纳签发的支票 2. 将转账支票送给卖方以支付租金
5	编制记账凭证	供应商总经理	1. 接收出纳交给的支票根和支出凭单 2. 填制记账凭证

二十一、市场调研

1. 业务概述

市场调研，是指为了提高产品的销售决策质量、解决存在于产品销售中的问题或寻找机会等而系统、客观地识别、搜集、分析和传播营销信息的工作。

2. 业务流程

市场调研业务流程如表6－17所示。

表 6－17　市场调研业务流程

序号	操作步骤	角色	操作内容
1	搜集市场信息	供应商业务主管	供应商业务主管了解制造商的原材料需求，包括价格及数量
2	在 VBSE 系统中查看市场预测信息	供应商业务主管	在系统中查看原材料的市场预测信息
3	编制市场分析报告	供应商业务主管	1. 根据搜集的市场信息及市场预测信息编制本企业的市场分析报告 2. 该报告可作为企业制定采购需求的依据

二十二、购买办公用品

1. 业务概述

企业日常采购办公用品由行政助理携带少量现金购买即可。

2. 业务流程

购买办公用品业务流程如表 6－18 所示。

表 6－18　购买办公用品业务流程

序号	操作步骤	角色	操作内容
1	填写办公用品采购需求申请表	供应商行政主管	根据需要采购的办公用品填写办公用品采购需求申请表
2	填写借款单	供应商行政主管	1. 根据现金需要量填写借款单 2. 将借款单提交供应商总经理审核
3	审核借款单并编制记账凭证	供应商总经理	1. 审核借款单的准确性、合理性并签字 2. 根据经审核的借款单编制记账凭证
4	登记现金日记账	出纳	根据记账凭证登记现金日记账
5	拿现金到服务中心采购	供应商行政主管	带好“办公用品采购需求汇总表”、现金到服务中心购买办公用品
6	结算费用并开具发票	服务公司业务员	1. 依照服务公司办公用品定价有关规则，计算费用，收取现金 2. 依照实际出售办公用品数量及单价开具办公用品发票
7	填写支出凭单	供应商行政主管	根据发票金额填写支出凭单
8	编制记账凭证	供应商总经理	根据支出凭单编制记账凭证

二十三、社会保险缴纳（见第五章第二节六十六）

二十四、供应商住房公积金汇缴

1．业务概述

具体内容见第五章第二节三十四（一）。

2．业务流程

供应商住房公积金汇缴业务流程如表6－19所示。

表6－19　供应商住房公积金汇缴业务流程

序号	操作步骤	角色	操作内容
1	填写申报表	供应商行政主管	1．汇总当月新参加住房公积金、转入本单位人员信息 2．收集需要办理住房公积金员工的身份证复印件（本步骤实训中省略） 3．在住房公积金系统企业管理子系统录入新增人员信息，并将信息导出存盘（本步骤在VBSE实训中省略） 4．单位有人员变动时，即有新增、转入、离职、退休、封存时填写“住房公积金变更汇缴清册”，报表一式两份 5．在表单指定位置加盖公章
2	住房公积金缴存资料审核	住房公积金专管员	1．依照“住房公积金变更汇缴清册”列示的人员变动信息核对经办业务所需的资料是否齐备，填写是否规范 2．退还准备不齐、不规范的资料，并告知企业经办人员原因，方便其做后续的准备
3	住房公积金缴存业务处理	住房公积金专管员	1．读取企业交来的社会保险增员录盘信息，核对录盘信息与交来的文件内容是否一致（本步骤在VBSE实习中省略） 2．在住房公积金中心系统内做企业人员信息变更 3．在“住房公积金变更汇缴清册”上加盖业务章，并将其中的一份交还企业经办人，另一份自己保管
4	资料归档	供应商主管	将增员业务退还已盖章的“住房公积金变更汇缴清册”归档，方便核算相关费用

二十五、公积金缴纳（见第五章第二节六十七）

二十六、查询企业银行存款余额（见第九章第一节十四）

二十七、供应商评价（制造企业）（见第五章第二节六十九）

二十八、经营秩序监管与行政处罚（见第九章第一节十七）

二十九、支付行政罚款（供应商）

1. 业务概述

具体内容见第五章制造业第二节七十一（一）。

2. 业务流程

供应商支付行政罚款业务流程如表6－20所示。

表6－20 供应商支付行政罚款业务流程

序号	操作步骤	角色	操作内容
1	将处罚决定书交给客户行政主管	供应商总经理	供应商总经理将工商局送达的处罚决定书交给供应商行政主管，并指派后者办理付款业务
2	到银行缴纳罚款	供应商行政主管	供应商行政主管到银行，准备办理电汇业务，收款方账户信息参见处罚决定书
3	银行付款（电汇）	银行柜员	银行柜员在VBSE中进行电汇划转
4	打印回单	银行柜员	1. 银行柜员在VBSE中查询待打印的回单 2. 打印此笔电汇业务的回单，并交付给供应商行政主管 3. 客户行政主管将银行回单和处罚决定书交给供应商总经理
5	填制记账凭证	供应商总经理	供应商总经理根据处罚决定书和银行回单，编制记账凭证
6	登记银行存款日记账	供应商行政主管	根据记账凭证和银行回单，登记银行存款日记账

三十、个人银行卡批量开卡（见第九章第一节二十一）

三十一、考勤汇总查询（见第五章第二节七十三）

三十二、投诉其他组织（见第五章第二节七十四）

三十三、填写工作日志（见第五章第二节七十五）

三十四、领取作业（见第五章第二节七十六）

三十五、上交作业（见第五章第二节七十七）

第三节　自主经营——月初工作

一、供应商薪酬发放

1. 业务概述

具体内容见第五章制造业第三节七。

2. 业务流程

供应商薪酬发放业务流程如表6-21所示。

表6-21　供应商薪酬发放业务流程

序号	操作步骤	角色	操作内容
1	薪资录盘	供应商行政主管	1. 在VBSE系统中打开“查询工人信息”界面 2. 导出按钮：导出“薪酬发放表”，然后依据“职工薪酬发放表”数据将实训参与角色的薪资详细信息补充填写进导出的“薪酬发放表”中，具体银行卡号根据从银行领回的卡面所示信息填写 3. 将导出填写完毕的“薪酬发放表”导入U盘
2	填写支出凭单	供应商行政主管	1. 依据“职工薪酬发放表”数据填写支出凭单 2. 将填好的“支出凭单”“职工薪酬发放表”交供应商总经理审核签字
3	审核支出凭单	供应商总经理	1. 审核支出人是否是该部门的职工 2. 审核支出日期是否正确 3. 审核支出用途及金额是否符合规定 4. 金额大小写是否正确 5. 审核支出方式是否正确 6. 审核完成后在支出凭单上签字
4	签发转账支票	供应商行政主管	1. 依据“支出凭单”信息签发转账支票 2. 将开具完成的支票交给供应商总经理审核、盖章
5	审核支票、盖章	供应商总经理	1. 核对支票及相关业务单据，判断是否为真实业务所需而签发的支票 2. 核查支票填写是否规范、有无涂改 3. 在转账支票上加盖财务章、法人章

续上表

序号	操作步骤	角色	操作内容
6	登记支票簿后到银行	供应商行政主管	1. 根据签发的支票登记“支票使用登记簿” 2. 带齐薪资发放资料：“职工薪酬发放表”、转账支票、U 盘到银行办理工资发放
7	代发工资	银行柜员	1. 收到供应商行政主管交来的薪资发放资料，将薪资 U 盘信息导入银行系统，并将 U 盘交还给企业经办人 2. 将薪资 U 盘信息与“职工薪酬发放表”信息进行核对，核对无误后进行划款 注：实训中此处无须再在系统里做支票转账处理
8	填制记账凭证	供应商总经理	1. 接收供应商行政主管交来的支票存根及支出凭单 2. 编制记账凭证，将原始单据作为附件粘贴
9	登记银行存款日记账	供应商行政主管	依照记账凭证登记银行存款日记账并将记账凭证交还给供应商总经理

二、供应商增值税计算

1. 业务概述

具体内容见第五章制造业第三节五。

2. 业务流程

供应商增值税计算业务流程如表 6－22 所示。

表 6－22 供应商增值税计算业务流程

操作步骤	角色	操作内容
计算增值税	供应商总经理	根据资产负债表上的销项进项之差额，计算应交增值税

第四节 自主经营——月中工作

一、供应商增值税申报

1. 业务概述

纳税申报是指纳税人、扣缴义务人在发生法定纳税义务后，按照税法或税务机关相关行政法规所规定的内容，在申报期限内，以书面形式向主管税务机关提交有关纳税事项及应缴税款的法律行为。

各税种的申报期限：

（1）缴纳增值税、消费税的纳税人，以一个月为一期纳税的，于期满后15日内申报。

（2）缴纳企业所得税的纳税人应当在月份或者季度终了后15日内，向其所在地主管国家税务机关办理预缴所得税申报。

（3）其他税种，税法已明确规定纳税申报期限的，按税法规定的期限申报。

2. 业务流程

供应商增值税申报业务流程如表6－23所示。

表6－23　供应商增值税申报业务流程

序号	操作步骤	角色	操作内容
1	到国税局申报纳税	供应商总经理	供应商总经理到国税局申报纳税
2	签发税收缴款书	国税局专管员	1. 审核纳税申报表 2. 签发税收缴款书 3. 将税收缴款书交供应商总经理
3	到银行缴纳税款	供应商行政主管	1. 接收供应商总经理交来的税收缴款书 2. 到银行缴纳税款
4	税款入国库	银行柜员	1. 在VBSE系统中将税款从企业账户转入国库 2. 将税收缴款书回单退回给供应商行政主管
5	打印回单	银行柜员	在VBSE系统中打印税收缴款书回单
6	填制记账凭证	供应商总经理	1. 接收行政主管交来的税收缴款书回单 2. 编制记账凭证

二、签订劳动合同

1. 业务概述

劳动合同书是劳动者与用人单位确立劳动关系时所使用的，用以明确双方权利与义务的书面协议。

劳动合同书中包含签订劳动合同双方的基本信息、劳动合同类型与期限、工作内容与职责、劳动保护与条件、劳动报酬、保险福利待遇、劳动培训与教育、劳动纪律、劳动合同变更、终止、解除等。

劳动合同应当在用人单位与劳动者建立劳动关系时签订，或自用工之日起一个月内签订书面劳动合同。否则用人单位向劳动者支付2倍工资。

2. 业务流程

签订劳动合同业务流程如表6－24所示。

表 6－24 签订劳动合同业务流程

序号	操作步骤	角色	操作内容
1	准备劳动合同文本	供应商行政主管	拟定劳动合同范本，准备两份劳动合同
2	劳动合同签署	供应商行政主管	人力资源部代表企业与新员工签订劳动合同，双方在劳动合同的对应项目内亲笔签名
3	劳动合同盖章	供应商总经理	1. 核对公章、印鉴、资质证照使用申请表是否填写完整，审批人是否签字 2. 核对申请盖章文件与申请表中所列示的文件是否一致 3. 确认无误后按照申请人的要求给文件盖章
4	劳动合同发放、存档	供应商行政主管	将盖章完成的劳动合同的一份副本交给新员工保管，一份自己留存

第五节 自主经营——月末工作

一、销售统计查询

1. 业务概述

销售统计查询业务是为了方便公司业务主管查看以往交易信息而设置的，通过交易信息查询，业务主管可以分别查看本公司曾经发出的采购订单及销售订单的历史信息，这些信息可以作为签订新订单的参考。

2. 业务流程

销售统计查询业务流程如表 6－25 所示。

表 6－25 销售统计查询业务流程

操作步骤	角色	操作内容
在 VBSE 中查询销售统计信息	供应商业务主管	通过系统查询本公司的交易信息，包括以往的采购订单信息和以往的销售订单信息

二、供应商查询销售增长率

1. 业务概述

销售增长率是指企业本年销售增长额与上年销售额之间的比率，反映销售的增减变动情况，是评价企业成长状况和发展能力的重要指标。其计算公式为：

A：销售增长率 = 本年销售增长额 ÷ 上年销售额 = （本年销售额 - 上年销售额） ÷ 上年销售额

B：销售增长率 = 本年销售额/上年销售额 - 1

2. 业务流程

供应商查询销售增长率业务流程如表 6 - 26 所示。

表 6 - 26　供应商查询销售增长率业务流程

操作步骤	角色	操作内容
查询销售增长率	供应商总经理	在 VBSE 系统中点击“查询销售增长率”按钮，选择当前登录企业名称，录入查询期间，即可查询

三、供应商查询综合市场占有率

1. 业务概述

综合市场占有率是指一定时间段内本企业销售订单金额占同类企业销售订单总额的百分比。该占有率反映了企业的商品在市场上所处的地位。综合市场占有率越高，标明企业经营、竞争能力越强。

2. 业务流程

供应商查询综合市场占有率业务流程如表 6 - 27 所示。

表 6 - 27　供应商查询综合市场占有率业务流程

操作步骤	角色	操作内容
在 VBSE 系统中查询综合市场占有率	供应商业务主管	在系统中查询本企业一定时间段内综合市场占有率情况

四、供应商查询产品市场占有率

1. 业务概述

产品市场占有率是指一定时间段内本企业某特定产品的销售订单金额占同类企业同种产品销售订单总额的百分比。该占有率反映了企业这类商品在市场上所处的地位。产品市场占有率越高，说明该商品的竞争能力越强。

2. 业务流程

供应商查询产品市场占有率业务流程如表 6 - 28 所示。

表 6 - 28　供应商查询产品市场占有率业务流程

操作步骤	角色	操作内容
在 VBSE 系统中查询产品市场占有率	供应商业务主管	在系统中查询本企业一定时间段内产品市场占有率情况

五、供应商查询细分市场占有率

1. 业务概述

细分市场占有率是指一定时间段内在某具体销售区域（比如某城市）中本企业销售订单金额占同类企业销售订单总额的百分比。该占有率反映了企业的商品在某一具体市场范围内所处的地位。细分市场占有率越高，标明企业在该区域内经营、竞争能力越强。

2. 业务流程

供应商查询细分市场占有率业务流程如表6－29所示。

表6－29 供应商查询细分市场占有率业务流程

操作步骤	角色	操作内容
在VBSE系统中查询细分市场占有率	供应商业务主管	在系统中查询本企业一定时间段内细分市场占有率情况

六、库存盘点

1. 业务概述

具体内容见第五章第五节十二。

2. 业务流程

库存盘点业务流程如表6－30所示。

表6－30 库存盘点业务流程

序号	操作步骤	角色	操作内容
1	盘点通知	供应商总经理	1. 制定盘点通知 2. 通知仓库及其他相关部门
2	实际盘点并填写盘点表	供应商行政主管	1. 收到盘点通知 2. 实际盘点：先找主讲教师，从VBSE中查询本企业存货明细（代表了库存实物），然后和物料卡、库存台账进行核对 3. 根据盘点结果填写盘点表
3	审核盘点表	供应商总经理	抽盘审核盘点表
4	填写盘盈、盘亏报告	供应商总经理	根据盘点表，填写盘盈、盘亏报告，记录盈亏的处理意见

七、现金盘点

1. 业务概述

具体内容见第五章第五节十三。

2．业务流程说明

现金盘点业务流程如表6－31所示。

表6－31　现金盘点业务流程

序号	操作步骤	角色	操作内容
1	查询现金日记账账面余额	供应商行政主管	1．查询现金日记账账面余额 2．确定现金盘点时点，通知供应商总经理
2	盘点库存现金	供应商行政主管	1．清点现金，填写现金盘点表 2．供应商行政主管在现金盘点表上签字确认
3	填写现金盘点报告单	供应商行政主管	编制现金盘点报告
4	监盘	供应商总经理	现金盘点时，供应商总经理在场监督盘点
5	现金盘点报告签字	供应商总经理	供应商总经理在现金盘点报告上签字确认

八、五险一金财务记账（见第五章第五节八）

九、五险一金计算（见第五章第五节九）

十、薪酬核算

1．业务概述

具体见第五章第五节十。

2．业务流程

薪酬核算业务流程如表6－32所示。

表6－32　薪酬核算业务流程

序号	操作步骤	角色	操作内容
1	收集薪资数据	供应商行政主管	1．依据期初数据查找当月入职人员记录，收集整理新增数据 2．依据期初数据查找当月离职人员记录，收集整理减少数据 3．依据期初数据查找当月晋升、调动及薪资调整记录，收集整理变更数据 4．依据期初数据查找当月考勤信息，整理汇总当月考勤数据 5．依据期初数据查找当期绩效考核评价评分资料，整理汇总绩效考核结果 6．依据期初数据查找当月奖励、处罚记录，并做汇总整理 7．依据期初数据查找当月五险一金增减、缴费数据，计算五险一金

续上表

序号	操作步骤	角色	操作内容
2	计算薪资	供应商行政主管	1. 下载企业员工花名册信息 2. 依照薪酬规则，参照期初发放的各类职工薪酬表格，制作职工薪酬计算表格，包含："职工薪酬统计表""五险一金缴费统计表" 3. 按照薪酬体系中每个项目的计算规则进行薪资核算 4. 调整、打印"职工薪酬统计表""职工薪酬发放表" 5. 将打印出的表格送交客户总经理审核
3	薪资审核	供应商总经理	1. 审核工资结算总金额，了解总人工成本及波动幅度，并就变动的合理性进行核查 2. 审核工资结算的部门分配方式及比例，并就分配的合理性做出判断 3. 审核完成后在表单对应位置签字 4. 将签字完成的表单交还客户行政主管
4	制作职工薪酬发放表	供应商行政主管	1. 客户总经理审核签字之后，依据职工薪酬统计表信息制作职工薪酬发放表 2. 将职工薪酬发放表电子文件存储至U盘中
5	填制记账凭证	供应商总经理	依照"职工薪酬统计表"、职工薪酬部门汇总、"五险一金缴费统计表"数据信息登记记账凭证

十一、计提折旧

1. 业务概述

在每个会计期末按照会计制度中确定的固定资产折旧方法计提折旧，并登记账簿。固定资产购买当月不计提折旧，从次月开始计提折旧，出售当期照提折旧。在实训中固定资产折旧按照直线法计提折旧。

2. 业务流程

计提折旧业务流程如表6－33所示。

表6－33 计提折旧业务流程

序号	操作步骤	角色	操作内容
1	计提折旧	供应商总经理	直接读取业务数据里的固定资产折旧计算表
2	填制记账凭证	供应商总经理	编制固定资产折旧记账凭证

十二、结转销售成本

1. 业务概述

具体内容见第五章第五节六（一）。

2. 业务流程

结转销售成本业务流程如表6－34所示。

表6－34 结转销售成本业务流程

序号	操作步骤	角色	操作内容
1	汇总产成品出库数量	供应商总经理	根据产成品出库单汇总出库数量
2	编制销售成本结转表	供应商总经理	根据出库数量和库存商品成本金额计算平均单价，编制销售成本结转表
3	填制记账凭证	供应商总经理	1. 根据原始凭证及产成品出库单和生产成本结转表、销售成本结转表反映的业务内容，编制记账凭证 2. 在记账凭证“制单”处签字或加盖名单

十三、期末结账

1. 业务概述

期末结账包括期末结转、科目汇总和确认本期财务成果几项工作。

（1）科目汇总：供应商总经理根据日记账及记账凭证编制科目汇总表。

（2）期末结转：供应商总经理将本期发生的收入、成本、费用、税金等科目结转至本年利润科目。

2. 业务流程

期末结账业务流程如表6－35所示。

表6－35 期末结账业务流程

序号	操作步骤	角色	操作内容
1	编制科目汇总表	供应商总经理	根据日记账及记账凭证编制科目汇总表
2	结转损益	供应商总经理	将科目汇总表里的损益类科目本期发生额结转至本年利润科目

十四、编制报表

1. 业务概述

为了正确反映一定时期内在账簿中记录的经济业务，总结有关经济业务活动和财务状况，各单位必须在每一个会计期末结账并编制财务报表。

现在企业每期要编制的财务报表有：资产负债表和利润表以及所有者权益变动表。

2. 业务流程

编制报表业务流程如表6－36所示。

表 6-36　编制报表业务流程

操作步骤	角色	操作内容
编制报表	供应商总经理	1. 根据科目汇总表出具资产负债表 2. 根据科目汇总表出具利润表

十五、整理会计资料（见第五章第五节二）

第七章 客　户

第一节　经营前准备工作

一、客户组织内部会议

1. 业务概述

新公司刚刚组建，由来自不同专业的学生组成新公司的管理团队，总经理是团队建设的领航人，必须引领公司成员以优异的表现完成所有工作内容。总经理必须时刻关注团队建设，以更好地完成组织目标。

2. 业务流程

客户组织内部会议业务流程如表 7－1 所示。

表 7－1　客户组织内部会议业务流程

操作步骤	角色	操作内容
组织开展企业内部会议	客户总经理	1. 欢迎各位成员的加入 2. 阐述企业经营口号 3. 提出实训期间的员工成长目标、工作期望 4. 总经理要求团队中的每个人做 1～2 分钟的自我介绍 5. 在成员做好自我介绍后，再次欢迎各位成员的加入

二、领取并发放办公用品（见第五章第一节二）

三、了解新公司注册流程（见第四章）

四、客户总经理财务期初建账

1. 业务概述

商贸公司期初建账直接填制科目余额表即可，不用记账簿。

2. 业务流程

客户总经理财务期初建账业务流程如表7－2所示。

表7－2 客户总经理财务期初建账业务流程

操作步骤	角色	操作内容
财务期初建账	客户总经理	1. 查询业务数据 2. 根据业务数据填制科目余额表即可

五、客户行政主管期初建账

1. 业务概述

仓储期初建账业务是指仓管员（实训中为行政主管）将本企业的期初库存数据填写到库存台账上，在后期业务数据发生时，在期初库存台账上进行更新。

商贸公司行政主管还要负责出纳的期初建账。

2. 业务流程

客户行政主管期初建账业务流程。

表7－3 客户行政主管期初建账业务流程

操作步骤	角色	操作内容
仓储、出纳期初建账	客户行政主管	1. 根据仓储部的期初数据，分别为料品建立期初的库存台账 2. 根据现金、银行存款期初数额建立现金及银行存款日记账

六、争先创新评比——招聘工作总结（见第五章第一节六）

第二节 日常任务

一、组织人员培训（见第八章第二节二）

二、培训费报销

1. 业务概述

本实习中费用报销主要是日常费用报销，报销项目主要有办公费、招聘费、培训费。

费用报销的一般流程：

报销人整理报销单据并填写对应费用报销单→部门经理审核签字→财务部门复核→总经理审批→到出纳处报销。

日常费用主要包括差旅费、电话费、交通费、办公费、低值易耗品及备品备件、业务招待费、会务费、培训费、资料费等。

2. 业务流程

培训费报销业务流程如表 7－4 所示。

表 7－4　培训费报销业务流程

序号	操作步骤	角色	操作内容
1	填写支出凭单	客户业务主管	客户业务主管填写支出凭单，将原始凭证作为附件粘贴在支出凭单后面
2	审核支出凭单	客户总经理	客户总经理审核支出凭单，确认是否在预算项目及金额内
3	报销	客户行政主管	1. 支付现金抵冲借款单 2. 在支付凭证上盖“现金付讫”章
4	填制记账凭证	客户总经理	根据行政主管交来的支付凭证编制记账凭证

三、支付水电费

1. 业务概述

客户总经理根据水电费耗用情况，每月一次提请客户行政主管开具转账支票，支付水电费并做账务处理。

2. 业务流程

支付水电费业务流程如表 7－5 所示。

表 7－5　支付水电费业务流程

序号	操作步骤	角色	操作内容
1	填写支出凭单	客户总经理	填写水电费支出凭单
2	办理支付手续	客户行政主管	1. 接到客户总经理交来的支出凭单 2. 签发转账支票并盖章
3	开具发票	服务公司业务员	1. 接收客户总经理送来的转账支票 2. 开具水电费发票 3. 将发票交给客户总经理
4	填制记账凭证	客户总经理	1. 接收服务公司业务员交给的发票 2. 填制记账凭证

四、客户谈判（见第五章第二节十二）

五、与客户签订合同（见第五章第二节十三）

六、制造企业销售专业录入销售订单（见第五章第二节十四）

七、客户确认制造业销售订单

1. 业务概述

制造业销售专员根据制造业与客户签订的销售合同录入销售订单后，客户在 VBSE 系统中对录入的订单进行确认操作。

2. 业务流程

客户确认制造业销售订单业务流程如表 7-6 所示。

表 7-6　客户确认制造业销售订单业务流程

操作步骤	角色	操作内容
在 VBSE 系统中进行订单确认	客户业务主管	客户业务主管根据双方之前签订的销售合同审核销售订单的内容，无误后确认订单

八、销售发货（见第五章第二节十六）

九、采购入库

1. 业务概述

采购入库是指供应商发出的货物抵达企业，同时开具了该张采购订单所对应的发票。仓储部负责填写入库单确认货物入库，登记库存台账，财务部负责登记记账凭证。

2. 业务流程

采购入库业务流程如表 7-7 所示。

表 7-7　采购入库业务流程

序号	操作步骤	角色	操作内容
1	核对发货单、发票及实物	客户业务主管	1. 接收供应商发来的物料，附有发货单、发票和实物 2. 根据采购订单核对发货单、发票及实物 3. 协助客户行政主管进行物料验收
2	物料验收	客户行政主管	1. 根据发货单和检验标准进行质量、数量、包装检测 2. 根据检验结果填写物料检验单，并签字确认 3. 检验无误，在发货单上签字

续上表

序号	操作步骤	角色	操作内容
3	填写采购入库单	客户行政主管	1. 根据物料检验单填写入库单（一式三联） 2. 将入库单自留一份，另外两联交业务主管及总经理
4	登记采购合同执行情况表	客户业务主管	1. 接收到仓库员送来的入库单 2. 登记采购合同执行情况表 3. 将发票（发票联和抵扣联）和对应的入库单的财务联送交总经理
5	在 VBSE 系统中处理采购到货	客户行政主管	在 VBSE 系统中确定采购物料到货
6	填写物料卡	客户行政主管	将货物摆放到货位，根据入库单数量填写物料卡
7	登记库存台账	客户行政主管	根据入库单登记库存台账
8	填制记账凭证	客户总经理	1. 接收发票和入库单 2. 填制记账凭证

十、支付货款

1. 业务概述

客户业务员查看客户业务合同执行情况表，确认应付款情况，找到相应的客户业务订单和客户业务入库单，并据此填写支出凭单，经财务部门审核通过，向供应商支付货款。

2. 业务流程

支付货款业务流程如表 7－8 所示。

表 7－8　支付货款业务流程

序号	操作步骤	角色	操作内容
1	填写支出凭单	客户业务主管	1. 填写支出凭单 2. 将填写的支出凭单交给客户总经理审核
2	审核支出凭单	客户总经理	1. 接收客户业务主管送来的支出凭单 2. 审核支出凭单内容填写的准确性和合理性 3. 审核无误，签字
3	签发转账支票	客户行政主管	1. 根据经审核的支出凭单填写转账支票 2. 填写支票登记簿 3. 将支票交客户业务主管 4. 将支出凭单及支票根交客户总经理

续上表

序号	操作步骤	角色	操作内容
4	接收支票并送交卖方	客户业务主管	1. 接收客户行政主管签发的支票 2. 交转账支票给卖方以支付货款
5	登记支票登记簿	客户行政主管	登记支票登记簿
6	单据转给总经理	客户总经理	接收到客户行政主管交来的支票根和支出凭单
7	填制记账凭证	客户总经理	填制记账凭证

十一、签订销售订单

1. 业务概述

客户在虚拟市场上选择产品需求订单，只有客户进行了新市场开发的城市才会显示在虚拟市场中，同时客户还必须按月在新市场上投放广告费，否则将无法看到市场订单。客户选单完毕后将销售订单的信息记录在销售订单明细表中，同时将销售订单汇总送交负责仓储的行政主管，以备发货。

2. 业务流程

签订销售订单业务流程如表7－9所示。

表7－9 签订销售订单业务流程

序号	操作步骤	角色	操作内容
1	准备填制销售订单明细	客户业务主管	客户主管准备做好选单记录
2	在VBSE系统中进行选单	客户业务主管	在VBSE系统中选择产品需求订单，与虚拟市场签订销售订单
3	填写销售订单明细	客户业务主管	将选择的销售订单信息填写在销售订单明细表中，以便查询
4	审核销售订单明细表	客户总经理	审核销售订单明细表内容是否正确完整，金额数量是否有误
5	汇总销售订单	客户业务主管	将销售订单明细表中的产品名称、数量及交货期填写到“销售订单汇总表”中，并将第二联送负责仓储职能的客户行政主管，以便发货时查询

十二、销售发货

1. 业务概述

销售发货是指销售人员依据销售订单交货日期填写产品发货单，仓管员填写出库单由销售人员发货给客户，财务部根据发货出库单开具销售发票，当客户收货确认后销售人员需登记销售发货明细。

2. 业务流程

销售发货业务流程如表 7－10 所示。

表 7－10　销售发货业务流程

序号	操作步骤	角色	操作内容
1	填制发货单	客户业务主管	1. 根据销售订单明细表和发货计划填制发货单 2. 审核发货单并签字
2	审核发货单	客户总经理	1. 审核该企业的应收账款额度是否高，如应收账转额度高，则限制发货 2. 审核发货单，确认数量和金额 3. 发货单签字 4. 将签字后的发货单交给客户行政主管
3	填制出库单	客户行政主管	1. 根据发货单填制出库单 2. 请业务主管签字 3. 本部门进行审批
4	填写物料卡	客户行政主管	1. 办理出库手续，更新物料卡 2. 把出库单给业务主管一联 3. 把出库单送总经理一联
5	登记库存台账	客户行政主管	根据出库单填写库存台账
6	填制记账凭证	客户总经理	根据出库单填写记账凭证
7	在系统中处理销售发货	客户业务主管	在 VBSE 系统中选择发货的订单，并确认
8	登记销售发货明细表	客户业务主管	1. 根据发货单进行销售发货 2. 登记销售发货明细表

十三、货款回收

1. 业务概述

销售实现之后，客户业务主管定期跟踪催促货款的收回。

2. 业务流程

货款回收业务流程如表 7－11 所示。

表 7－11　货款回收业务流程

序号	操作步骤	角色	操作内容
1	查询销售订单	客户业务主管	1. 在系统里查询交易信息，确定销售发货后应开具的发票金额及回款金额 2. 告知客户总经理开具增值税专用发票

续上表

序号	操作步骤	角色	操作内容
2	开具增值税专用发票	客户总经理	1. 客户总经理根据销售订单开具增值税专用发票，但因为购货方不是由学生参与的实训组织，发票不用传递给购货方（虚拟商业社会环境——实训系统） 2. 告知客户行政主管销售发票已经开具，及时收回货款
3	销售回款	客户行政主管	1. 在系统里做“销售回款”：因为付款方是外部虚拟商业社会环境，无学员参与，因此无须付款方操作，款项即由收款方通过网银自动回款 2. 然后前往银行取销售回款的网银回单
4	打印回单	银行柜员	1. 根据客户提供的信息打印回单 2. 将回单提交给客户行政主管
5	编制记账凭证	客户总经理	1. 接受客户行政主管交来的网银回单 2. 根据销售发票和销售回款网银回单，编制记账凭证
6	登记银行存款日记账	客户行政主管	根据记账凭证登记银行存款日记账

十四、提现

1. 业务概述

企业需要现金时，签发现金支票，到银行提取现金。

2. 业务流程

提现业务流程如表 7－12 所示。

表 7－12　提现业务流程

序号	操作步骤	角色	操作内容
1	填写支出凭单	客户行政主管	1. 根据现金需要量填写支出凭单 2. 将支出凭单提交总经理审核
2	审核支出凭单	客户总经理	审核支出凭单的准确性、合理性并签字
3	签发现金支票	客户行政主管	1. 接收经审核的支出凭单 2. 签发现金支票
4	加盖印章	客户总经理	在现金支票上加盖印章
5	登记支票簿	客户行政主管	1. 按签发的支票登记支票登记簿 2. 到银行提取现金

续上表

序号	操作步骤	角色	操作内容
6	办理取现业务	银行柜员	1. 接收银行支票 2. 办理提取现金业务 3. 将现金交给取款人
7	现金入库	客户行政主管	取现回来及时将现金入库
8	编制记账凭证	客户总经理	根据支票根编制记账凭证
9	登记现金日记账	客户行政主管	根据记账凭证登记现金日记账

十五、存款

1. 业务概述

企业每天营业终了，在满足自身需要的前提下将超额库存现金及时送存银行。

2. 业务流程

存款业务流程如表 7－13 所示。

表 7－13　存款业务流程

序号	操作步骤	角色	操作内容
1	填写进账单	客户行政主管	1. 填写进账单（按提供的进账单，填写持票人方信息，出票人信息不填写，并在下方空白处注明“现金进账”） 2. 将进账单与现金一同送存银行
2	办理现金存款业务	银行柜员	1. 接收客户行政主管送存的现金及进账单 2. 清点现金数量与进账单金额无误后办理存款业务 3. 在进账单上盖章并将回单退还给客户行政主管
3	编制记账凭证	客户总经理	1. 接收客户行政主管拿回的进账单回单 2. 编制记账凭证

十六、市场调研

1. 业务概述

市场调研，是指为了提高产品的销售决策质量、解决存在于产品销售中的问题或寻找机会等而系统、客观地识别、搜集、分析和传播营销信息的工作。

2. 业务流程

市场调研业务流程如表 7－14 所示。

表 7－14　市场调研业务流程

序号	操作步骤	角色	操作内容
1	搜集市场信息	客户业务主管	通过查询历史订单等方式了解童车的市场需求
2	在 VBSE 系统中查看市场预测信息	客户业务主管	在系统中查看市场预测信息
3	编制市场分析报告	客户业务主管	1. 结合市场需求和市场预测信息编制本企业的市场分析报告 2. 该报告可作为客户与制造业签订购销合同时的参考依据

十七、投放广告申请

1. 业务概述

广告是为了某种特定的需要，通过一定形式的媒体，公开而广泛地向公众传递信息的宣传手段。当一个企业或组织为了一定的目的，决定在一定的时间内，在确定的媒体上发布广告，广告投放申请就是为满足广告发布的费用，在公司内部申请广告费用的活动。

2. 业务流程

投放广告申请业务流程如表 7－15 所示。

表 7－15　投放广告申请业务流程

序号	操作步骤	角色	操作内容
1	申请广告投放	客户业务主管	1. 编制广告投放申请表 2. 携带广告投放申请表找总经理审核
2	审批广告投放费用	客户总经理	1. 接收业务主管交来的广告投放申请表 2. 审核广告投放申请表填写的准确性 3. 审核广告投放数额测算是否合理
3	广告投放	客户业务主管	准备进行广告投放

十八、签订广告合同

1. 业务概述

广告合同是指广告客户与经营者之间、广告经营者与广告经营者之间确立、变更、终止广告承办或代理关系的协议。签订广告合同是双方订立协议的过程。

2. 业务流程

签订广告合同业务流程如表 7－16 所示。

表7-16 签订广告合同业务流程

序号	操作步骤	角色	操作内容
1	起草广告合同	客户业务主管	确定广告合同的主题结构及主要内容，送交总经理审核
2	审核广告合同	客户总经理	审核广告合同的合理性并签字确认
3	签订合同	服务公司业务员	对广告合同内容确认无误后在合同上签字
4	在VBSE系统中录入广告费用	服务公司业务员	将合同中的广告金额录入VBSE系统
5	开具广告费发票	服务公司业务员	依据合同上确定的广告费金额开具发票并送交客户总经理
6	开具广告费支票	客户行政主管	根据发票开具广告费支票并送交服务公司业务员

十九、客户开发新市场

1. 业务概述

客户为了打开更多的市场，需要进行新市场开发投资，在VBSE产品中，该项业务运作由服务公司承担。客户确定了要开发的新市场范围，与服务公司商定好市场开发费用，服务公司业务员在VBSE系统中进行新市场开发操作。完成新市场开发的款项支付后，客户即可在新的城市中进行产品销售。

2. 业务流程

客户开发新市场业务流程如表7-17所示。

表7-17 客户开发新市场业务流程

序号	操作步骤	角色	操作内容
1	确定新市场方向并与服务公司业务员商定好开发费用	客户业务主管	客户业务主管根据公司的经营战略确定好要拓展市场的城市名称并线下与服务公司业务员商议好开发费用
2	开具新市场开发费用的转账支票	客户业务主管	根据商议好的开发费用开具费用支票，并携带支票前往服务公司办理新市场开发事宜
3	在VBSE系统中办理新市场开发	服务公司业务员	服务公司业务员将新市场名称、开发费用等内容录入VBSE系统中
4	开具新市场开发费用的发票	服务公司业务员	业务员收取客户业务主管的支票后，为对方开具发票

二十、客户签订厂房/仓库租赁合同

1. 业务概述

因业务规模扩大，企业需要增加厂房、仓库数量、容量，此时客户企业可通过自建、租赁、购买等方式满足需求。实训中服务公司作为房产供应商为企业客户提供仓库、厂房的出租、出售信息，企业客户通过与服务公司洽谈、合作，获得相应资产的使用权或所有权。

2. 业务流程

客户签订厂房/仓库租赁合同业务流程如表 7－18 所示。

表 7－18 客户签订厂房/仓库租赁合同业务流程

序号	操作步骤	角色	操作内容
1	提出厂房/仓库租赁需求	客户业务主管	1. 了解企业厂房/仓库使用及缺口情况 2. 向服务公司了解厂房/仓库租赁价格 3. 向总经理汇报企业厂房/仓库使用及缺口情况，并告知市场上厂房/仓库的租赁价格，并给出租赁费用支出预算
2	审批厂房/仓库租赁需求	客户总经理	根据业务主管提供的情况进行审批决策，告知业务主管是否需要进行厂房/仓库的租赁
3	厂房/仓库租赁谈判	服务公司业务员	与客户就厂房/仓库的位置、价格、用途、付款期限等进行谈判
4	签订厂房/仓库租赁合同	服务公司业务员	1. 双方商谈无异议后，签订书面合同 2. 在合同对应位置加盖公章或合同章 3. 将盖章后合同文件交客户方盖章
5	审核厂房/仓库租赁合同	客户总经理	1. 审核合同内容，明确权利与义务，衡量合同风险 2. 对合同内容无异议后在合同会签单上签字
6	厂房/仓库租赁合同盖章	客户行政主管	1. 在合同文件对应位置盖章 2. 将合同中的一份交还业务主管，一份自己进行保管
7	厂房/仓库租赁合同文件送交	客户业务主管	将盖章完成的合同文本送交服务公司业务员
8	在 VBSE 系统中出租厂房/仓库	服务公司业务员	登录 VBSE 系统，依照租赁合同标记已出租标的物

二十一、服务公司收取厂房/仓库租金（见第八章第二节二十六）

二十二、客户支付厂房/仓库租金

1．业务概述

客户企业与房屋供应商签订厂房/仓库租赁合同后，企业客户依据合同约定金额及付款时间内开具支票，支付款项。

2．业务流程

客户支付厂房/仓库租金业务流程如表 7－19 所示。

表 7－19　客户支付厂房/仓库租金业务流程

序号	操作步骤	角色	操作内容
1	填写支出凭单	客户业务主管	1．查看厂房/仓库购销合同 2．填写支出凭单 3．将填写的支出凭单交给客户总经理审核
2	审核支出凭单	客户总经理	1．审核支出凭单 2．确定无误后，签字
3	签发支票并登记支票登记簿	客户行政主管	1．出纳根据审核的支出凭单填写转账支票 2．登记支票登记簿 3．将支票交客户业务主管 4．将支出凭单及支票根交客户总经理
4	将支票交给出租方	客户业务主管	1．接收出纳签发的支票 2．将转账支票送给卖方以支付租金
5	编制记账凭证	客户总经理	1．接收出纳交给的支票根和支出凭单 2．填制记账凭证

二十三、购买增值税发票

1．业务概述

发票是指一切单位和个人在购销商品、提供劳务或接受劳务、服务以及从事其他经营活动，所提供给对方的收付款的书面证明，是财务收支的法定凭证，是会计核算的原始依据，也是审计机关、税务机关执法检查的重要依据。

2．业务流程

购买增值税发票业务流程如表 7－20 所示。

表 7－20　购买增值税发票业务流程

序号	操作步骤	角色	操作内容
1	到税务局购买发票	客户总经理	到税务局购买发票（相关资料：税务登记证副本，发票存根和财务章可以不用携带，对商贸公司的实训是简略化的）
2	销售发票	国税局专管员	销售增值税专用发票；根据发票金额通过网络自动扣划购票方银行存款至国税局账户
3	开具收费凭证	国税局专管员	根据购票金额开具收费凭证
4	填制记账凭证	客户总经理	根据收费凭证填制记账凭证

二十四、购买支票（见第五章第二节五）

二十五、客户住房公积金汇缴

1. 业务概述

具体内容见第五章第二节三十四。

2. 业务流程

客户住房公积金汇缴业务流程如表 7－21 所示。

表 7－21　客户住房公积金汇缴业务流程

序号	操作步骤	角色	操作内容
1	填写申报表	客户行政主管	1. 汇总当月新参加住房公积金、转入本单位人员信息 2. 收集需要办理住房公积金员工的身份证复印件（本步骤实训中省略） 3. 在住房公积金系统企业管理子系统录入新增人员信息，并将信息导出存盘（本步骤在 VBSE 实训中省略） 4. 单位有人员变动时，即有新增、转入、离职、退休、封存时填写“住房公积金变更汇缴清册”，报表一式两份 5. 在表单指定位置加盖公章
2	住房公积金缴存资料审核	住房公积金专管员	1. 依照“住房公积金变更汇缴清册”列示的人员变动信息核对经办业务所需的资料是否齐备，填写是否规范 2. 退还准备不齐、不规范的资料，并告知企业经办人员原因，方便其做后续的准备
3	住房公积金缴存业务处理	住房公积金专管员	1. 读取企业交来的社会保险增员录盘信息，核对录盘信息与交来的文件内容是否一致（本步骤在 VBSE 实习中省略） 2. 在住房公积金中心系统内做企业人员信息变更 3. 在“住房公积金变更汇缴清册”上加盖业务章，并将其中的一份交还企业经办人，另一份自己保管
4	资料归档	客户行政主管	将退还已盖章的“住房公积金变更汇缴清册”归档，方便核算相关费用

二十六、购买办公用品

1. 业务概述

企业日常采购办公用品由行政助理携带少量现金购买即可。

2. 业务流程

购买办公用品业务流程如表 7－22 所示。

表 7－22 购买办公用品业务流程

序号	操作步骤	角色	操作内容
1	填写办公用品采购需求申请表	客户行政主管	根据需要采购的办公用品填写办公用品采购需求申请表
2	填写借款单	客户行政主管	1. 根据现金需要量填写借款单 2. 将借款单提交客户总经理审核
3	审核借款单并编制记账凭证	客户总经理	1. 审核借款单的准确性、合理性并签字 2. 根据经审核的借款单编制记账凭证
4	登记现金日记账	出纳	根据记账凭证登记现金日记账
5	拿现金到服务中心采购	客户行政主管	带好“办公用品采购需求汇总表”、现金去服务中心购买办公用品
6	结算费用并开具发票	服务公司业务员	1. 依照服务公司办公用品定价有关规则，计算费用，收取现金 2. 依照实际出售办公用品数量及单价开具办公用品发票
7	填写支出凭单	客户行政主管	根据发票金额填写支出凭单
8	编制记账凭证	客户总经理	根据支出凭单编制记账凭证

二十七、社会保险缴纳（见第五章第二节六十六）

二十八、公积金缴纳（见第五章第二节六十七）

二十九、查询企业银行存款余额（见第九章第一节十四）

三十、经营秩序监管与行政处罚（见第九章第一节十七）

三十一、支付行政罚款

1. 业务概述

客户总经理收到行政罚款决定书后，指派客户行政主管通过电汇转账方式，将行政罚款（及可能包括的滞纳金）转入行政罚款决定书上指定的银行账户，然后完成本企业的记账凭证编制和账簿登记工作。

2. 业务流程

支付行政罚款业务流程如表7-23所示。

表7-23 支付行政罚款业务流程

序号	操作步骤	角色	操作内容
1	将处罚决定书交给客户行政主管	客户总经理	客户总经理将工商局送达的处罚决定书交给客户行政主管，并指派后者办理付款业务
2	到银行缴纳罚款	客户行政主管	客户行政主管到银行办理电汇业务，收款方账户信息参见处罚决定书
3	银行付款（电汇）	银行柜员	银行柜员在VBSE中进行电汇划转
4	打印回单	银行柜员	1. 银行柜员在VBSE中查询待打印的回单 2. 打印此笔电汇业务的回单，并交付给客户行政主管 3. 客户行政主管将银行回单和处罚决定书交给客户总经理
5	填制记账凭证	客户总经理	客户总经理根据处罚决定书和银行回单，编制记账凭证
6	登记银行存款日记账	客户行政主管	根据记账凭证和银行回单，登记银行存款日记账

三十二、个人银行卡批量开卡（见第九章第一节二十一）

三十三、考勤汇总查询

1. 业务概述

实训中开始新一天的任务后，学生需要进行上班签到，每月经营完成后行政主管进行考勤统计，制作考勤统计表，以便计算工资。

2. 业务流程

考勤汇总查询业务流程如表7-24所示。

表7-24 考勤汇总查询业务流程

操作步骤	角色	操作内容
考勤信息查询	客户行政主管	1. 点击考勤统计查询，获取公司员工考勤明细信息 2. 依照明细信息制作考勤统计表（考勤统计表自制，样式可参照样例），以便计算工资用

三十四、客户投诉其他组织（见第五章第二节七十四）

三十五、填写工作日志（见第五章第二节七十五）

三十六、领取作业（见第五章第二节七十六）

三十七、上交作业（见第五章第二节七十七）

第三节　自主经营——月初工作

一、客户薪酬发放

1. 业务概述

具体内容见第五章第三节七（一）。

2. 业务流程

客户薪酬发放业务流程如表 7－25 所示。

表 7－25　客户薪酬发放业务流程

序号	操作步骤	角色	操作内容
1	薪资录盘	客户行政主管	1. 在 VBSE 系统中打开“查询工人信息”界面 2. 点击“导出”按钮：导出“薪酬发放表”，然后依据“职工薪酬发放表”数据将实训参与角色的薪资详细信息补充填写进导出的“薪酬发放表”中，具体银行卡号根据从银行领回的卡面所示信息填写 3. 将填写完毕的“薪酬发放表”导入 U 盘
2	填写支出凭单	客户行政主管	1. 依据“职工薪酬发放表”数据填写支出凭单 2. 将填好的“支出凭单”“职工薪酬发放表”交客户总经理审核签字
3	审核支出凭单	客户总经理	1. 审核支出人是否是该部门的职工 2. 审核支出日期是否正确 3. 审核支出用途及金额是否符合规定 4. 金额大小写是否正确 5. 审核支出方式是否正确 6. 审核完成后在支出凭单上签字

续上表

序号	操作步骤	角色	操作内容
4	签发转账支票	客户行政主管	1. 依据“支出凭单”信息签发转账支票 2. 将开具完成的支票交给客户总经理审核、盖章
5	审核支票、盖章	客户总经理	1. 核对支票及相关业务单据，判断是否为真实业务所需而签发的支票 2. 核查支票是否填写规范、有无涂改 3. 在转账支票上加盖财务章、法人章
6	登记支票簿后到银行	客户行政主管	1. 根据签发的支票登记“支票使用登记簿” 2. 带齐薪资发放资料：“职工薪酬发放表”、转账支票、U盘到银行办理工资发放
7	代发工资	银行柜员	1. 收到客户行政主管交来的薪资发放资料，将薪资录盘信息导入银行系统，并将U盘交还给企业经办人 2. 将薪资录盘信息与“职工薪酬发放表”的信息进行核对，核对无误后进行划款 注：实训中此处无须再在系统里做支票转账处理
8	填制记账凭证	客户总经理	1. 接收客户行政主管交来的支票存根及支出凭单 2. 编制记账凭证，将原始单据作为附件粘贴
9	登记银行存款日记账	客户行政主管	依照记账凭证登记银行存款日记账并将记账凭证交还给客户总经理

二、客户增值税计算

1. 业务概述

增值税是以生产和流通各环节的增值额（也称附加值）为征税对象征收的一种税。从实际操作上看，是采用间接计算办法，即从事货物销售以及提供应税劳务的纳税人，要根据货物或应税劳务的销售额和适用税率计算税款，然后从中扣除上一环节已纳增值税款，其余额为纳税人本环节应纳增值税税款。

2. 业务流程

客户增值税计算业务流程如表7－26所示。

表7－26 客户增值税计算业务流程

操作步骤	角色	操作内容
计算增值税	客户总经理	根据资产负债表上的销项税额减去进项税额之差额，计算得出应交增值税额

第四节　自主经营——月中工作

一、客户增值税申报

1. 业务概述

纳税申报是指纳税人、扣缴义务人在发生法定纳税义务后，按照税法或税务机关相关行政法规所规定的内容，在申报期限内，以书面形式向主管税务机关提交有关纳税事项及应缴税款的法律行为。

各税种的申报期限：

（1）缴纳增值税、消费税的纳税人，以一个月为一期纳税的，于期满后 15 日内申报。

（2）缴纳企业所得税的纳税人应当在月份或者季度终了后 15 日内，向其所在地主管国家税务机关办理预缴所得税申报。

（3）其他税种，税法已明确规定纳税申报期限的，按税法规定的期限申报。

2. 业务流程

客户增值税申报业务流程如表 7－27 所示。

表 7－27　客户增值税申报业务流程

序号	操作步骤	角色	操作内容
1	到国税局申报纳税	客户总经理	客户总经理到国税局申报纳税
2	签发税收缴款书	国税局专管员	1. 审核纳税申报表 2. 签发税收缴款书 3. 将税收缴款书交客户总经理
3	到银行缴纳税款	客户行政主管	1. 接收客户总经理交来的税收缴款书 2. 到银行缴纳税款
4	税款入国库	银行柜员	1. 在 VBSE 系统中将税款从企业账户转入国库 2. 将税收缴款书回单退回给客户行政主管
5	打印回单	银行柜员	在 VBSE 系统中打印税收缴款书回单
6	填制记账凭证	客户总经理	1. 接收客户行政主管交来的税收缴款书回单 2. 编制记账凭证

二、签订劳动合同

1. 业务概述

劳动合同书是劳动者与用人单位确立劳动关系时所使用的，用以明确双方权利与义务的书面协议。

劳动合同书中包含签订劳动合同双方的基本信息、劳动合同类型与期限、工作内容与职责、劳动保护与条件、劳动报酬、保险福利待遇、劳动培训与教育、劳动纪律、劳动合同变更、终止、解除等。

劳动合同应当在用人单位与劳动者建立劳动关系时签订，或自用工之日起一个月内签订书面劳动合同。否则用人单位向劳动者支付2倍工资。

2. 业务流程

签订劳动合同业务流程如表7－28所示。

表7－28　签订劳动合同业务流程

序号	操作步骤	角色	操作内容
1	准备劳动合同文本	客户行政主管	拟定劳动合同范本，准备两份劳动合同
2	劳动合同签署	客户行政主管	人力资源部代表企业与新员工签订劳动合同，双方在劳动合同的对应项目内亲笔签名
3	劳动合同盖章	客户总经理	1. 核对公章、印鉴、资质证照使用申请表是否填写完整，审批人是否签字 2. 核对申请盖章文件与申请表中所列示的文件是否一致 3. 确认无误后按照申请人的要求给文件盖章
4	劳动合同发放、存档	客户行政主管	将盖章完成的劳动合同的一份副本交给新员工保管，一份自己留存

三、广告费财务报销

1. 业务概述

客户业务主管根据广告费发票金额填写支出凭单并提请客户总经理审批，然后让客户行政主管签发转账支票支付广告费，客户总经理根据支票根做账务处理。

2. 业务流程

广告费财务报销业务流程如表7－29所示。

表7－29　广告费财务报销业务流程

序号	操作步骤	角色	操作内容
1	填写支出凭单	客户业务主管	1. 根据广告费发票金额填写支出凭单 2. 交客户总经理审核

续上表

序号	操作步骤	角色	操作内容
2	审核支出凭单	客户总经理	1. 接到客户业务主管交来的支出凭单 2. 审核支出凭单及发票的真实性、合法性并签字
3	签发支票	客户行政主管	1. 接收客户总经理签批的支出凭单及广告费发票 2. 开具转账支票并盖章 3. 将支票交给客户业务主管 4. 将支票根交客户总经理
4	填制记账凭证	客户总经理	1. 接收客户行政主管交来的支票根 2. 填制记账凭证

第五节　自主经营——月末工作

一、销售统计查询

1. 业务概述

销售统计查询业务是为了方便公司业务主管查看以往交易信息而设置的，通过交易信息查询，业务主管可以分别查看本公司曾经发出的采购订单及销售订单的历史信息，这些信息可以作为签订新订单的参考。

2. 业务流程

销售统计查询业务流程如表 7 – 30 所示。

表 7 – 30　销售统计查询业务流程

操作步骤	角色	操作内容
在 VBSE 中查询销售统计信息	客户业务主管	通过系统查询本公司的交易信息，包括以往的采购订单信息和以往的销售订单信息

二、客户库存盘点

1. 业务概述

企业存货因为数量较多、收发频繁、计量误差、自然损耗等原因，可能导致库存数量与账面数量不符。为了避免账物不符的现象发生，需要定期进行库存盘点，查明原因并调整账面数，使账物相符。每个季度末，仓储部库管员需要进行实物盘点，确保与仓储部经理记录的存货出入库台账相符，并对盘盈盘亏情况进行记录。

2. 业务流程

客户库存盘点业务流程如表 7 – 31 所示。

表 7－31 客户库存盘点业务流程

序号	操作步骤	角色	操作内容
1	盘点通知	客户总经理	1. 制定盘点通知 2. 通知仓库及其他相关部门
2	实际盘点并填写盘点表	客户行政主管	1. 收到盘点通知 2. 实际盘点：先找主讲教师，从 VBSE 中查询本企业存货明细（代表库存实物），然后和物料卡、库存台账进行核对 3. 根据盘点结果填写盘点表
3	审核盘点表	客户总经理	抽盘审核盘点表
4	填写盘盈、盘亏报告	客户总经理	根据盘点表，填写盘盈、盘亏报告，记录盘盈、盘亏的处理意见

三、客户现金盘点

1. 业务概述

现金盘点制度是企业货币资金管理的核心制度。出纳每月均要进行现金盘点。现金盘点是指将现金的账存数与出纳手上实际的现钞进行核对，如果现金实存数大于账存数，就是现金溢余；如果现金实存数小于现金账存数，就是现金短缺。

2. 业务流程说明

客户现金盘点业务流程如表 7－32 所示。

表 7－32 客户现金盘点业务流程

序号	操作步骤	角色	操作内容
1	查询现金日记账账面余额	客户行政主管	1. 查询现金日记账账面余额 2. 确定现金盘点时点，通知客户总经理
2	盘点库存现金	客户行政主管	1. 清点现金，填写现金盘点表 2. 客户行政主管在现金盘点表上签字确认
3	填写现金盘点报告单	客户行政主管	编制现金盘点报告
4	监盘	客户总经理	现金盘点时，客户总经理在场监督盘点
5	现金盘点报告签字	客户总经理	客户总经理在现金盘点报告上签字确认

四、五险一金财务记账（见第五章第五节八）

五、客户五险一金计算（见第五章第五节九）

六、客户薪酬核算

1. 业务概述

具体内容见第五章第五节十。

2. 业务流程

客户薪酬核算业务流程如表7－33所示。

表7－33 客户薪酬核算业务流程

序号	操作步骤	角色	操作内容
1	收集薪资数据	客户行政主管	1. 依据期初数据查找当月入职人员记录，收集整理新增数据 2. 依据期初数据查找当月离职人员记录，收集整理减少数据 3. 依据期初数据查找当月晋升、调动及薪资调整记录，收集整理变更数据 4. 依据期初数据查找当月考勤信息，整理汇总当月考勤数据 5. 依据期初数据查找当期绩效考核评价评分资料，整理汇总绩效考核结果 6. 依据期初数据查找当月奖励、处罚记录，并做汇总整理 7. 依据期初数据查找当月五险一金增减、缴费数据，计算五险一金
2	计算薪资	客户行政主管	1. 下载企业员工花名册信息 2. 依照薪酬规则，参照期初发放的各类职工薪酬表格，制作职工薪酬计算表格，包含："职工薪酬统计表""五险一金缴费统计表" 3. 按照薪酬体系中每个项目的计算规则进行薪资核算 4. 调整、打印"职工薪酬统计表""职工薪酬发放表" 5. 将打印出的表格送交客户总经理审核
3	薪资审核	客户总经理	1. 审核工资结算总金额，了解总人工成本及波动幅度，并就变动的合理性进行核查 2. 审核工资结算的部门分配方式及比例，并就分配的合理性做出判断 3. 审核完成后在表单对应位置签字 4. 将签字完成的表单交还客户行政主管
4	制作职工薪酬发放表	客户行政主管	1. 客户总经理审核签字之后，依据职工薪酬统计表信息制作职工薪酬发放表 2. 将"职工薪酬发放表"电子文件存储至U盘
5	填制记账凭证	客户总经理	依照"职工薪酬统计表"、职工薪酬部门汇总、"五险一金缴费统计表"数据信息登记记账凭证

七、客户计提折旧

1. 业务概述

在每个会计期末按照会计制度中确定的固定资产折旧方法计提折旧，并登记账簿。固定资产购买当月不计提折旧，从次月开始计提折旧，出售当期照提折旧。在实训中固定资产折旧按照直线法计提折旧。

2. 业务流程

客户计提折旧业务流程如表7－34所示。

表7－34 客户计提折旧业务流程

序号	操作步骤	角色	操作内容
1	计提折旧	客户总经理	直接读取业务数据里的固定资产折旧计算表
2	填制记账凭证	客户总经理	编制固定资产折旧记账凭证

八、客户期末结账

1. 业务概述

期末结账包括期末结转、科目汇总和确认本期财务成果几项工作。

(1) 科目汇总：客户总经理根据日记账及记账凭证编制科目汇总表。

(2) 期末结转：客户总经理将本期发生的收入、成本、费用、税金等科目结转至本年利润科目。

2. 业务流程

客户期末结账业务流程如表7－35所示。

表7－35 客户期末结账业务流程

序号	操作步骤	角色	操作内容
1	编制科目汇总表	客户总经理	根据日记账及记账凭证编制科目汇总表
2	结转损益	客户总经理	将科目汇总表里的损益类科目本期发生额结转至本年利润科目

九、客户编制报表

1. 业务概述

为了正确反映一定时期内在账簿中记录的经济业务，总结有关经济业务活动和财务状况，各单位必须在每一个会计期末结账并编制财务报表。

现在企业每期要编制的财务报表有：资产负债表和利润表以及所有者权益变动表。

2. 业务流程

客户编制报表业务流程如表7－36所示。

表 7－36　客户编制报表业务流程

操作步骤	角色	操作内容
编制报表	客户总经理	1. 根据科目汇总表出具资产负债表 2. 根据科目汇总表出具利润表 3. 根据科目汇总表出具所有者权益变动表

十、整理会计资料（见第五章第五节二）

十一、结转销售成本

1. 业务概述

销售成本是指已销售产品的生产成本或已提供劳务的劳务成本以及其他销售的业务成本。月末，按照销售商品的名称及数量，分别根据库存商品中结出的平均成本价，算出总成本进行主营业务成本的计算结转，其计算公式为：

主营业务成本＝产品销售数量或提供劳务数量×产品单位生产成本或单位劳务成本

就销售产品而言，产品销售数量可直接在“库存商品明细账”上取得；产品单位生产成本可采用多种方法进行计算确定，如先进先出法、移动加权平均法、全月一次加权平均法等，但企业一经选定某一种方法后，不得随意变动，这是会计核算一贯性原则的要求。

2. 业务流程

结转销售成本业务流程如表 7－37 所示。

表 7－37　结转销售成本业务流程

序号	操作步骤	角色	操作内容
1	汇总产成品出库数量	客户总经理	根据产成品出库单汇总出库数量
2	编制销售成本结转表	客户总经理	根据出库数量和库存商品成本金额计算平均单价，编制销售成本结转表
3	填制记账凭证	客户总经理	1. 根据原始凭证及产成品出库单和生产成本结转表、销售成本结转表反映的业务内容，编制记账凭证 2. 在记账凭证“制单”处签字或加盖名单

十二、客户查询延迟交货次数

1. 业务概述

延迟交货是每个企业都不希望发生的。为了改进企业服务质量，提高市场竞争力，企业应尽量将延迟交货次数降到最少。VBSE 系统提供了查询功能，帮助企业随时关注经营效果，及时加以改善。

2. 业务流程

客户查询延迟交货次数业务流程如表 7－38 所示。

表 7－38 客户查询延迟交货次数业务流程

操作步骤	角色	操作内容
在 VBSE 系统中查询延迟交货次数	客户业务主管	在系统中查询本企业一定时间段内延迟交货的次数

十三、客户查询销售增长率

1．业务概述

销售增长率是指企业本年销售增长额与上年销售额之间的比率，反映销售的增减变动情况，是评价企业成长状况和发展能力的重要指标。其计算公式为：

销售增长率＝本年销售增长额÷上年销售额

＝（本年销售额－上年销售额）÷上年销售额

式 销售增长率＝本年销售额/上年销售额－1

2．业务流程

客户查询销售增长率业务流程如表 7－39 所示。

表 7－39 客户查询销售增长率业务流程

操作步骤	角色	操作内容
查询销售增长率	客户总经理	在 VBSE 系统中点击“查询销售增长率”按钮，选择当前登录企业名称，录入查询期间，即可查询

十四、客户查询综合市场占有率

1．业务概述

综合市场占有率是指一定时间段内本企业销售订单金额占同类企业销售订单总额的百分比。该占有率反映了企业的商品在市场上所处的地位。综合市场占有率越高，标明企业经营、竞争能力越强。

2．业务流程

客户查询综合市场占有率业务流程如表 7－40 所示。

表 7－40 客户查询综合市场占有率业务流程

操作步骤	角色	操作内容
在 VBSE 系统中查询综合市场占有率	客户业务主管	在系统中查询本企业一定时间段内综合市场占有率情况

十五、客户查询产品市场占有率

1．业务概述

产品市场占有率是指一定时间段内本企业某特定产品的销售订单金额占同类企业同

种产品销售订单总额的百分比。该占有率反映了企业这类商品在市场上所处的地位。产品市场占有率越高，说明该商品的竞争能力越强。

2. 业务流程

客户查询产品市场占有率业务流程如表 7-41 所示。

表 7-41　客户查询产品市场占有率业务流程

操作步骤	角色	操作内容
在 VBSE 系统中查询产品市场占有率	客户业务主管	在系统中查询本企业一定时间段内产品市场占有率情况

十六、客户查询细分市场占有率

1. 业务概述

细分市场占有率是指一定时间段内在某具体销售区域（比如某城市）中本企业销售订单金额占同类企业销售订单总额的百分比。该占有率反映了企业的商品在某一具体市场范围内所处的地位。细分市场占有率越高，标明企业在该区域内经营、竞争能力越强。

2. 业务流程

客户查询细分市场占有率业务流程如表 7-42 所示。

表 7-42　客户查询细分市场占有率业务流程

操作步骤	角色	操作内容
在 VBSE 系统中查询细分市场占有率	客户业务主管	在系统中查询本企业一定时间段内细分市场占有率情况

十七、客户查询广告产出比

1. 业务概述

客户通过开展市场营销活动（主要形式为进行广告投放）以扩大自身品牌的知名度，获得更多虚拟客户的商品订单，完成销售目标，维持基本经营活动及不断发展的需要。广告产出比是用来衡量企业广告投入所带来的回报程度的一个比值。

2. 业务流程

客户查询广告产出比业务流程如表 7-43 所示。

表 7-43　客户查询广告产出比业务流程

操作步骤	角色	操作内容
查询广告产出比	客户业务主管	1. 在 VBSE 系统中，客户业务主管找到“发起新工作”里的查询广告产出比的任务，点击即可查询 2. 根据需要设置查询期间，进行查询工作

第八章 服务公司

第一节 经营前的准备工作

一、领取并发放办公用品（见第五章第一节二）

二、了解各组织对应岗位职责详细介绍（见第三章第三节三）

三、了解公司注册流程（见第四章）

第二节 日常任务

一、培训调研

1．业务概述

服务公司下发培训调研问卷，调研各类企业的培训需求。培训调研完成后由服务公司进行培训需求分析，制订培训工作计划，并做好培训工作准备。

2．业务流程

培训调研业务流程如表 8－1 所示。

表 8－1　培训调研业务流程

序号	操作步骤	角色	操作内容
1	培训调查	服务公司业务员	1．将培训调查问卷发给各个企业、事业单位 2．持续跟进问卷填写情况，回收已完成调查问卷

续上表

序号	操作步骤	角色	操作内容
2	培训需求分析	服务公司业务员	1. 统计整理培训需求信息 2. 对培训需求焦点问题进行分析 3. 提交培训需求调研报告并做培训工作准备
3	培训工作准备	服务公司业务员	1. 依据培训工作计划日程安排，组织培训工作开展 2. 将培训计划表交给参加培训企业

二、组织人员培训

1. 业务概述

组织培训，是指组织为了提高劳动生产率和个人对职业的满足程度，直接有效地为组织生产经营服务，从而采取各种方法，对组织各类人员进行的教育培训的投资活动。

在职人员培训分为一线生产工人的技术培训和管理人员的能力提升培训。管理人员的培训由人力资源部委托外部专业培训机构提供；培训完成后财务部根据培训费发票向专业培训机构支付培训费。一线生产工人的技术培训由企业内部组织。

2. 业务流程

组织人员培训业务流程如表 8－2 所示。

表 8－2　组织人员培训业务流程

序号	操作步骤	角色	操作内容
1	发布培训通知	服务公司业务员	1. 依据培训计划表安排，确认讲师、培训内容、培训时间安排 2. 确定培训场地，并做好培训场地布置工作 3. 服务公司业务员自拟培训通知给受训人，告知其培训时间、地点、培训内容等
2	组织培训	服务公司业务员	1. 清点受训人员，查看是否全部到齐，组织受训人员在“培训签到表”上签字 2. 联系未到人员，对没有参加培训人员做好登记 3. 维护培训现场秩序，做好讲师与受训者之间的互动沟通工作
3	培训满意度调查	服务公司业务员	1. 培训完成后，组织受训者填写“培训满意度调查问卷” 2. 回收“培训满意度调查问卷”，清点份数，督办未提交人员立即填写后交回

续上表

序号	操作步骤	角色	操作内容
4	总结培训结果	服务公司业务员	1. 以培训签到表、培训满意度调查问卷及培训进行效果为依据进行培训分析 2. 撰写总结报告并存档 3. 依据培训计划表总结培训执行情况 4. 对培训总结报告内容加以了解和备份 5. 为再次培训计划制订做积累
5	开具发票、收取费用	服务公司业务员	1. 根据培训具体内容与参训人数确定培训费用，并开具发票，要求学员交给人力资源部（学员）并告知人力资源部（学员）尽快付款 2. 向各企业人力资源部门（学员）收取费用。注意：培训费一律只收取现金

三、制订培训计划

1. 业务概述

了解人员的培训需求及主讲老师的培训计划，依据先易后难、先紧要后次要的原则编制培训计划表。

2. 业务流程

制订培训计划业务流程如表 8－3 所示。

表 8－3 制订培训计划业务流程

操作步骤	角色	操作内容
制订培训计划	服务公司业务员	1. 根据培训需求调查情况总结人员的培训需求 2. 结合老师的时间安排，编制培训计划表，安排培训时间和地点并进行公布

四、催收各项费用

1. 业务概述

服务公司主要是为各家企业顺利完成生产经营活动提供必要的服务，其主要职能包括：人力推荐并收取人员推荐费，人才培训并收取培训费，产品研发生产许可管理，为制造企业提供生产许可并收取相关费用，其他服务。作为第三方，代办制造企业的其他服务事项，如水电费等并收取相应费用，开具发票。

2. 业务流程

催收各项费用业务流程如表 8－4 所示。

表 8－4　催收各项费用业务流程

操作步骤	角色	操作内容
催收各项费用	服务公司业务员	到企业催收各项费用

五、购买服务业发票

1．业务概述

发票是指一切单位和个人在购销商品、提供劳务或接受劳务、服务以及从事其他经营活动，所提供给对方的收付款的书面证明，是财务收支的法定凭证，是会计核算的原始依据，也是审计机关、税务机关执法检查的重要依据。

2．业务流程

购买服务业发票业务流程如表 8－5 所示。

表 8－5　购买服务业发票业务流程

序号	操作步骤	角色	操作内容
1	到税务局购买发票	服务公司业务员	服务公司业务员到税务局购买发票
2	销售发票	地方税务局专管员	1．在系统中向服务公司业务员销售服务业发票 2．交付发票实物
3	开具收费凭证	地方税务局专管员	给服务公司业务员开具收费凭证

六、人才信息录入

1．业务概述

企业招聘渠道有很多，如现场招聘会、校园招聘会、报纸杂志招聘、电视媒体招聘、网络招聘等。本任务模拟企业通过第三方人才服务机构提供的人才库中搜寻合适的人选并最终录用的过程。

2．业务流程

人才信息录入业务流程如表 8－6 所示。

表 8－6　人才信息录入业务流程

操作步骤	角色	操作内容
人才信息录入	服务公司业务员	1．因企业招聘录用而被锁定的原有人才信息，当企业解聘时，将其重新激活进入人才库 2．将新开发人才信息录入人才库

七、招聘生产工人

1．业务概述

员工招聘就是企业采取一些科学的方法寻找、吸引应聘者，并从中选出企业需要的人员予以录用的过程，是指按照企业经营战略规划的要求把优秀、合适的人员招聘进企业，把合适的人员放在合适的岗位。包括征招、甄选和录用三个阶段。

本任务是企业通过人才服务招聘生产工人。

2. 业务流程

招聘生产工人业务流程如表 8 -7 所示。

表 8 -7　招聘生产工人业务流程

序号	操作步骤	角色	操作内容
1	人才招聘	人力资源部经理	1. 要求生产计划部经理依照生产计划安排统计生产工人缺口，并告知人力资源部 2. 与生产计划部经理沟通人才素质要求及职称等 3. 登录系统进行简历筛选 4. 结合招聘需求确定录用名单 5. 与服务公司沟通确定录用人员
2	查询已聘人员、开具发票	服务公司业务员	1. 依据确定的人员录用名单在系统中查询已聘人员 2. 根据协定的人才推介服务费用金额开具服务业发票，并将发票交给招聘企业，要求其尽快支付费用
3	申请借款	人力资源部经理	1. 依据发票显示内容和金额填写支出凭单 2. 将发票粘贴在支出凭单后面 3. 将填写完成的支出凭单交财务部经理审核
4	审核借款	财务部经理	1. 审核支出凭单填写是否完整 2. 判断经济业务是否真实 3. 在支出凭单上签字 4. 将支出凭单交给出纳并告知人力资源部经理到出纳处领取支票
5	开具支票	出纳	1. 依据支出凭单开具转账支票，收款单位名称及账号信息要求人力资源部经理提供 2. 将开具好的转账支票交财务部经理审核、盖章
6	审核支票	财务部经理	1. 检查支票填写是否规范 2. 在支票上盖财务章 3. 将支票交还出纳
7	支付支票	出纳	1. 将支票交给人力资源部经理 2. 要求人力资源部经理在支票使用登记簿上签字
8	填制记账凭证	费用会计	1. 依据支出凭单填制记账凭证 2. 将填写完成的记账凭证交财务部经理审核签字
9	审核记账凭证	财务部经理	1. 审核记账凭证是否填写规范 2. 在记账凭证上签字

续上表

序号	操作步骤	角色	操作内容
10	登记银行存款日记账	出纳	1. 依照记账凭证登记日记账 2. 将记账凭证交还财务会计
11	登记明细账	费用会计	依据记账凭证登记多栏式明细账

八、收取人才招聘费

1. 业务概述

支票结算是指顾客根据其在银行的存款和透支限额开出支票，命令银行从其账户中支付一定款项给受款人，从而实现资金调拨，了结债权债务关系的一种过程。

本业务模拟服务公司为企业提供人才中介服务后，收取服务费用，并将支票送存银行的业务流程。

2. 业务流程

收取人才招聘费业务流程如表 8－8 所示。

表 8－8　收取人才招聘费业务流程

序号	操作步骤	角色	操作内容
1	查询人才推荐服务收款情况	服务公司业务员	1. 登录 VBSE 系统查询哪些企业仍未支付人才服务推介费用 2. 联系欠费企业，催收款项
2	收取人才招聘费	服务公司业务员	1. 收取企业送交的转账支票或现金等 2. 将支票或现金送存银行
3	支票结算	银行柜员	1. 检查转账支票填写是否规范 2. 核对支票是否仍在承兑期 3. 在 VBSE 系统内进行款项划转操作

九、出售设备（见第五章第二节三十五）

十、支付设备回购款（见第五章第二节三十六）

十一、购买设备（见第五章第二节三十七）

十二、支付设备购买款（见第五章第二节三十八）

十三、设备验收建卡入账（见第五章业第二节三十九）

十四、收取设备销售款

1. 业务概述

服务公司销售固定资产给制造企业，分次收取固定资产款，服务公司业务员要及时催收固定资产款，拿到制造企业签发的支票要及时到银行进账。

2. 业务流程

收取设备销售款业务流程如表 8－9 所示。

表 8－9 收取设备销售款业务流程

序号	操作步骤	角色	操作内容
1	收到购货方支票并填写进账单	服务公司业务员	1. 收到制造企业签发的固定资产销售款的转账支票 2. 根据转账支票金额填写进账单 3. 将转账支票送存银行
2	支票进账	银行柜员	1. 收到服务公司的转账支票及进账单 2. 办理转账支票进账业务
3	打印回单	银行柜员	1. 打印进账单回单 2. 将回单退还给服务公司业务员

十五、支付设备维护费（见第五章第二节四十一）

十六、收取设备维护费

1. 业务概述

服务公司定期对出售的设备进行维护，按月收取设备维护费。

2. 业务流程

收取设备维护费业务流程如表 8－10 所示。

表 8－10 收取设备维护费业务流程

序号	操作步骤	角色	操作内容
1	收支票填写进账单	服务公司业务员	1. 收到制造企业签发的设备维护费用的转账支票 2. 填写进账单
2	支票进账	银行柜员	1. 收到服务公司的转账支票及进账单 2. 办理转账支票进账业务 3. 打印进账单回单

十七、查询设备购销记录

1. 业务概述

实训中服务公司业务员查询设备信息，查询目的主要有以下情形：

情形一：了解服务公司现有设备购入、售出明细信息。

情形二：查询客户购买设备的明细信息，收取销售款。

情形三：查询购入设备明细信息，支付采购款。

2. 业务流程

查询设备购销记录业务流程如表 8 – 11 所示。

表 8 – 11 查询设备购销记录业务流程

操作步骤	角色	操作内容
查询设备信息	服务公司业务员	点击查询设备信息任务，查看服务公司购入、售出设备明细信息

十八、购买产品生产许可（见第五章第二节四十三）

十九、投放广告申请

1. 业务概述

广告是为了某种特定的需要，通过一定形式的媒体，公开而广泛地向公众传递信息的宣传手段。当一个企业或组织为了一定的目的，决定在一定的时间内，在确定的媒体上发布广告，广告投放申请就是为了满足广告发布的费用，在公司内部申请广告费用的活动。

2. 业务流程

投放广告申请业务流程如表 8 – 12 所示。

表 8 – 12 投放广告申请业务流程

序号	操作步骤	角色	操作内容
1	申请广告投放	客户业务主管	1. 编制广告投放申请表 2. 携带广告投放申请表找总经理审核
2	审批广告投放费用	客户总经理	1. 接收业务主管交来的广告投放申请表 2. 审核广告投放申请表填写的准确性 3. 审核广告投放数额测算是否合理
3	广告投放	客户业务主管	准备进行广告投放

二十、签订广告合同

1. 业务概述

广告合同是指广告客户与经营者之间、广告经营者与广告经营者之间确立、变更、终止广告承办或代理关系的协议。签订广告合同是双方订立协议的过程。

2. 业务流程

签订广告合同业务流程如表 8 – 13 所示。

表8-13 签订广告合同业务流程

序号	操作步骤	角色	操作内容
1	起草广告合同	客户业务主管	确定广告合同的主题结构及主要内容，送交总经理审核
2	审核广告合同	客户总经理	审核广告合同的合理性并签字确认
3	签订合同	服务公司业务员	对广告合同内容确认无误后在合同上签字
4	在 VBSE 系统中录入广告费用	服务公司业务员	将合同中的广告金额录入 VBSE 系统
5	开具广告费发票	服务公司业务员	依据合同上确定的广告费金额开具发票并送交客户总经理
6	开具广告费支票	客户行政主管	根据发票开具广告费支票并送交服务公司业务员

二十一、服务公司查询客户广告费

1. 业务概述

客户为了获取虚拟产品市场订单要投放广告，支付广告费，以扩大自己的知名度。服务公司负责收取广告费，记录广告费投放情况，为客户提供广告费投放查询服务。

2. 业务流程

服务公司查询客户广告费业务流程如表8-14所示。

表8-14 服务公司查询客户广告费业务流程

操作步骤	角色	操作内容
在 VBSE 系统中查询客户广告费	服务公司业务员	点击查询客户广告费任务，设置条件查询客户广告费投放情况

二十二、开发新市场（客户）（见第七章第二节十九）

二十三、签订厂房/仓库租赁合同（制造业）（见第五章第二节四十七）

二十四、签订厂房/仓库租赁合同（供应商）（见第六章第二节十八）

二十五、签订厂房/仓库租赁合同（客户）（见第七章第二节二十）

二十六、服务公司收取厂房/仓库租金

1. 业务概述

服务公司出租厂房/仓库给各企业，依照租赁合同收取租金，服务公司业务员要及时催收租金，拿到企业签发的支票后应及时到银行存款入账。

2. 业务流程

服务公司收取厂房/仓库租金业务流程如表 8－15 所示。

表 8－15 服务公司收取厂房/仓库租金业务流程

序号	操作步骤	角色	操作内容
1	收到出租方支票、开具发票并填写进账单	服务公司业务员	1. 收到制造企业签发的转账支票 2. 依据租赁合同约定核对支票金额是否正确，开具发票，并将发票交给承租方 3. 根据转账支票金额填写进账单 4. 将转账支票送存银行
2	支票进账	银行柜员	1. 收到服务公司的转账支票及进账单 2. 办理转账支票进账业务
3	打印回单	银行柜员	1. 打印进账单回单 2. 将回单退还给服务公司业务员

二十七、支付厂房/仓库租金（制造业）（见第五章第二节四十九）

二十八、支付厂房/仓库租金（供应商）（见第六章第二节二十）

二十九、支付厂房/仓库租金（客户）（见第七章第二节二十二）

三十、支付广告费（制造业）（见第五章第二节五十）

三十一、服务公司收取制造业广告费

1. 业务概述

服务公司对已经签订好的广告合同，如果已经开具发票，应当及时收回广告费用款。

2. 业务流程

服务公司收取制造业广告费业务流程如表 8－16 所示。

表 8－16 服务公司收取制造业广告费业务流程

序号	操作步骤	角色	操作内容
1	收转账支票	服务公司业务员	收到制造企业签发的广告费用的转账支票
2	广告信息录入保存	服务公司业务员	在 VBSE 系统中录入广告合同信息并保存
3	填写进账单	服务公司业务员	1. 根据转账支票金额填写银行进账单 2. 到银行办理支票进账业务
4	支票进账	银行柜员	1. 收到服务公司的转账支票及进账单 2. 办理转账支票进账业务
5	打印银行回单	银行柜员	打印进账单回单

三十二、签订广告合同（制造业）（见第五章第二节五十二）

三十三、参加商品交易会（见第五章第二节五十四）

三十四、下发商品交易会通知

1. 业务概述

实训中服务公司业务员根据市场情况组织开展商品交易会，确定商品交易会的时间、地点后，邀请各家企业参展，若有其他需要告知的事项，应在广告中全部写明。

2. 业务流程

下发商品交易会通知业务流程如表 8－17 所示。

表 8－17　下发商品交易会通知业务流程

操作步骤	角色	操作内容
撰写公告通知企业参加商品交易会	服务公司业务员	1. 确定商品交易会开展时间、地点 2. 撰写公告，并将公告张贴在公告区 3. 准备开展商品交易会

三十五、服务公司导入商品交易会订单

1. 业务概述

商品交易会上，各制造企业要根据自己的库存情况选择销售订单。服务公司在召开商品交易会之前，要预先将虚拟市场的销售订单导入系统，以便制造企业进行选择。

2. 业务流程

服务公司导入商品交易会订单业务流程如表 8－18 所示。

表 8－18　服务公司导入商品交易会订单业务流程

操作步骤	角色	操作内容
在 VBSE 系统中导入商品交易会订单	服务公司业务员	1. 服务公司业务员线下编写好订单数据 2. 下载订单导入模板并填写订单信息（订单的最后一列为“是否是交易会订单”，此列请务必选择“1”，此列是“1”的订单才会出现在商品交易会订单列表中） 3. 批量导入订单 4. 如果有信息需要调整，可对导入的订单进行相应的编辑

三十六、服务公司查询维护商品交易会订单

1．业务概述

服务公司举办商品交易会，组织各企业竞单，全部市场、企业商品订单选单完成后，服务公司可通过 VBSE 系统查询各企业选单明细数据，进行订单数据管理。督导各企业合理安排生产计划、准时发货。

2．业务流程

服务公司查询维护商品交易会订单业务流程如表 8－19 所示。

表 8－19　服务公司查询维护商品交易会订单业务流程

操作步骤	角色	操作内容
在 VBSE 系统中查询及维护订单	服务公司业务员	点击商品交易会查询任务，根据实际需要设置查询条件，查询各企业选单明细，也可以对订单进行增、删、改处理

第九章 社会资源

第一节 日常任务

一、申请抵押贷款（见第五章第二节二十）

二、支付贷款利息（见第五章第二节二十一）

三、社会保险增员申报（见第五章第二节三十二）

四、社会保险减员申报（见第五章第二节三十三）

五、住房公积金汇缴（制造业）（见第五章第二节三十四）

六、住房公积金汇缴（客户）（见第七章第二节二十五）

七、业务单据检查（注册会计师）

1. 业务概述

会计师事务所按照会计政策以及企业会计准则的规定，定期指定注册会计师到企业检查业务单据，并指导企业正确编制会计凭证等会计记录。

2. 业务流程

业务单据检查业务流程如表 9－1 所示。

表 9－1　业务单据检查业务流程

序号	操作步骤	角色	操作内容
1	到企业检查业务单据	注册会计师	到企业检查业务单据是否按照企业会计准则的规定编制
2	登记检查情况汇总表	注册会计师	根据检查情况登记单据检查情况汇总表

八、检查企业社保缴纳情况（社保局）

1. 业务概述

检查企业社保缴纳情况主要是社保局专管员下企业（制造企业、商贸企业）检查少报瞒报社保的情况。

2. 业务流程

检查企业社保缴纳情况业务流程如表9－2所示。

表9－2 检查企业社保缴纳情况业务流程

序号	操作步骤	角色	操作内容
1	到企业检查社保缴纳情况	社保局专管员	1. 携带代表身份的证件（一般为劳动监察大队人员负责此项工作）到企业检查社保缴纳情况 2. 要求制造企业和商贸企业填写社保缴纳情况登记表
2	统计总结企业社保缴纳情况	社保局专管员	1. 统计企业社保缴纳情况 2. 总结企业社保缴纳情况，并采取相应处理措施

九、查询住房公积金缴纳情况（社保局）

1. 业务概述

检查企业住房公积金缴纳情况主要是公积金专管员下企业（制造企业、商贸企业）检查少报瞒报住房公积金的情况。

2. 业务流程

查询住房公积金缴纳情况业务流程如表9－3所示。

表9－3 查询住房公积金缴纳情况业务流程

序号	操作步骤	角色	操作内容
1	到企业检查住房公积金缴纳情况	公积金专管员	1. 携带代表身份的证件（一般为公积金专管员负责此项工作）到企业检查住房公积金缴纳情况 2. 要求制造企业和商贸企业填写住房公积金缴纳情况登记表
2	统计总结企业住房公积金缴纳情况	公积金专管员	1. 统计企业住房公积金缴纳情况 2. 总结企业住房公积金缴纳情况，并采取相应处理措施

十、税务检查（税务）

1. 业务概述

税务局专管员定期、不定期对企业进行上门突击检查，看有无违反税收征管法律法规的情形，如不足额申报纳税或延期不申报纳税等。

2. 业务流程

税务检查业务流程如表9-4所示。

表9-4 税务检查业务流程

操作步骤	角色	操作内容
到企业检查纳税情况	税局专管员	1. 到企业现场进行检查 2. 填写“税务检查情况统计表”

十一、打印分拣票据（银行）

1. 业务概述

银行打印票据，界面列出所有未打印的回单，目前不支持批量打印。

2. 业务流程

打印分拣票据业务流程如表9-5所示。

表9-5 打印分拣票据业务流程

序号	操作步骤	角色	操作内容
1	打印票据	VBSE系统	VBSE系统自动打印单据
2	票据分拣	银行柜员	1. 工作空闲时或定期查看是否有已打印的各类票据 2. 将打印出的票据依照不同企业进行分类 3. 将属于某企业的所有票据投递到该企业的票据框中

十二、社会保险缴纳（见第五章第二节六十六）

十三、公积金缴纳（见第五章第二节六十七）

十四、查询企业银行存款余额（银行）

1. 业务概述

银行柜员在企业有要求或者银行业务需要时要查询企业银行存款余额。

2. 业务流程

查询企业银行存款余额业务流程如表9-6所示。

表9-6 查询企业银行存款余额业务流程

操作步骤	角色	操作内容
查询企业银行存款余额	银行柜员	在VBSE系统中查询企业银行存款余额信息

十五、银行日终结账（银行）

1. 业务概述

银行每天业务办理完毕，必须做日终结账，轧平当天账务。

2. 业务流程

银行日终结账业务流程如表9－7所示。

表9－7 银行日终结账业务流程

序号	操作步骤	角色	操作内容
1	编制记账凭证	银行柜员	根据当天发生的业务编制记账凭证
2	填制科目汇总表	银行柜员	根据记账凭证填制科目汇总表

十六、银行柜员查询账户交易明细（银行）

1. 业务概述

银行柜员查询账户明细是银行柜员在需要的时候通过VBSE系统查询（并打印）银行客户的账户交易明细情况。

2. 业务流程

银行柜员查询账户交易明细业务流程如表9－8所示。

表9－8 银行柜员查询账户交易明细业务流程

操作步骤	角色	操作内容
查询账户明细	银行柜员	1. 在VBSE系统中，银行柜员找到“发起新工作”里的查询账户明细的任务，点击即可查询 2. 根据需要打印账户明细表

十七、经营秩序监管与行政处罚（工商局）

1. 业务概述

工商局负责监管辖区内企事业单位的经营行为，打击不正当竞争，保证正常的生产经营秩序。实训中，对于供应商和客户从计算机系统（外部虚拟商业社会环境）中抢单、造成竞争对手无法正常获得订单的行为，工商行政管理局有权进行查证，查证后可以进行行政处罚。当供应商为了挤垮竞争对手而恶意压价与制造企业签署销售合同时，工商行政管理局也可以在查证后进行行政处罚。

2. 业务流程

经营秩序监管与行政处罚业务流程如表9－9所示。

表9－9 经营秩序监管与行政处罚业务流程

序号	操作步骤	角色	操作内容
1	查询逾期未发货订单	工商局专管员	1. 从VBSE界面中，选择被监管对象（可以是供应商或客户，也可以是制造企业） 2. 查询有无恶意压价销售、抢夺计算机（外部虚拟商业社会环境）销售订单的情况，从而造成销售订单逾期无法发货的结果

续上表

序号	操作步骤	角色	操作内容
2	查询逾期未付款订单	工商局专管员	1. 从 VBSE 界面中，选择被监管对象（可以是供应商或客户，也可以是制造企业） 2. 查询有无恶意抢夺计算机（外部虚拟商业社会环境）采购订单的情况，从而造成采购订单逾期无法支付的结果
3	开具处罚决定书并送达当事人	工商局专管员	1. 发生前2个步骤的行为，都会扰乱正常的经营市场秩序。工商局专管员根据当事人及违法原因，开具《工商行政管理局行政处罚决定书》并标明处罚原因 2. 对于已经获得收益的违法行为，可以处罚没收全部非法所得；对于尚未获得收益的违法行为则不适用“没收非法所得”处罚 3. 视违法行为的严重程度或后果，另外处以5 000～200 000 元的罚款 4. 在处罚决定书上加盖工商局公章后，送达当事人（企业总经理）

十八、支付行政罚款（制造业）（见第五章第二节七十一）

十九、支付行政罚款（客户）（见第七章第二节三十一）

二十、支付行政罚款（供应商）（见第六章第二节二十九）

二十一、个人银行卡批量开卡（银行）

1. 业务概述

为了提高各个企业员工办理银行卡的效率，不影响个人薪资发放等业务，银行预制了许多个人银行卡。银行柜员可以通知企业将本企业的所有个人（实训参与者）银行卡领回并发放给员工。

2. 业务流程

个人银行卡批量开卡业务流程如表 9－10 所示。

表 9－10　个人银行卡批量开卡业务流程

序号	操作步骤	角色	操作内容
1	填写银行卡账号	银行柜员	银行卡前 16（4231588997835）位已经印制在卡片上，将银行卡印刷时有意空缺的卡号后 3 位填写完成，从 001 号开始依次编号到 200 号
2	通知各企业领取银行卡	银行柜员	通知各企业，派代表来银行领取银行卡

第二节　自主经营——月初工作

一、住房公积金汇缴（制造业）（见第五章第三节十四）

二、社会保险增员申报（制造业）（见第五章第三节三十二）

三、增值税计算（制造业）（见第五章第三节五）

四、增值税计算（客户）（见第七章第三节二）

五、薪酬发放（制造业）（见第五章第三节七）

六、薪酬发放（供应商）（见第六章第三节一）

七、薪酬发放（客户）（见第七章客户第三节一）

八、编制年度预算培训（见第五章制造业第三节八）

第三节　自主经营——月中工作

一、企业年检（工商局）

1. 业务概述

企业的营业执照在每年的6月30日之前要年检。实训中简化年检流程，企业接到工商局年检通知后向工商局缴纳年检费，工商局登记备案即可。

2. 业务流程

企业年检业务流程如表9－11所示。

表 9－11 企业年检业务流程

序号	操作步骤	角色	操作内容
1	通知企业年检	工商局专管员	工商局在新的一年开始要及时通知企业做年检
2	填制年检情况表	工商局专管员	1. 收取年检费，开具收据 2. 对于年检的情况要做好记录，及时登记年检情况表

二、增值税申报（制造业）（见第五章第四节二）

三、增值税申报（客户）（见第七章第四节一）

第四节 自主经营——月末工作

一、营业终现金盘点（银行）

1. 业务概述

银行每天业务办理完毕，必须盘点当天的现金量，确保实物现金与账簿上的金额一致。

2. 业务流程

营业终现金盘点业务流程如表 9－12 所示。

表 9－12 营业终现金盘点业务流程

序号	操作步骤	角色	操作内容
1	查询账存现金	银行柜员	查询现金日记账账面余额
2	盘点现金实物	银行柜员	盘点现金实物数量
3	登记盘点表	银行柜员	登记盘点表，填写盘点报告

二、营业终重要空白单据盘点（银行）

1. 业务概述

银行每天在办理完当天业务之后，要盘点重要空白凭证，确认与当天的账存重要空白凭证结存数量无误后才可以轧账。

2. 业务流程

营业终重要空白单据盘点业务流程如表 9－13 所示。

表9－13　营业终重要空白单据盘点业务流程

序号	操作步骤	角色	操作内容
1	查询重要空白凭证账面余额	银行柜员	查询重要空白凭证登记簿账面余额
2	盘点重要空白凭证	银行柜员	1. 盘点重要空白凭证实物数量 2. 登记重要空白凭证盘点表

附件1
企业年度经营规划书

第一部分　公司经营方针及目标

一、2011 年经营方针

在认真审视公司经营的优势和劣势、机会和威胁（SWOT）的基础上，公司发展战略中心根据当前行业的竞争形势和趋势将2011年的经营方针确定为：灵活策略赢市场，加强管理保利润。

二、经营目标

1. 销售收入：3 250 万元
2. 利润目标：450 万元
3. 权益增长：5.6%

第二部分　童车市场分析

一、市场概况

1. 童车涵盖婴儿手推车、学步车、脚踏车、电瓶车、自行车等多种品类。根据相关数据显示，2007—2009 年全球市场消费额分别为996 亿元（人民币，下同）、1 026亿元、1 068亿元。中国市场的消费额也达到158 亿元、174 亿元、191 亿元。可见童车市场潜力巨大。

2. 从产业分布区域看，目前我国童车生产企业主要集中在江苏昆山、浙江平湖、河北平乡和广宗、广东中山和南海等，湖北汉川、福建、安徽也占据了一定的份额，国内童车市场竞争仍然严峻。

二、市场定位

童车已经由婴幼儿“奢侈品”演变为儿童成长过程中的必需品，尤其是婴儿手推车在农村市场热销，根据统计数据，按照目前新生儿出生数量进行累积计算，全球6岁以下的儿童数量超过8亿人。今年仍然要集中各类资源生产经济型童车，争取在农村婴儿车消费市场占据更大份额。

三、经销渠道分析

目前，我国儿童用品除了传统分销方式之外，也在逐步探索网络等新媒介销售渠道，如好孩子、爱婴网等。基于目前我公司现状，我们要在紧抓现有分销渠道的同时，逐步向新型行销模式的转变。

四、产品定价

结合我公司现状和市场调研，现有产品及待研发产品定价如附表1－1所示。

附表1－1　产品定价

产品类型	价格/元
经济型童车	660
舒适型童车	待定
豪华型童车	待定

五、市场份额预估

依据过去经营状况分析，现有客户订单加上未来开拓市场，今年市场份额预计达到80 000辆。

第三部分　生产策略

一、设备要求

童车生产设备主要包括普通机床、数控机床、组装生产线，目前企业拥有普通机床10台，组装生产线1条，年产能为180 000台。预计现有机械设备基本能满足上半年需要，2011年10月以后需要新增加数控机床一台，提升产能满足市场需求。

二、设施要求

企业目前拥有厂房、仓库各一个，预计下半年因市场需求会有较大的提高，对公司现有设施的容纳、吞吐能力造成较大的冲击，需要依据实际经营状况新建或租赁新的厂房、仓库以满足需求。

三、原材料、生产工人的要求及供应渠道

原材料采购主要依靠原有供应商供应，并积极组织市场调研，完善供应商信息，建立材料、产品价格数据库，以便于多方寻价，以更好地控制甚至降低生产成本。

生产工人依靠与人才服务公司合作，以满足产量变化的需要。

四、质量管理、包装、运输要求

质量管理：保证童车产品质量达到中国国家认证认可监督管理委员会发布的《玩具类产品强制性认证实施规则》（编号：CNCA－13C－068：2006）文件要求。获取儿童推车GB14748《儿童推车安全要求》标准。保证童车在原材料选择、生产加工及稳固性、安全性等产品性能上符合质量审核和抽查要求，公司内部也要加强质量管理体系建设，降低残次品率，提升产品质量。

包装：内防护包材选用per薄膜制品，但需选择绿色无污染包装耗材，通过感官检测、抖动检测、火烧检测、用水检测等多样方式严格把关包装材料质量。外包装采取五层纸箱，纸箱制品需通过相关标准测试，以减少童车在运输过程中的损耗。

五、生产运营安排

生产计划部、采购部、仓储部工作安排如附表1－2所示。

附表1－2　生产计划部、采购部、仓储部工作安排表

考核指标：
生产计划部：生产计划完成率　设备利用率　产品完工率
采　购　部：采购计划完成率　材料紧急采购数量　材料库存成本降低率
仓　储　部：存货周转率　仓库盘点账实相符　仓储费用预算完成率

主要工作	具体方案	进度安排	责任人
安全生产	加强机械操作规范培训和教育，严格实施定期检查、排查安全隐患，实现全年无重伤、无重大生产设备事故	常规工作	叶润中、周群、孙盛国
保证设备维修质量、提高运转效率	及时检查设备，及时整修、维修，保证设备正常运转，减少不必要耗时，提高产量	每月定期检查、维修	叶润中、周群、孙盛国
保证产品质量	加强产品研发，改善工作，提高产品合格率	常规工作	叶润中、周群、孙盛国
完善制度，明确职责，按章办事	采购部人员合理分工，分工不分家，做好自己本职工作的同时，协同他人一起做好采购部工作。 公开公正透明，实现公开寻价	2011年1月	李斌、付海生

续上表

主要工作	具体方案	进度安排	责任人
逐步完善供应商信息	健全并完善供应商档案，改进供应商的选择机制，在结算方式上加强控制，争取与供应商达成月结协议，最大限度保证公司资金运转	2011 年 2 月至 5 月	李斌、付海生
加强对材料、设备价格信息的管理	对每次材料、设备采购计划、询价都要做好留底，保持资料的完整性，建立原材料、设备信息库，以备随时查询、对比	2011 年 6 月至 9 月	李斌、付海生
采购及时、成本有效控制	保证采购工作有序进行，满足生产、经营的要求	全年	李斌、付海生
部门管理工作	合理分工、完成部门工作绩效，依公司经营要求及运作体系制订本部门季度、月度工作计划	常规工作	何海明、王宝珠
完善制度	编制仓储制度及“7S”卫生责任区域规划与稽核，完善仓储工作环境	2011 年 1 月至 3 月	何海明、王宝珠
仓库物品管理	对仓库库存之物料依据先进先出原则，保护原料，依据生产物料需求，及时组织实施、协调配给	常规工作	何海明、王宝珠

六、意外计划

意外计划的制订是为了保证公司在发生意外事故、安全生产事故、无计划、无停产通知而被迫停产后能有计划、有秩序地组织生产活动，能迅速恢复生产能力。意外计划的制订流程如附图 1－1 所示。

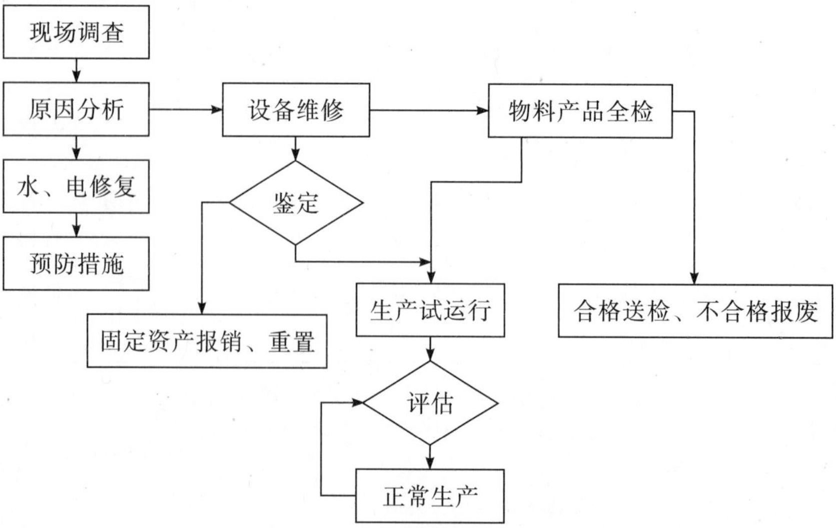

附图 1－1 意外计划制订流程

第四部分　销售策略

一、行销媒介选择与广告投放

加大广告投放力度，增强好佳童车品牌塑造。启动好佳童车厂广告投放的“海、陆、空”立体作战计划（如附图1－2所示）。

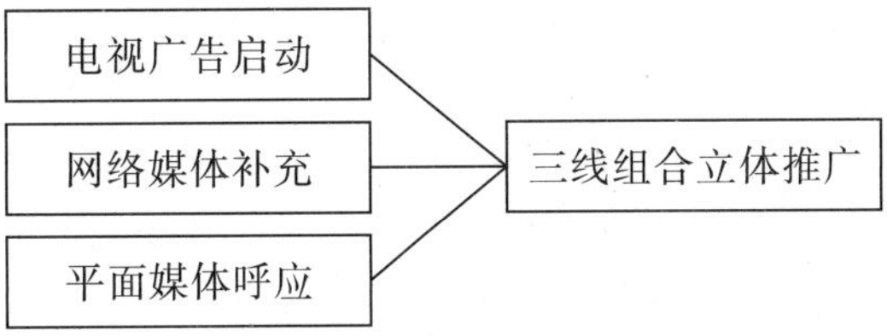

附图1－2　行销作战计划

电视放广告：进行核心产品（经济童车）的广告投放，建立好佳童车的品牌形象。

全系列网络广告宣传：组织“好佳童车”网络活动推广，增强品牌知晓率和美誉度。

平面广告：通过发布广告软文，让更多家长了解童车作为宝宝成长的必备品。

二、产品特点及市场竞争分析

1. 舒适型童车特点

（1）拥有特色的好佳概念——舒适、透气、耐磨。

（2）适当的座椅高度避免了宝宝呼吸集聚在地面灰尘的可能性。

（3）完美的道路推行，灵敏的操作。

（4）后轮防翻转，单向刹车，刹车停车更加方便。

（5）坐垫带三点式安全背带，保护宝宝的安全。

（6）靠背可调节为多种角度，从108°～140°，自由选择。

（7）超大防紫外线遮阳篷，可以有效减少阳光直射对宝宝造成的伤害。

（8）振动的吸收效果超过90%。

（9）整车都可拆洗。

（10）可调节手柄。

目标市场：舒适、操作简单，价格优惠，主要针对普通消费群体。

2. 豪华型童车特点

（1）拥有特色的好佳概念——舒适、透气、耐磨。

（2）适当的座椅高度避免了宝宝呼吸集聚在地面灰尘的可能性。

（3）完美的道路推行，灵敏的操作。

（4）后轮双制动，刹车停车更加方便安全。

（5）坐垫带五点式安全背带，更加保护宝宝的安全。

（6）手把可调节为4种位置，符合人体工程学。手把可折叠和展开，更加人性化。

（7）靠背可调节为多种角度，从108°～175°，自由选择。

（8）超大遮阳篷，可以有效减少阳光直射对宝宝造成的伤害。

（9）储物篮有用反光带，方便出行也保证宝宝在夜间出行的安全性。

（10）拥有数控系统；控制振动的吸收效果超过90%，自动调控座椅宽敞且可调节不同的倾斜度。

（11）整车都可拆洗。

（12）可调节手柄。

目标市场：从婴儿角度出发，考虑父母的感受和体验，强调高功能、高人性化，主要面对高消费群体。

3. 企业竞争力分析

与品牌排名第一的好孩子婴儿手推车相比较而言，本公司产品价格更为低廉，在产品质量和性能上相差无几，但在整体车重上还要改进。另就市场份额而言差距较为明显，需要广泛开拓市场，树立产品品牌形象，提升市场地位。

三、销售计划安排

市场营销部工作计划安排如附表1－3所示。

附表1－3 市场营销部工作安排

考核指标：主营业务收入　广告产出比　销售增长率　产品市场占有率			
主要工作	具体方案	进度安排	责任人
销售团队组建、培训	进行合理化分配销售资源，提升销售人员销售技能	2011年1月	杨笑笑
积极拓展市场，争取达到850万元的销售额	积极开拓市场，发掘新的客户渠道与销售模式，制定完善的市场体系。 稳固老客户，保持联系，稳固和提升市场占有率。 加强业务学习，开阔视野，采取多样化的学习方式。 及时总结，改正失误，正确把握方向	2011年2月至5月	杨笑笑、马博、刘思羽
加强团队管理、完善销售模式，促进业绩完成，争取完成业绩900万元	2011年6月，完成350万元；2011年7月，完成350万元；2011年8月，完成350万元；2011年9月，完成350万元；2011年10月，完成350万元；2011年11月，完成350万元；2011年12月，完成300万元	2011年6月至12月	杨笑笑、马博、刘思羽
年总销售工作总结	总结一年的销售情况，提炼经验，总结失误	2011年12月	杨笑笑、马博、刘思羽

四、预计成效

加强广告推广与产品销售的协调同步，提升广告实际效果，预计准时完成销售目标。

第五部分 组织与人事策略

企管部、人力资源部工作进度安排如附表1-4所示。

附表1-4 企管部、人力资源部工作安排

考核指标：
企 管 部：净利润 总资产利润率 净利润增长率 经营计划完成率
人力资源部：人力资源费用预算达成率 单位人力成本产出率

主要工作	具体方案	进度安排	责任人
完善公司企业管理制度	保证公司的运营在既有的组织架构中运行；实现绩效评价体系的完善与正常运行，并保证与薪资挂钩，从而提高绩效考核的有效性	第一季度完成初稿，试运行，逐步完善；年中确定实施	总经理、总助
建立内部纵向、横向沟通机制，强化日常企业管理	建立民主评议机制，加强跨部门、跨业务流程的交流与合作，减少误解，提高组织运营效能	第一季度成型，试运行，逐步完善；年中确定实施	总经理、总助
经营计划制定与控制	组织市场调研，合理布局资源，提高企业效益	每月调查，适时调整经营策略	总经理、总助
资证认证	3C、ISO9000、ISO14000认证	分季缴纳	总经理、总助
档案管理	完善档案管理制度，提升管理技能	随时	总经理、总助
企管部自身建设	完善部门组织职能，提高部门工作质量要求	随时	总经理、总助
人力资源招聘与配置	以人才服务中心合作为主，兼顾网络、现场、猎头、报刊等其他方式	生产工人一周内填补用人需求，职能部门两周填补空缺岗位	人力经理、助理
薪酬管理	积极进行薪酬调查分析，完善薪资体系	每月25日发放上月工资，季度奖金于下一季度第一月核算并随当月工资一并发放	人力经理、助理

续上表

主要工作	具体方案	进度安排	责任人
绩效考核实施与评估	完善绩效考核制度，达到以绩效激励员工的目的	季度初组织工作计划安排，季末进行结果评估	人力经理、助理
员工培训与开发	根据公司整体需要和各部门需要组织培训，做好新员工入职培训	新员工入职组织培训，在职人员定期组织培训	人力经理、助理
员工关系管理	及时处理劳动纠纷	依具体情况，第一时间处理纠纷	人力经理、助理
人力部门自身建设	提升人力资源专业能力，组织部内部培训与交流	随时	人力经理、助理

第六部分　资金流动与财务策略

一、企业现金流动状况

简易资产负债表如附表 1－5 所示。

附表 1－5　简易资产负债表

编制单位：好佳童车厂　　　　编制时间：2011 年 9 月 30 日　　单位：元

资产	金额	负债及所有者权益	金额
流动资产：		流动负债：	
货币资金	2 500 000.00	短期借款	1 000 000.00
应收账款	2 808 000.00	应付账款	1 696 500.00
存货	4 321 000.00	应付职工薪酬	215 060.24
		应交税费	604 929.76
		其他应交款	
流动资产合计	9 629 000.00	流动负债合计	3 516 490.00
		长期负债：	
		长期借款	1 000 000.00
非流动资产：		所有者权益：	
固定资产	8 723 650.00	实收资本	9 000 000.00
		资本公积	

续上表

资产	金额	负债及所有者权益	金额
		盈余公积	264 575.18
		未分配利润	4 571 584.82
非流动资产合计	8 723 650.00	所有者权益合计	13 836 160.00
资产总计	18 352 650.00	负债及所有者权益总计	18 352 650.00

二、筹资和借债方案

企业资金来源于以下几种渠道：实收资本、银行信用贷款、商业信用。依据企业经营情况灵活选择，分析筹资、租赁、借债的优劣势，选择适合企业的方式（如附表1－6所示）。

附表1－6　筹资方式

筹资方式	融资手段	财务费用	最高限额	还款时间	还款约定
银行信用贷款	长期贷款	8%	上月所有者权益×2	按年，最长5年	每季付息，到期还本
	短期贷款	6%	上月所有者权益×2	按月，最短3月，最长12月	到期一次还本付息

三、财务部工作安排

财务部工作安排如附表1－7所示。

附表1－7　财务部工作安排

考核指标：	财务预算控制　融资计划准确率　财务费用降低率		
目标名称	具体方案	进度安排	责任人
日常工作	根据经审核无误的报销原始凭证，编制记账凭证；开展目标成本和质量成本管理；正确计算结算以及其他经营利润；按照计税依据和适用税率正确计交应纳税额；编制符合现行制度规定的准确、真实的会计报表；依照公司要求编制、发布公司月度、季度经济指标完成情况表及相关财务分析	常规工作	钱坤、刘自强、朱中华、赵丹
财务管理程序和作业文件评审	公司财务控制制度、财务管理授权制度、公司核算体系管理办法、公司预算管理评价与绩效考核办法、公司资金控制管理办法	2011年3—6月	钱坤、刘自强、朱中华、赵丹

附件2 期初数据表

附表2－1　对应岗位的期初数据一览表

序号	期初数据	对应岗位				相关说明
		营销部经理	销售专员	市场专员	生产计划部经理	
1	销售发货明细表	√	√			已发货未收款订单 本期应发货订单
2	销售预测表	√	√	√	√	2011年第四季度和2012年第一季度
3	本地市场预测（手工）	√	√	√		2011年全年
4	客户信息汇总表	√	√			旭日贸易公司信息 华晨商贸城信息
5	库存期初报表	√	√		√	各种成品的期初库存情况
6	物料清单（BOM）				√	
7	生产车间产能报表	√	√		√	车间产能情况

一、销售发货明细表

1. 已发货未收款订单

附表2－2　已发货未收款订单

单据编号	销售订单号	客户名称	产品名称	数量/辆	货款额/元	合同约定交货期	合同约定回款期	实际发货数量/辆	发票开具情况	回款额/元
0001	LJ110001	旭日贸易公司	经济童车	4 000	2 808 000.00	2011－09－08	2011－10－08	4 000	已开	

2. 本期应发货订单

附表 2－3　本期应发货订单

单据编号	销售订单号	客户名称	产品名称	数量/辆	货款额/元	合同约定交货期	合同约定回款期	实际发货数量/辆	发票开具情况	回款额/元
0001	LJ110002	旭日贸易公司	经济童车	3 000	￥1 965 600. 00	2011－10－28	2011－11	3 000		
0002	LJ110003	旭日贸易公司	经济童车	1 000	￥655 200. 00	2011－10－28	2011－11	1 000		

二、销售预测表

销售预测是指对未来特定时间内，全部产品或特定产品的销售数量与销售金额的估计。销售预测是在充分考虑未来各种影响因素的基础上，结合本企业的销售实际，通过一定的分析方法提出切实可行的销售目标。年度销售预测表如附表 2－4 所示。

附表 2－4　销售预测表

单位：辆

产品	2011 年						2012 年		
	7 月	8 月	9 月	10 月	11 月	12 月	1 月	2 月	3 月
经济型童车				4 000	5 000	5 000	6 000	5 000	7 000
舒适型童车									
豪华型童车									

三、本地市场预测

表附 2－5　2011 年本地市场经济型童车销量预测

单位：辆

市场	产品名称	第一季度	第二季度	第三季度	第四季度
本地	经济型童车	130 000	138 000	151 000	160 000

注：以上预测数据为 10 家企业的预测数据。

附表 2－6　2011 年本地市场经济型童车价格预测

单位：元/辆

市场	产品名称	第一季度	第二季度	第三季度	第四季度
本地	经济型童车	702	690	677	655

综合 2011 年 4 个季度的情况来看，本地市场经济型童车的销量有所上升，但价格有

所下降。

四、客户信息表

1. 旭日贸易公司基本信息

附表2-7 旭日贸易公司信息表

本地客户	
企业法定中文名称	旭日贸易公司
企业法定代表人	康玲
企业注册地址	北京市海淀区北清路5号
注册登记地点	北京市海淀区工商行政管理局
企业法人营业执照注册号	110108554831327
税务登记证号	110108723947632
组织机构代码证	723947632
办公地址	北京市海淀区北清路5号
邮政编码	100094
办公电话	010－68500412
开户银行	工商银行北京分行海淀支行
账号	0202 2045 0999 9101 222

2. 华晨商贸城基本信息

附表2-8 华晨商贸城信息表

本地企业	
企业法定中文名称	华晨商贸城
企业法定代表人	李峰
企业注册地址	北京市海淀区中关村北大街127号
注册登记地点	北京市海淀区工商行政管理局
企业法人营业执照注册号	110108753990101
税务登记证号	110108072397603
组织机构代码证	072397603
办公地址	北京市海淀区中关村北大街127号
邮政编码	100080
办公电话	010－62570416
开户银行	工商银行北京分行海淀支行
账号	0202 2045 0999 9100 555

五、库存期初报表

期初库存就是在一个库存会计时期开始时，可供使用或出售的存货（如货品、物资或原料）的账面价值（数量）。期初库存如附表2－9所示。

附表2－9　期初库存

项目	期初数量	在途数量	在产数量	备注
经济童车/辆	2 000		4 000	
经济车架/个			5 000	
钢管/根	5 000	15 000		
坐垫/个	5 000	5 000		
车篷/个	5 000	5 000		
车轮/个	20 000	20 000		
包装套件/套	10 000	0		

六、物料清单

物料清单，是详细记录一种产品所用到的所有原材料及材料相关属性，产品结构表反映了生产产品与其物料需求的数量和从属关系。

物料清单是接收客户订单、选择装配、计算累计提前期，编制生产和采购计划、配套领料、跟踪物流，追溯任务、计算成本、改变成本设计不可缺少的重要文件，上述工作涉及企业的销售、计划、生产、供应、成本、设计、工艺等部门。因此，也有这种说法，资料清单不仅是一种技术文件，还是一种管理文件，是联系与沟通各部门的纽带，企业各个部门都要用到资料清单表。经济型童车的资料清单表如附表2－10所示。

附表2－10　经济型童车的资料清单表

结构层次	物料编码	物料名称	规格型号/mm	单位	总数量	备注
0	P0001	经济童车		辆	1	自产成品
1	M0001	经济车架		个	1	自产半成品
1	B0005	车篷	HJ72×32×40	个	1	外购原材料
1	B0006	车轮	HJΦ外125/Φ内60	个	4	外购原材料
1	B0007	包装套件	HJTB100	套	1	外购原材料
2	B0001	钢管	Φ外16/Φ内11/L5000	根	2	外购原材料
2	B0003	坐垫	HJM500	个	1	外购原材料

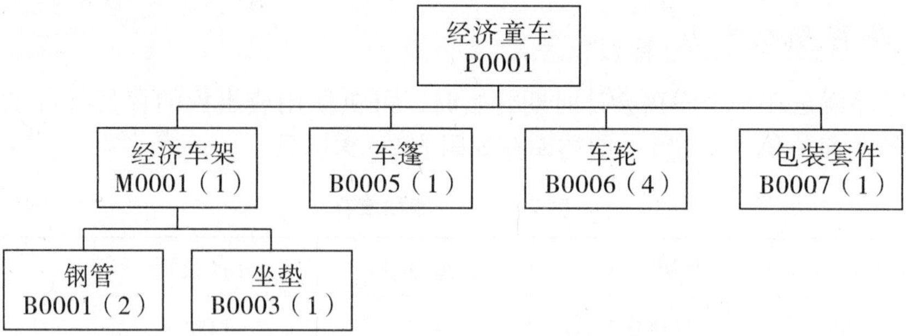

附图2－1　经济童车物料清单

七、生产车间产能报表

产能（capacity）指生产能力，是指在一定时期内（通常是一年），企业的全部生产性固定资产，在先进合理的技术组织条件下，经过综合平衡后，所能生产的一定种类和一定质量的最大数量，或者能够加工处理的一定原材料的最大数量。

理解生产能力指标的几个要点：

（1）企业先进的生产性固定资料。

（2）生产能力是在企业可能达到的技术组织条件下确定，不考虑劳动力不足和物质供应中断等不正常现象。

（3）以实物指标为计量单位。

（4）综合平衡的结果。

一般以最大产品数量来表示，有时也可以加工的原材料的最大数量表示。

1. 生产能力的种类

生产能力是反映企业生产可能性的一个重要指标，实际运用中的生产能力有多种不同的表达方式，其分类包括：设计生产能力、查定生产能力和计划生产能力等。

（1）设计生产能力。

设计生产能力是企业建厂时在基建任务书和技术文件中所规定的生产能力，它是按照工厂设计文件规定的产品方案、技术工艺和设备，通过计算得到的最大年产量。企业投产后往往要经过一段熟悉和掌握生产技术的过程，甚至改进某些设计不合理的地方，才能达到设计生产能力。设计生产能力也不是不可突破的，当操作人员熟悉了生产工艺，掌握了内在规律以后，通过适当的改造是可以使实际生产能力大大超过设计生产能力的。

（2）查定生产能力。

查定生产能力是指企业没有设计生产能力资料或设计生产能力资料可靠性低的情况下，根据企业现有的生产组织条件和技术水平等因素，而重新审查核定的生产能力。它为研究企业当前生产运作问题和今后的发展战略提供了依据。

（3）计划生产能力。

计划生产能力也称为现实能力，实际可用能力，是企业计划期内根据现有的生产组织条件和技术水平等因素所能够实现的生产能力。它直接决定了近期所做生产计划。

计划生产能力包括两大部分。首先是企业已有的生产能力，是近期内的查定能力；

其次是企业在本年度内新形成的能力。后者可以是以前的基建或技改项目在本年度形成的能力，也可以是企业通过管理手段而增加的能力。

计划能力的大小基本上决定了企业的当期生产规模，生产计划量应该与计划能力相匹配。企业在编制计划时要考虑市场需求量，能力与需求不大可能完全一致，利用生产能力的不确定性，在一定范围内可以对生产能力做短期调整，以满足市场需求。

2. 生产能力的计量单位

由于企业种类的广泛性，不同企业的产品和生产过程差别很大，在做生产能力计划以前，必须确定本企业的生产能力计量单位。常见的生产能力计量单位如下：

（1）以产出量为计量单位。

调制型和合成型生产类型的制造企业生产能力以产出量表示十分确切明了。如钢铁厂、水泥厂都以产品吨位作为生产能力，家电生产厂是以产品台数作为生产能力。这类企业它们的产出数量越大，能力也越大。若厂家生产多种产品，则选择代表企业专业方向，产量与工时定额乘积最大的产品作为代表产品，其他的产品可换算到代表产品。换算系数 k_i 由下式求得：$k_i = t_i/t_0$

式中：k_i——代表 i 产品的换算系数；t_i——代表 i 产品的时间定额；t_0——代表产品的时间定额。

（2）以原料处理量为计量单位。

有的企业使用单一的原料生产多种产品，这时以工厂年处理原料的数量作为生产能力的计量单位是比较合理的，如炼油厂以一年加工处理原油的吨位作为它的生产能力。这类企业的生产特征往往是分解型的，使用一种主要原料，分解制造出多种产品。

（3）以投入量为生产能力计量单位。

有些企业如果以产出量计量它的生产能力，则会使人感到不确切，不易把握。如发电厂，年发电量几十亿度电，巨大的天文数字不易比较判断，还不如用装机容量来计量更方便。这种情况在服务业中更为普遍，如航空公司以飞机座位数量为计量单位，而不以运送的客流量为计量单位；医院以病床数而不是以诊疗的病人数；零售商店以营业面积，或者标准柜台数来计量，而不用接受服务的顾客数；电话局以交换机容量表示，而不用接通电话的次数。这类企业的生产能力有一个显著特点，就是能力不能存储，服务业往往属于这种类型。

生产车间产能报表如附表 2－11 所示。

附表 2－11 生产车间产能报表

制表日期：2011 年 09 月 30 日　　制表部门：生产计划部　　单据编号：0001

车间名称		普通机床	数控机床	组装生产线	实际可用产能
10 月	初始产能	5 000	0	7 000	5 000
	占用情况	0	0	0	0
	剩余产能	5 000	0	7 000	5 000

续上表

车间名称		普通机床	数控机床	组装生产线	实际可用产能
11 月	初始产能	5 000	0	7 000	5 000
	占用情况	0	0	0	0
	剩余产能	5 000	0	7 000	5 000
12 月	初始产能	5 000	0	7 000	5 000
	占用情况	0	0	0	0
	剩余产能	5 000	0	7 000	5 000
翌年 1 月	初始产能	5 000	3 000	7 000	7 000
	占用情况	0	0	0	0
	剩余产能	5 000	3 000	7 000	7 000
翌年 2 月	初始产能	5 000	3 000	7 000	7 000
	占用情况	0		0	0
	剩余产能	5 000	3 000	7 000	7 000
翌年 3 月	初始产能	5 000	3 000	7 000	7 000
	占用情况	0		0	0
	剩余产能	5 000	3 000	7 000	7 000

八、特别提示

（1）下一个月的市场预测和成品库存基本均衡。

（2）下一个季度的市场预测和产能有较小的不均衡性。

（3）营销部经理要根据市场预测制定广告投放策略并进行新一轮的产品销售竞争。

（4）营销部经理还要及时反馈市场预测变化，并提出增加产品供应的要求。